谨以此书纪念

中国教育技术协会金融专业委员会

成立30周年

转型之道　人才续航
——构建数字时代金融教育新生态

主　编　肖　峰　巨　强
参　编　李　蓉　乐　俊　马东明　刘　曾　高　宏
　　　　刘艳华　刘永涛　刘海北　郭　真

中国金融出版社

责任编辑：孙　柏　王　强
责任校对：潘　洁
责任印制：张也男

图书在版编目（CIP）数据

转型之道　人才续航：构建数字时代金融教育新生态 /肖峰，巨强主编. —北京：中国金融出版社，2022.1

ISBN 978-7-5220-1462-3

Ⅰ.①转… Ⅱ.①肖…②巨… Ⅲ.①金融业—人才—培养—研究—中国 Ⅳ.①F832

中国版本图书馆CIP数据核字（2022）第007235号

转型之道　人才续航——构建数字时代金融教育新生态
ZHUANXING ZHIDAO　RENCAI XUHANG——GOUJIAN SHUZI SHIDAI JINRONG JIAOYU XINSHENGTAI

出版
发行　中国金融出版社
社址　北京市丰台区益泽路2号
市场开发部　（010）66024766，63805472，63439533（传真）
网上书店　www.cfph.cn
　　　　　（010）66024766，63372837（传真）
读者服务部　（010）66070833，62568380
邮编　100071
经销　新华书店
印刷　天津市银博印刷集团有限公司
尺寸　185毫米×260毫米
印张　19.25
字数　320千
版次　2022年2月第1版
印次　2022年2月第1次印刷
定价　80.00元
ISBN 978-7-5220-1462-3
如出现印装错误本社负责调换　联系电话（010）63263947

序 言

这些年各行各业因为网络信息技术、人工智能技术的发展正在发生着巨大的变化，金融行业也不例外，一方面是传统业务在退市，比如，ATM在撤销，营业网点在减少；另一方面是新业务层出不穷，网上金融、数字货币等金融科技产品日益普及，金融行业的从业人与其所在的机构一样，变化是常态，转型成为必然。

从某种意义上来说，现在的时代对金融机构的人力资源开发与管理部门来说充满挑战，不只是需要培养现有在职人员能够及时响应公司的战略变化、应对新业务的发展需求，同时也还需要培养人才去创造新的业务机会、新的金融产品。但是要做到这些，谈何容易。

好在有中国教育技术协会金融专业委员会，这里聚集了一群来自国内各大银行、保险公司等金融机构的人力资源开发部门的优秀人才，形成了卓有成效的学习共同体，不只是常年持续地跟踪分析国内外金融科技的发展趋势，阅读分享相关研究报告，也会打破行业壁垒、开展国内同行间的实践交流、案例总结。这本书就是这群人积极学习、深入思考的结晶，其出版将有助于金融机构及其从业者厘清数字化转型大环境下行业、机构转型的趋势与方向，确定顺应发展、成就自我的路径与策略。

在"道"篇中，在分析数字经济时代的特征及发展趋势之后，从行业、组织和个体三个层面阐述了"数字化转型"的概念内涵，指出数字化转型不只是技术层面的变革，更需要金融行业机构领导和从业者认知思维层次的转变，方能推动产生体现时代脉搏的应用场景与再造流程。作为金融机构的人力资源开发与管理部门，有必要确认澄清机构数字转型对人才的新需求，从而创造适宜的学习环境，支持员工的终身学习。

在"法"篇中，分析了各类学习技术对人才培养环境带来的变化，多种融合学习方式、弹性教学模式和伴随式人才培养评测机制，可以让金融行业从业人在享受技术带来的学习便利的同时，也增加了更多灵活的学习机会，这将有效地支持金融行业人才队伍快速适应不确定变化的环境，即时学习，终身发展。这篇中对于相关学习技术发展历史的综述以及可落地解决方案和案例的介绍，有助于金融机构更新培训环境以支持创新的人才培养模式。

在"术"篇中，介绍了行业中领跑转型的若干翘楚可借鉴可推广的成功经验，这些案例一方面验证了前文中对发展趋势的分析，另一方面也展示了具有前瞻眼光、预见能力的金融行业人力资源开发与管理部门可以为企业创造的价值。

也许这本书的见解还只限于描述现状、综述共识、预测可能，并没有惊人的前瞻、拍案的预言，但是金融行业数字化转型所带来的影响已初现端倪，不得不变革的紧迫感已跃然纸上，足以驱使金融行业的每个人去思考自己如何应对。这本书的价值还在于不只是指出了趋势，也给出了对策和方向，坐而言，起而行。希望此书的出版可以引发金融行业更多机构和个人关注金融科技带来的影响，无论是随波逐流，还是乘风破浪。

北京大学教育学院教授

汪琼

2022年1月10日

前　言

"数"定未来　"智"兴人才

　　当前，科技创新层出不穷，信息技术与实体经济深度融合，全球产业结构和创新模式加速重构，以技术和数据为关键要素的新型增长模式正爆发出强劲的竞争力、影响力和生命力。

　　与此同时，数字经济正迅速渗透至社会各个角落，深刻影响着人们的行为方式。在商业逻辑和算法系统的加持下，各类App的信息供给大多遵循"算法主导下的内容分发模式"，有人觉得平台"越来越懂我"，越来越省心好用；也有人觉得系统"只会投其所好"，内容愈加单一同质，让人困在"信息茧房"里难以自拔。

　　新年伊始，"元宇宙"已经登上了"2021年度十大网络用语"热词榜，并被学者预言将"颠覆未来的技术变革与商业"。扎克伯格说："'元宇宙'是互联网的下一个篇章，也是数字经济的下一个篇章。"他认为，从长远来看，"元宇宙"的经济潜力或将达到数万亿美元，并声称："任何参与者都不能将它据为己有。"圈内一片哗然。

　　综观当下，无论从时代趋势到国家政策，还是从行业整体逻辑到细分专业领域，数字化这一热潮绝非仅停留在概念层面，其实早已真正进入实践领域，并且持续向更加纵深、精专的方向发展。简而言之，喜欢也好，不喜欢也罢，它就在我们身边，数字化对我们的影响已经无处不在。

　　金融企业数字化转型的本质是变革。这一变革不仅是企业长期的自我变革和改进，还是持续地对项目实践的累积，更是组织能力的持续进化。组织由团队构成，团队由人构成。数字化人才是金融业数字化转型升级的核心驱动力。金融业需要加强数字化人才的选拔、引进和培养，数字化人才的培养离不开金融教育引领人才发展，并在业务场景下实景赋能。

一方面，数字化进程加速了数字化人才的转型、培育与成长，我们从人口红利时代走向人才红利时代。由算法和算力加持的信息流转与要素使用，成就了数字化领军者，连接了破圈跨界的融合者，释放了创新与变革的新动能，数字化的组织，则被要求以更加敏捷、高效、协同的方式来承接企业战略与业务发展。

另一方面，数字化进程也重构了人与科技、人与企业、企业与政府等之间的关系，与之相叠加的，还有新冠肺炎疫情与宏观环境的变化。科技如何为人才培养赋能？企业如何更好地应对数智伦理、社会公平以及全新的商业文明。

作为关系人类未来的教育行业，需要与科技共进步，将先进的技术和概念及时融入教学实践并加以检验、优化和升级。两年前一场突如其来的新冠肺炎疫情使整个社会按下了暂停键。传统集中面授式的培训受到冲击，形成对比的是在线教育、网络培训的风生水起，在线课堂、微学习、直播教学等新兴学习方式层出不穷，教育技术迎来了千载难逢的发展机遇，教育信息化进入了蓬勃发展的数字化时代。

今天，"元宇宙"将进一步拓展在线教育的深度和广度，从微软到英伟达，从腾讯到英佩游戏公司，诸多企业都表示愿意积极参与这个似乎将成为下一代互联网形态的开发。在这个未来的数字空间里，每个人都能够通过一个化身沉浸在一个虚拟的宇宙中，还能访问不计其数的服务；和朋友一起游戏、看演唱会或者看电影；和同事一起参加会议，还可以试驾汽车或者看房子等。通过多方互动，为包括教师、学生、家长、内容出版商等在内的所有参与者提供更好的线上教育环境。在"元宇宙"的喧嚣中，应以人民为中心，构建"人机共融"的教育生态体系，探索真正的"人工智能+教育"新路径。

在数字金融转型的时代背景下，新技术应用风起云涌，新科技手段日新月异，新业务领域不断拓展，新复合人才应运而生，金融新教育生态加快构建。金融业将何去何从，金融机构的管理层如何应变，金融一线从业者如何面对，金融教育模式如何适应，这是每一位金融人都无法回避的问题。

金融作为经济血脉，天然具有数字基因，且历来重视发挥数据要素的作用。人工智能领域的巨大进步令人欢欣鼓舞，但更重要的是如何利用好数据价值，将数据转化为生产力。目前，金融业正加速迈入一个与数字经济相对应的人工智能时代，金融已经成为仅次于零售业的第二大人工智能应用市场，智能机器人走进

前　言

网点、为客户提供服务早已不是新闻，无人银行、远程银行、手机银行已经纷纷来到我们身边，FinTech技术给传统金融行业带来的影响从未如此深刻。同时，对金融业人才培养的理念、模式、方法、实施等各个维度产生变革性的影响。

身处全社会数字化转型的大时代，置身勇于探索数字化转型的金融行业，作为人力资源开发与管理者，手持"技术"与"教育"两大利器，如何培养数字化人才，赢得这场"未来之战"？如何既有"快响应"的能力，也有"冷思考"的定力，成为企业战略规划落地、业务发展、人才培养方面的体系化解决方案提供者？答好我们这一代人的"时代考卷"，既是我们的机遇与挑战，更是我们的使命和担当。

本书正是一群金融教育人的思考和探索。2019年8月，在中国教育技术协会金融专业委员会举办的夏季学术论坛上正式启动，当时确定的主题是"技术赋能金融教育"，旨在研究如火如荼的人工智能带给金融业人才培养的新机遇。当年秋天拟定了编写大纲，确定了撰稿组成员，创作团队主要来自专委会会员单位人力资源开发与管理部门，既有人民银行、工商银行、农业银行、中国银行、建设银行、交通银行、中国人寿、中国平安等大型金融机构的骨干，也有民生银行、光大银行、中信银行、兴业银行等股份银行的翘楚，还有部分城商行、农商行的能手。团队成员大都在金融行业教育领域从事人力资源开发特别是教育培训信息化一线工作十年以上，其中不乏教育技术学专业博士、硕士等科班出身的培训工作者，可以说是一群集实践经验、理论素养和金融教育情怀于一身的实干者和探索者。

本书立足于探索数字化时代的金融教育，着眼新时代新趋势新要求，取名《转型之道　人才续航——构建数字时代金融教育新生态》，在内容上围绕金融人才培育这个老话题，赋予其新的时代生命力，从"道""术""法"三方面展开论述："道篇"重点阐释数字时代金融业教育面临的新趋势、呈现的新生态，力争描绘出金融教育的新蓝图；"术篇"重点论述数智教育下的新路径和新体验，汇集了当下技术与教育的新融合，阐述技术发展与数字化转型对在线教育的深刻影响；"法篇"讨论的是金融教育的新探索，从实践应用中去找寻未来发展的轨迹。

本书的编写历时两年，其间数易其稿。感谢编写组全体老师的辛苦付出，还要感谢中国银行业协会、中国保险行业协会、中国互联网金融协会、中国教育技术协会等行业组织领导的关心与支持，北京大学教育学院汪琼教授欣然撰写了序言，中国人民银行、中国银行、中国建设银行、阳光保险等专委会数家成员单位贡献了生动翔实的案例。本书在编写过程中，参考了大量的文献，在此也对文献作者致以最诚挚的感谢。

  数字化转型影响深远，对金融行业和人才发展的影响瞬息万变。研究数字化新时代金融行业人才培养的新生态，就是思考金融行业人才培养在数字化时代的生存与发展状态，探讨如何让未来的金融行业人才培养更好地适应这个时代和环境，创造更好的金融教育，培育更好的人才，促进金融行业更加高质量发展。虽然精准预测未来几乎成为不可能，本书所述难免有挂一漏万之处，但金融人才教育工作者对未来求索和进取的脚步从未停止，我们一直在路上。胡适曾经说过："怕什么真理无穷，进一步有进一步的欢喜。"值此即将付梓成册之际，谨以此文记录编写本书的初心、思考和探索。

  让我们只争朝夕，以梦为马，不负韶华。

中国教育技术协会金融专业委员会秘书长
巨强
2022年1月8日

目　录

第一篇　道篇：金融行业人才培养的新趋势、新生态

第一章　呼啸而来的数字经济时代 ········· 4
　　第一节　数字经济的内涵与特征 ········· 4
　　第二节　数字经济引领中国转型发展 ········· 6

第二章　全方位、多维视角下的数字化转型 ········· 9
　　第一节　从行业发展的视角看数字化转型 ········· 10
　　第二节　从组织发展的视角看数字化转型 ········· 12
　　第三节　从个体发展的视角看数字化转型 ········· 13

第三章　金融行业人才培养迎来新时代 ········· 16
　　第一节　数字化时代金融行业人才培养的新形势 ········· 16
　　第二节　数字化时代金融行业人才培养的新定位 ········· 27
　　第三节　数字化时代金融行业人才培养的新趋势 ········· 33

第四章　技术为数字化时代金融行业人才培养注入新动能 ········· 45
　　第一节　技术发展为金融人才教育带来新机遇 ········· 45
　　第二节　新技术催生金融行业人才培养新理念 ········· 47

第二篇 法篇：金融行业人才发展的新路径、新体验

第五章　变革的引擎：新技术与金融教育深度融合　56

第一节　中国金融教育信息化发展历程回顾　56
第二节　现代数字化学习技术分类　61
第三节　大（小）数据与个性化学习　63
第四节　5G 与互动协作学习　66
第五节　AI 与自适应学习　69
第六节　云计算与数字化学习平台建设　71
第七节　物联网与智慧教室（校园）建设　72
第八节　虚拟现实与教育元宇宙　73
第九节　区块链与开放式学习　77

第六章　未来学习空间的跃迁：以人为本，边界消失　81

第一节　技术浪潮之下，学习时空间边界被打破　81
第二节　学习空间走向虚实共生　82
第三节　探秘智能学习空间建设　84

第七章　知识体系建设的嬗变：群智涌现，能者为师　108

第一节　重新定义学习资源　109
第二节　数字时代的知识网红　110
第三节　人机协同的学习资源生产　112
第四节　知识图谱重塑知识关系架构　118
第五节　知识中台改变知识管理模式　129
第六节　云编审平台提高资源生产效率　133

第八章　人与知识的精准匹配：学以类聚，人以群分　141

第一节　从"人找课"到"课找人"　141

第二节　从"千人一面"到"千人千面" …………………………… 142
　　第三节　用户画像：分析和理解学习者 …………………………… 143
　　第四节　智能标签：多维度标注人与知识 ………………………… 152
　　第五节　"千人千面"的学习资源智能化推荐 …………………… 154

第九章　教学模式的变迁：人机协同，因材施教　163
　　第一节　灌输式教学不受新生代欢迎 ……………………………… 163
　　第二节　数据让教学从供给驱动转向消费驱动 …………………… 164
　　第三节　直播教学逐渐成为标配 …………………………………… 167
　　第四节　去中心化的人机共教 ……………………………………… 173
　　第五节　VR/AR 沉浸式教学：从在线转向在场 …………………… 175

第十章　学习模式的变迁：人机融合，打造超级学习者　184
　　第一节　金融行业员工学习现状 …………………………………… 184
　　第二节　梦想照进现实，我的学习我做主 ………………………… 185
　　第三节　线上化智能微学习 ………………………………………… 186
　　第四节　融入工作的训战学习 ……………………………………… 189
　　第五节　人机融合的自适应学习 …………………………………… 193
　　第六节　基于数字孪生的智能训练 ………………………………… 196
　　第七节　游戏化学习 ………………………………………………… 205
　　第八节　人人都可以有的智能学伴 ………………………………… 211

第十一章　学习评价模式的变迁：学评融合，全面发展　216
　　第一节　当前学习评价模式的弊端 ………………………………… 216
　　第二节　基于学习分析技术的学习评价 …………………………… 217
　　第三节　基于区块链技术的学习成果认证 ………………………… 220

第十二章　学习生态圈的数智化运营　223
　　第一节　学习运营的辛酸，你中了几招？ ………………………… 223

    第二节　数据智能驱动学习运营管理 …………………………… 223

    第三节　数据中台创新学习运营数据治理模式 ………………… 226

    第四节　智慧教务管理 …………………………………………… 232

    第五节　超能数字化运营助理 …………………………………… 234

    第六节　如何构建安全可信的学习生态 ………………………… 238

第三篇　术篇：金融行业人才培养的新探索、新实践

第十三章　金融行业人才培养数字化转型实施方法论 ……………… 247

    第一节　金融行业人才发展数字化转型面临的挑战 …………… 247

    第二节　制定金融行业人才培养数字化转型战略 ……………… 249

    第三节　企业数字化学习从业人员自我赋能 …………………… 258

第十四章　他山之石 …………………………………………………… 262

后记（跋） ……………………………………………………………… 291

第一篇
道篇：金融行业人才培养的新趋势、新生态

"圣人不能为时，而能以事适时，事适于时者其功大。"
——《吕氏春秋》

第一篇
道篇：金融行业人才培养的新趋势、新生态

我们生活在一个机遇与挑战并存的时代，数字经济呼啸而来，数字化转型迅猛发展，技术进步给每个人的工作、生活带来了更多的可能性，享受着这份红利的同时，需要每个人用积极拥抱变化的心态，让技术发展为我所用，跟上时代的脚步，探索运用新的模式与方法，在各个领域高效运用数字化的思维与技术。

近些年来，科技飞速发展并应用到各个细分领域与行业，从过去的技术应用，到现在的技术驱动行业、领域融合与发展，每个人都能够深刻体会到这种转型所带来的深刻变化。回顾既往，不难发现技术的专业界限是十分鲜明的，应用范围也是有限的。发展至今，随着技术应用范围的扩大、应用程度的深入，技术的发展与应用离我们每个人的工作、生活越来越近。

作为数字化应用的探索者和实践者，金融行业一直致力于保持在互联网与信息技术应用层面的前沿性。早在20世纪70年代，金融机构就开始尝试应用计算机代替人工进行业务处理，时代发展到今天，智能机器人走进网点、为客户提供服务早已不是新闻，当FinTech（金融科技）预料之中地登上热搜，科技金融如火如荼地发展，到现在数字化金融以及一系列创新实践的全面开展，数字化转型成为每一家金融企业所必须思考的问题，技术给行业带来的影响从未如此深刻。

在人类历史发展的进程中，科学与技术扮演了重要的角色，尤其是工业革命以来，科学技术直接主导了社会重大产业变革和经济社会的飞跃发展。当今的中国正处于百年未有之大变局，经济和科技发展的外部宏观环境和内在需求都随着世界格局演变不断发生改变，未来充满了诸多不确定性，而教育则能让我们在不确定性中获得某种确定。通过教育，提升金融企业员工的素养和能力，提升人力资本效能、激励创新，更加从容地适应社会变革、应对市场挑战、破解经营难题，增强金融企业适应经济社会发展的韧性，进而实现高质量、可持续的增长与发展。

前沿科学技术在深刻改变人类生产生活方式的同时，也在加快重塑传统教育生态。这迫切要求我们于变局中开新局，积极推进前沿技术与教育的深度融合。伴随着终身学习、人机协同、跨界融合、知识共创共享时代的来临，技术手段、传播模式、应用场景都发生巨大变化的前提下，技术发展与数字化转型对在线教育的影响必将持续而深远。

第一章　呼啸而来的数字经济时代

题首语：人类社会的发展过程，就是人类不断改造自然的过程。从最远古的"刀耕火种"到"铁犁牛耕"，再到"工厂流水线"，经历三次工业革命后，现在我们迎来了以数据生产力为主导的新时代，也就是数字经济时代。

第一节　数字经济的内涵与特征

一、数字经济的定义与内涵

数字技术创新日新月异，数字经济已经成为21世纪全球经济增长的重要驱动力，"数字经济是继农业经济、工业经济之后的一种新的经济社会发展形态"[①]。2016年9月4日至5日举行的G20杭州峰会上，通过了《G20数字经济发展与合作倡议》，这是全球首个由多国领导人共同签署的数字经济政策文件，指出"数字经济是指以使用数字化的知识和信息作为关键生产要素、以现代信息网络作为重要载体、以信息通信技术的有效使用作为效率提升和经济结构优化的重要推动力的一系列经济活动"[②]，并提出了数字经济发展与合作的七项共同原则，包括创新、伙伴关系、协同、灵活、包容、开放和有利的商业环境，以及促进经济增长、信任和安全的信息流动[③]。

中国信息通信研究院在《中国数字经济发展白皮书（2021年）》中指出：

[①] 马化腾，孟昭莉，闫德利，王花蕾，等. 数字经济：中国创新增长新动能[M]. 北京：中信出版集团，2017.
[②] 二十国集团数字经济发展与合作倡议[EB/OL]. http://www.cac.gov.cn/2016-09/29/c_1119648520.htm.
[③] 二十国集团数字经济发展与合作倡议[EB/OL]. http://www.cac.gov.cn/2016-09/29/c_1119648520.htm.

"数字经济是以数字化的知识和信息作为关键生产要素,以数字技术为核心驱动力量,以现代信息网络为重要载体,通过数字技术与实体经济深度融合,不断提高经济社会的数字化、网络化、智能化水平,加速重构经济发展与智力模式的新型经济形态。"[①]白皮书还梳理了数字经济框架的演进过程——"两化""三化""四化"框架,在《中国数字经济发展白皮书(2017年)》中,结合数字经济的发展特点,从生产力角度提出了数字经济"两化"框架,即数字产业化和产业数字化。在《中国数字经济发展白皮书(2019年)》中,注意到组织和社会形态的显著变迁,从生产力和生产关系的角度提出了数字经济"三化"框架,即数字产业化、产业数字化和数字化治理。在《中国数字经济发展白皮书(2020年)》中,提出以数据驱动为特征的数字化、网络化、智能化深入推进,数据化的知识和信息作为关键生产要素在推动生产力发展和生产关系变革中的作用更加凸显,经济社会实现从生产要素到生产力,再到生产关系的全面系统变革,提出数字经济的"四化"框架,即数字产业化、产业数字化、数据价值化、数字化治理,指出数字产业化和产业数字化重塑生产力,是数字经济发展的核心,数字化治理引领生产关系深刻变革,是数字经济发展的保障,数据价值化重构生产要素体系,是数字经济发展的基础[②]。

二、数字经济的发展与趋势

2018年,中国信息通信研究院发布《G20国家数字经济发展研究报告(2018年)》,指出数字经济持续保持快速发展态势,并呈现出新的发展特点[③]:规模不断扩大,G20国家数字经济总量由2016年的24.09万亿美元增加到2017年的26.17万亿美元,继续呈现快速扩张的发展势头;结构不断优化,G20国家产业数字化占比由2016年的84.18%提高到2017年的84.47%,数字经济正逐步向ICT产业与传统产业深度融合发展的方向迈进;同时呈现出行业渗透分化的趋势,G20国家农业、工业、服务业等行业间的渗透差距进一步拉大。

[①] 中国信息通信研究院. 中国数字经济发展白皮书(2021年)[R]. 2021.
[②] 中国信息通信研究院. 中国数字经济发展白皮书(2020年)[R]. 2020.
[③] 中国信息通信研究院. G20国家数字经济发展研究报告(2018年)[R]. 2018.

社会经济形态从信息经济向数字经济转变的过程可以划分为两个阶段[①]：第一个阶段是信息经济向数字经济过渡阶段，这一阶段意味着新实体经济的出现，是传统经济活动中存量部分的激活与被赋能；第二个阶段是数字经济的智能化，这代表着数字经济中最有活力的阶段，是数字经济中新的增量，代表着数字经济未来的方向。

中国信息通信研究院在《中国数字经济发展白皮书（2021年）》中指出数字经济正在打造经济复苏新动能，包括数字经济构筑经济增长关键支撑、数字产业化服务化趋势稳步推进、产业数字化深层次拓展持续加速、数字化治理多领域探索全面升级、数据价值化关键环节成效初显、数字化需求持续开辟增长新蓝海[②]。

第二节　数字经济引领中国转型发展

一、数字经济成为国家战略

近年来，国内外经济环境发生重大变化：国内方面，人口红利、城镇化等传统驱动因素对经济增长的边际贡献不断下降；国际方面，全球产业链调整形势加剧。中国经济下行压力不断加大，中国经济急需转型升级。数字经济使用数据作为关键生产要素，以无处不在的信息网络作为重要载体，以信息通信技术的有效使用作为效率提升和经济结构优化的重要推动力，重构社会生产力和生产关系。与传统经济相比，数字经济在降低资源消耗、发展质效层面均有绝对优势，数字经济因此成为中国经济实现跨越式发展的新引擎。在"以国内大循环为主体、国内国际双循环相互促进"的经济大战略下，中国政府加快数字经济相关政策出台，在国家政策制定与方向引领层面进一步提振人心。近年来，政府工作报告连续提及数字科技和数字经济相关领域，推动数字科技赋能传统经济、加速数字经

[①] 汤潇. 数字经济：影响未来的新技术、新模式、新产业[M]. 北京：中国工信出版集团，人民邮电出版社，2019.

[②] 中国信息通信研究院. 中国数字经济发展白皮书（2021年）[R]. 2021.

济变革。2021年3月11日，十三届全国人大四次会议表决通过的《中华人民共和国国民经济和社会发展第十四个五年规划和2035年远景目标纲要》，共计十九篇、六十五章的规划纲要中，"数字化"共计出现了25次，其中，"第五篇　加快数字化发展　建设数字中国"，从打造数字经济新优势、加快数字社会建设步伐、提高数字政府建设水平和营造良好数字生态四个维度，体系化阐述了国家层面的数字化发展战略，明确提出"迎接数字时代，激活数据要素潜能，推进网络强国建设，加快建设数字经济、数字社会、数字政府，以数字化转型整体驱动生产方式、生活方式和治理方式变革"，在"第二十一章　建立现代财税金融体制"中明确指出"稳妥发展金融科技，加快金融机构数字化转型"。

二、数字新基建为行业数字化转型奠定基础

数字基础设施的建设对数字经济发展至关重要，每一个领域与行业的发展都离不开基础设施建设的强有力支撑，数字经济的发展需要建立在基础设施建设与持续升级的基础上。近几年来，从国家层面对新型基础设施（以下简称"新基建"）的范畴与重点建设领域已经逐步明确，并进入实质性建设阶段，这为社会与行业数字化转型奠定了坚实的基础。中国电子信息产业发展研究院（赛迪研究院）电子信息研究所在《"新基建"发展白皮书》中指出"新基建"是与传统的"铁公基"（主要是铁路、公路、轨道交通等基建和公共设施）相对应，结合新一轮科技革命和产业变革特征，面向国家战略需求，为经济社会的创新、协调、绿色、开放、共享发展提供底层支撑的具有乘数效应的战略性、网络型基础设施[1]。

2020年4月20日，中华人民共和国国家发展和改革委员会在新闻发布会上，指出"新型基础设施是以新发展理念为引领，以技术创新为驱动，以信息网络为基础，面向高质量发展需要，提供数字转型、智能升级、融合创新等服务的基础设施体系"[2]。并进一步明确了"新基建"建设的三大方面、七个领域。其

---

[1] 中国电子信息产业发展研究院（赛迪研究院）电子信息研究所．"新基建"发展白皮书[M]．2020．
[2] 国家发展改革委举行4月份新闻发布会介绍宏观经济运行情况并回应热点问题 [EB/OL]．https://www.ndrc.gov.cn/xwdt/xwfb/202004/t20200420_1226031.html．

中，三大方面主要是指：信息基础设施（基于新一代信息技术演化生成的基础设施）；融合基础设施（深度应用互联网、大数据、人工智能等技术，支撑传统基础设施转型升级，进而形成的融合基础设施）；创新基础设施（支撑科学研究、技术开发、产品研制的具有公益属性的基础设施）。七大领域则为5G、特高压、城际高速铁路和城际轨道交通、新能源汽车充电桩、大数据中心、人工智能、工业互联网等重点建设方向。数字化新基建利用数据的连接、交互，重塑新的生产体系、商业模式、服务业态，加速传统产业的升级，释放数字红利，催生新产业、新模式快速发展，为数字经济的迅猛发展奠定了坚实的基础，为行驶在数字经济浪潮中的"车辆"搭建了一条"高速公路"。

第二章　全方位、多维视角下的数字化转型

题首语："技术日新月异，人类生活方式正在快速转变，这一切给人类历史带来了一系列不可思议的奇点。我们曾经熟悉的一切，都开始变得陌生。"

——约翰·冯·诺依曼（John von Neumann）

伴随着数字经济的迅猛发展，数字化转型成为新一代信息技术驱动产业变革的本质特征，成为产业追逐的热点和企业转型的新风口。2019年，华为发布了《行业数字化转型方法论白皮书》，提出数字化转型是"通过新一代数字技术的深入运用，构建一个全感知、全联接、全场景、全智能的数字世界，进而优化再造物理世界的业务，对传统管理模式、业务模式、商业模式进行创新和重塑，实现业务成功"[①]。

数字化转型是适应数字经济发展的主动选择，是组织与企业在数字经济时代背景下的求索之路。无论是组织还是个人，在数字化转型的浪潮下最大的挑战不是跟上技术发展的潮流，而是思考清楚，开展数字化转型的目的是什么，组织发展和业务发展仍然是我们应该最先考虑的本源问题。数字化转型的根本目的在于如何提升企业竞争力，数字化转型本质上是业务转型，这是一个长期的系统工程，需要经历积跬步、成千里的过程。

与此同时，数字化转型的研究领域与视角已经从政策、技术视角拓展到管理视角，很多管理学者开始倾注精力研究数字化时代给行业、企业发展带来的影响。陈春花教授在她的论著《价值共生——数字化时代的组织管理》中，关于数字化技术有过这样一段论述"数字化技术作为一个分水岭，把人类从工业革命带入信息革命。所以，从代际概念角度理解，数字化是指现实世界与虚拟世界并存

---

① 华为. 行业数字化转型方法论白皮书（2019）[R]. 2019.

且融合的新世界"①，从这个角度自然不难理解为什么"数字孪生"的概念这几年如此火热，以及其未来发展的无限可能。

生存在数字经济时代，面临行业数字化转型的机遇与挑战，数字化转型给组织和个人带来的影响广泛而深刻，这些变化都需要我们来共同经历、一起感知。

第一节　从行业发展的视角看数字化转型

有学者指出数字化转型是建立在数字化转换、数字化升级的基础上，进一步触及公司核心业务，以新建一种商业模式为目标的高层次转型，数字化转型是开发数字化技术及支持能力以新建一个富有活力的数字化商业模式②。"技术本身不会创造商业价值，只有将技术应用在商业和业务中，才能真正让企业因为使用技术而创造商业价值，也就是说，技术服务于业务才能发挥技术的价值"③。

根据华为公司在2018年对客户的一项调查，数字化转型的主要驱动力来源与行业趋势变迁、解决自身经营问题、企业战略驱动、社会经济大环境变化以及竞争对手的压力五个方面④。不难理解，数字化转型本身并不是目的，而是通过技术促进行业与产业本身的发展，也就是我们通常所说的，首要应该是从业务发展和解决实际问题的角度来思考数字化转型，选择最适合自身的技术与模式，这一点看似最通常的逻辑，却是我们常常所忽略的。

进一步聚焦来说，行业的数字化转型的过程中，思维的转变是第一步，"企业数字化转型的关键在于以平台思维构建系统"⑤，"数字化转型中平台思维的十大要素：业务全局视角贯穿业务链，构建支撑业务优化的数据链路闭环，以用

---

① 陈春花．价值共生：数字化时代的组织管理[M]．北京：中国工信出版集团，人民邮电出版社，2021．
② 陈劲，杨文池，于飞．数字化转型中的生态协同创新战略——基于华为企业业务集团（EBG）中国区的战略研讨[J]．清华管理评论，2019（6）：22-26．
③ 钟华．数字化转型的道与术：以平台思维为核心支撑企业战略可持续发展[M]．北京：机械工业出版社，2021．
④ 华为．行业数字化转型方法论白皮书（2019）[R]．2019．
⑤ 钟华．数字化转型的道与术：以平台思维为核心支撑企业战略可持续发展[M]．北京：机械工业出版社，2021．

户体验最佳为重要原则，提供复用能力支持业务快速创新，支持业务上下游企业的网络协同，支持多个开发团队的协同共建，支持用户个性化及业务扩展需求，团队从项目式建设为主转向数字能力产品运营，支持基于能力开放的外部合作伙伴生态共建，从职能型组织架构向业务导向型组织架构转变"[①]。这些转化集中于提升组织效能、服务业务场景等核心需求，最本质的是要抓住数字化转型中最为迫切的需求，并深入思考数字化转型与产业发展中的契合点。

中国的强大离不开经济的强大，金融的本质是优化资源配置，支撑经济的强大。目前中国正处于百年未有之大变局，中国的金融体系面临新的挑战，数字化转型是新挑战下提高金融供给对实体经济的支持，同时也是提升金融行业改造提升传统动能，培育发展新动能的重要手段。传统的金融体系是基于工业社会的基础架构建立起来的。数字经济时代，金融机构的业务流程、营销方式、服务方式都将被金融科技重塑，未来金融机构的竞争将是运用金融科技开展数字化转型的速度和质量的较量。当前有不少互联网企业做强自身的场景和业务之后，利用其科技优势和数据优势，与传统金融企业开展跨界竞争。在这样的整体背景下，必然倒逼传统金融企业主动求变，从行业发展角度开展以金融科技应用主导的数字化转型的探索。2019年8月23日，人民银行面向各类金融机构印发了酝酿已久的中国金融科技行业发展指导——《金融科技（FinTech）发展规划（2019—2021年）》（以下简称《规划》），《规划》充分结合我国金融业科技发展的历史特点，强调了金融科技视角落实党中央对金融行业的指导性要求，也阐述了未来三年金融科技发展的27项重要任务，明确提出了金融科技行业的四项基本原则：守正创新、安全可控、普惠民生、开放共赢，还指出要充分吸收国际经验，建立纲目并举、完整严密、互为支撑的基本监管规则体系，对不同类型参与者的共性特点，形成基础性、通用性、普适性的监管要求，划定金融科技产品和服务的门槛和底线。

[①] 钟华. 数字化转型的道与术：以平台思维为核心支撑企业战略可持续发展[M]. 北京：机械工业出版社，2021：18-89.

第二节　从组织发展的视角看数字化转型

金融企业的数字化转型是应对数字经济发展趋势和跨界竞争的一种战略。企业战略设定以后，企业就需要调整自己的内部组织体系适配战略的落地。面向客户和产品，构建灵活的组织体系是必然趋势。传统总分架构的科层式管理体系将逐渐演变成以客户和产品为中心的灵活变化的组织体系，当然这会需要一定时间。

组织发展、技术发展、业务发展是企业自身发展中不可忽略的几个方面，这些层面在数字化转型的大形势下又是一种什么样的作用关系与生态体系？《全数字化赋能——迎击颠覆者的竞争战略》一书中，作者从"全数字化业务转型"的角度进行了解读，指出："运用全数字化技术构建新的商业模式，实现组织变革，进而提高绩效。首先，全数字化业务转型的目标是提高业务绩效。其次，全数字化业务转型的基础是全数字化技术。组织的转型需要持续的改进，而要判定一场转型是否为全数字化业务转型，要看在转型过程中是否有一项或多项全数字化技术在发挥重要作用。最后，全数字化业务转型必须涉及组织变革——包含流程、人员和战略在内的真正的变革。总之，数字化业务转型涉及的内容绝非仅限于技术范畴[1]。"

如出一辙，陈春花教授在《协同——数字化时代组织效率的本质》一书中对今天组织管理与以往的不同有这样一段论述："（1）强个体出现，组织与个体之间的关系改变。（2）强链接关系，影响组织绩效的因素由内部转向外部。（3）技术创新与技术创新普及的速度极快，驾驭不确定性成为组织管理的核心。（4）组织不具有'稳态'结构。（5）'共生'成为未来企业组织发展的进化路径[2]。"

在组织学习与发展领域，"身处数字化生存背景下，大部分组织都展开了组织变革与组织转型，确立了打造数字化能力的战略选择及资源投入。但是，如何真正理解数字化的本质，如何理解数字化技术带来的组织管理的新内涵，依然是

---

[1] [英]迈克尔·韦德，[美]杰夫·劳克斯，[美]詹姆斯·麦考利，[美]安迪·诺罗尼亚. 全数字化赋能——迎接颠覆者的竞争战略[M]. 瑞士洛桑管理发展学院，译. 北京：中信出版集团，2019：15.
[2] 陈春花，朱丽. 协同——数字化时代组织效率的本质[M]. 北京：机械工业出版社，2019.

一个需要重新认知的训练"①，这必然是一个长期发展的过程，理念、思维的转变任重道远。"一定需要对现有的组织人才进行能力升级，并且需要引入专业人才，才能真正支撑起数字化转型的持续发展"②。

回归到企业内部人才培养这一特定领域，"需要从组织学习的视角，规划和设计学习内容，不仅关注员工个人学习成长，更要关注组织学习，通过组织学习帮助组织员工做到：实现共同目标，产生协同行为，拥有共同语境"③，统一语言、统一认知、统一理解，才能做到企业数字化转型领域的力出一孔，金融行业人才培养的实践中，我们必然需要承袭组织与学习发展的最新实践，符合其自身发展的规律。

从不同的维度来看：首先，数字化转型不仅仅是技术层面的问题，也需要每个行业、每个企业、每个从业者的认知与思维发生根本上的改变，任何行业的数字化转型切入点不应该是技术的硬性介入，而是真正源自于对行业发展、应用场景以及技术发展的多维度认知与理解，对这些层面的把握是十分重要的，多年以来我们一直所探讨的"+互联网"与"互联网+"也正是对此逻辑的思考；其次，数字化转型不仅仅是组织的问题，也不仅仅是个人的问题，而是协同、共同促进的过程，组织层面需要有数字化转型的基本导向、战略举措，个人层面需要对数字化转型有清晰的认知与理解，并做好自身能力储备，应对未来更多的不确定性与行业、技术的飞速发展。我们需要用数字化的模式与方法，培养适合企业数字化转型的人才，机遇与挑战均蕴含其中。

第三节　从个体发展的视角看数字化转型

一直以来，金融行业对从业人员的能力素养有着极高的要求。随着金融企业数字化转型的深入，金融科技驱动企业从旧发展模式快速迭代到新发展模式，

---

① 陈春花．价值共生：数字化时代的组织管理[M]．北京：中国工信出版集团，人民邮电出版社，2021：4．

② 钟华．数字化转型的道与术：以平台思维为核心支撑企业战略可持续发展[M]．北京：机械工业出版社，2021：8．

③ 陈春花．价值共生——数字化时代的组织管理[M]．北京：中国工信出版集团，人民邮电出版社，2021：227．

其间的未知远大于已知。人们所擅长的能力、被验证过的成功已经不再能守护自身；那些全新的知识、概念和模式正在渗透并影响着人们；应接不暇的变化挑战着人们的学习力①。金融企业的员工只有适应企业数字化转型的需求，才能得以发展。

"在数字化时代，各领域都发生着根本性的变化，其中需要组织管理者理解的是有关'知识革命'的变化。这主要体现在两个方面：第一，知识已经变成了生产力要素，知识所产生的价值已经渗透到各个领域；第二，知识不再是名词，而是动词"②。对于个体而言，我们最能够深切体会到的是知识更迭速度的加快，所以对个体的发展来说，"渔"与"鱼"同样重要，甚至更为重要，个体需要对数字化转型的时代有所了解，对个人的潜能与底层能力的要求更高，必然要求个体从知识储备、技能提升、意识转变、思维提升、应对转变等方面全面准备，以及整合性素养的提升，这些特质将很大程度上决定一个人的未来发展与职业生涯。

对于个体而言，除了上述素养，还有一项与数字化时代发展密不可分的素养要求，那就是"数字素养"，这个概念最早是由保罗·吉尔斯特（Paul Gilster）提出的，主要包括获取、理解与整合数字信息的能力。当前，"数字素养"可以理解为"在新技术环境下，从获取、理解、整合到评价、交流的整个过程中使用数字资源，使得人们有效参与社会进程的能力"③。

2018年，国家发展和改革委员会等19部委联合发布《关于发展数字经济稳定并扩大就业的指导意见》，提出通过强化数字人才教育、加强数字技能培训、建设终身学习数字化平台体系、创新人才培养培训方式、吸引社会力量参与数字人才培养培训等模式与举措持续提升劳动者数字技能，到2025年，伴随数字经济不断壮大，国民数字素养达到发达国家平均水平④。

当前，数字素养除了对技能层面的掌握之外，有了更为丰富的内涵，"对于

---

① 陈春花. 价值共生——数字化时代的组织管理[M]. 北京：中国工信出版集团，人民邮电出版社，2021：5.
② 陈春花. 价值共生——数字化时代的组织管理[M]. 北京：中国工信出版集团，人民邮电出版社，2021：209.
③ 马化腾，孟昭莉，闫德利，王花蕾，等. 数字经济：中国创新增长新动能[M]. 北京：中信出版集团，2017：42.
④ 关于发展数字经济稳定并扩大就业的指导意见（发改就业〔2018〕1363号）。

生活在数字化时代的个体而言,数字素养意味着如何更好地面对生存方式和生活方式的数字化",当我们面临充斥着的信息,如何让信息为我所用,需要"个体能够在数字生活实践中反思数字技术对人的认知与行为的影响,学会自我调适、适度节制"[①]。

由此可见,无论是个人层面还是组织层面,都需要做出对应的转变,"如果说企业文化转变帮助企业自上而下地推动数字化转型,员工的转变则是一种自下而上的响应。在转型过程中,赋能员工也是不可忽视的一方面"[②],而如何让行业人才具备面向未来的发展能力,是更为重要的方面,从人才底层能力提升的角度出发,让企业的人才培养与数字化时代背景下对人才能力的需求之间契合,才是应该真正深入思考的问题。

---

① 段伟文. 数字化时代需要"数字素养"(人民时评)——共同营造健康向上的数字生活[N]. 人民日报,2021-06-07(5).
② 冯国华,尹靖,伍斌. 数字化——引领人工智能时代的商业革命[M]. 北京:清华大学出版社,2019:31.

第三章　金融行业人才培养迎来新时代

题首语："人才为兴邦之本，人才乃成事之基。"过去的20年，互联网给社会生活方式带来了翻天覆地的变化，金融行业无论是组织体系还是人力资源都受到了很大的冲击，随着数字化时代的进一步演进，人才培养的观念与技术更是面临着巨大挑战。

第一节　数字化时代金融行业人才培养的新形势

一、数字化科技带来社会生活新体验

以智能化、数字化、信息化和一些"黑科技"为代表的科技发展和模式创新，正在重塑企业的组织架构、生产方式和运营理念，重塑人们的工作方式、生活方式和行为习惯，也给未来社会发展和人类生活带来崭新的体验。《5G+：5G如何改变社会》[①]一书中对未来的生活作了非常生动的描述。

◎ "5G时代的一天"

早上，家庭服务机器人叫醒了我，在我洗漱、吃早餐的同时，它根据我的个人喜好向我播报了我感兴趣的新闻，并告诉我今日的重要待办事项以及今天工作日程中特别需要关注的知识和业务要点。

---

① 李正茂，王晓云，张同须. 5G+：5G如何改变社会[M]. 北京：中信出版集团，2019.

7点我开车上班,把车调整到自动驾驶模式,汽车通过智能系统选择最优路线,并根据路况进行实时调整,我可以选择在车里办公或者再睡个回笼觉,当然这个时候也可以用来温习一下将要进行的演讲。此时的地铁也井然有序,有人看4K高清赛事直播,有人通过VR眼镜学习感兴趣的课程,有人通过VR眼镜穿越亚马孙、攀登珠穆朗玛峰。假如感觉不适,我可以通过5G高清远程会诊连线我的私人医生,作全面的诊前沟通,确定挂号的科目,并约了离公司最近的小医院为我做5G远程B超诊断。

8点我来到公司,通过5G高清远程会议连线高铁上、飞机上的同事,讨论最新工作进展,交流新的业务信息和知识。人工智能会议助手即时形成会议纪要并同步到同事的云办公终端上。

午饭后,我在线呼叫好友来场游戏缓解工作压力,高清画质的云游戏让我玩得酣畅淋漓。当然,如果公司能够用游戏化学习方式把需要掌握的业务知识制作成虚拟课件我也很愿意使用。

晚上到家,5G无人机快递已给我送来新鲜的晚餐食材,女儿正在通过VR创新教育上兴趣课,我开启5G超高清VR家庭影院享受沉浸式的视听体验。

当我们激活对未来的想象力,根据当今社会发展趋势,就不难预测到,以5G、人工智能为代表的新技术将深刻改变社会各行业的发展轨迹,对人类的日常生活也将产生翻天覆地的影响。

(一)万物互联,智联互通

5G技术支持高带宽、低时延、广连接,支持千亿级的泛在接入,将打造一个全移动、全连接的社会。未来在5G技术的推动下,物联网将成为互联网发展的主力,将整个物理世界数字化。日本软银集团创始人、国际知名投资人孙正义先生曾在2014年首届世界互联网大会上说过:"不久的将来,无论是手提电脑或者手持的仪器,还是电脑、眼镜、衣服、鞋子、墙等所有的事物,甚至是一头牛都有可能被联系起来。"[1]在物联网技术飞速发展的今天,孙正义所预测的这些

---

[1] 孙正义. 2017年世界移动通信大会发言[R/OL]. (2014-11-19) [2021-03-15]. http://www.cac.gov.cn/2014-11/19/c_1114002393.htm.

现象已经或逐步变为现实。所有事物都可以连接到数字世界，再融合人工智能技术，实现物与物、人与物的智能交互，从而进一步释放物联网发展动能，引领我们开启万物互联的新生活。

未来社会中，数字通信技术就像自然生态中最基础的阳光、空气和水一样，支撑起自然生态系统的正常运行，将社会各个"物种"联系起来。以数字化用户为中心的场景解决方案，随着接口的打通，数据在不同设备、不同空间中持续流动、交互，用一个又一个新生的场景把生活编制为一张巨大的数字网络，用不同场景融通人、各类空间与各种智能设备，进而实现以数字化载体为中心的场景互联。

（二）技术聚变，智能共生

近十年来，信息技术产业进入新技术交织并进、融合创新发展的新阶段。在新理论和新技术的驱动下，大数据、云计算、物联网、区块链、5G等新一代信息技术加速突破应用，产业链条逐步形成，集群发展态势显著，溢出效应日益突出，催生融合创新的"核聚变"，释放出巨大的创新能量。这些前沿技术不断颠覆传统生产模式、组织方式和产业形态，推动传统转型升级、新兴产业发展壮大。同时，前沿技术已从互联网领域渗透至传统行业，应用场景日益丰富、应用价值不断凸显。

例如，通过5G，我们可以大量获取物联网传感器收集的丰富数据，运用大数据和机器学习技术，使企业具备智慧的"大脑"，实时的"感知—分析—决策—响应"，实现各行业的数字化、智能化升级，将催生出智慧交通、智慧娱乐、智慧城市、智慧医疗、智慧金融、智慧教育等[①]。在技术层面，人工智能等前沿技术已为智慧社会的建设提供了技术支撑。智能化、数字化、网络化等新一轮科技革命和产业变革也为其提供了环境基础。智能化浪潮推动了人类社会原有的基础设施、生产方式、发展要素、商业范式、经济形态、治理模式等发生全方位、深层次的创新、变革和颠覆。

（三）教育变革，智慧迭代

前沿技术在社会的广泛应用，促使技术逐步代替机械与繁冗的人类工作，

---

① 李正茂，王晓云，张同须. 5G+：5G如何改变社会[M]. 北京：中信出版集团，2019.

也使人们可以基于自由意志展开个体之间的分工、合作与创造。前沿技术还驱动了知识的高效生产、传播和应用，促进了财富积累方向由资本转向知识，不仅急剧提升了财富增长的速度，也增加了收入分配格局调整的灵活性，引发社会的链式突破，推动社会向智慧化演进。因此，相比信息时代的计算机和互联网，以人工智能为代表的驱动生产力变革的新技术已经出现，使得智能将成为与传统的劳动、资本、土地、信息、数据等同等重要的新生产元素。

在智慧社会中，社会的主要构成及服务单元都是"智慧人"①。也就是说，前沿技术所带来的驱动力归根结底还在于人，人的发展能力决定了社会的智慧高度。毋庸置疑，教育是提高人类认知能力最有效的途径之一，因此未来社会的建设离不开未来教育的发展。未来教育方式及内容决定了人的认知程度。未来教育为未来智慧社会的发展迭代提供人才。教育发展中产生的需求及问题也为智慧社会的发展提供动力与方向。我们可以大胆预测，时代的更新、社会的发展必将带来教育的创新与变革，未来教育的变革也决定着未来社会的迭代与升华。

二、数字化科技赋予金融发展新模式

（一）数字经济呼唤新金融高质量发展

近年来，全球地缘政治经济格局加速大调整、大分化、大重组，世界呈现百年未有之大变局。经济全球化、全球治理、新技术革命和产业结构等的显著变化，人类社会经济进入"奇点"。应对2020年初全球新冠肺炎疫情大流行，更是为百年未有之大变局注入了强有力的催化剂。新的国际金融风险不断增加，全球风险中枢显著抬升，中国经济发展的外部竞争和挑战在明显加大。中国经济发展的新动力处于重启期，经济"双循环"体制机制处于再造和转换升级的关键时期②。

数字经济已经成为撬动各国经济增长的新杠杆和新动力。近年来数字经济GDP（国民生产总值）占比持续上升，数字经济产业化和传统产业数字化孕育巨大的商机和活力。进入新千年以来，数字技术的发展呈现出"星星之火，可以

---

① 关成华，陈超凡，安欣．智能时代的教育创新趋势与未来教育启示[J]．中国电化教育，2021（7）．
② 张春子，张晓东．数字时代商业银行转型[M]．北京：中信出版集团，2021．

燎原"的迅猛势头。数字经济的加速发展正在极大地推动人类生产、生活方式、社会运行、文化及地缘政治发生历史性变革。在全新的经济发展模式和商业模式下，金融行业的经营发展既面临严峻挑战，也迎来了加快战略转型，走向数字化、智能化金融新时代的重大契机。面对经营环境的新的历史大变局，抓住产业数字化、数字产业化赋予的历史机遇，深刻领会和贯彻落实党的十九届五中全会通过的《中共中央关于制定国民经济和社会发展第十四个五年规划和二〇三五年远景目标的建议》的要求，在有效履行支持实体经济历史使命的同时，实现自身更高质量、更高效率、更加数字化、更可持续、更为安全的发展，是对金融行业政治意识和经营管理能力的重大考验。

（二）数字技术催生金融科技新模式

变革创新的潮流滚滚向前，作为推动人类社会向前发展的根本动力，谁拒绝改革，谁拒绝创新，谁就会落后于时代，谁就会被历史淘汰。在预期经营环境变化更加激烈的新时代，金融行业必须立足历史和未来事业，深刻把握数字化时代经营发展环境的变化和趋势。积极谋划数字时代金融行业经营发展的长远战略，有效应对和化解各类重大风险，重塑数字时代金融机构的核心竞争力，就要始终坚持和强化数字化思维，持续为企业和客户创造价值，深化数字化战略转型，走向全球金融竞争的中心舞台。

未来十年，中国经济社会即将进入"十四五"和"十五五"两个重要发展规划时期。中国的经济金融体系将全面开放，市场化改革将实现历史性进步，人民币国际化、数字人民币将迎来历史性发展。在全球金融业进入"无科技、不金融"的新发展阶段，金融行业必须深刻认识到科技是未来价值最高的无形资产，决定着企业的命运，因此必须转变自身基因，规避数字时代的各种战略踏空。如果没有独特的技术支持，仅仅依靠规模大和成本低的优势，不论是互联网企业，还是金融机构和实体企业，经营发展都将难以为继。数字经济的大发展和金融科技的深度开发与广泛应用，都将推动新金融经营发展体系"凤凰涅槃"，向数字化、智能化转型。

在新技术持续推进、创新模式不断涌现、竞争与协作交织并存的背景下，全球金融科技正迈向全新阶段并将迎来蓬勃发展。这为金融行业带来冲击的同时，也为传统金融机构加速转型、拥抱新科技创造了历史性机遇。

回顾近年来金融科技发展，展望未来趋势，麦肯锡认为，七大技术将持续影响金融行业的未来。[①]

- 人工智能：基于自动因子发现的机器学习、知识图谱和图计算，以及基于隐私保护的增强分析将发挥更大价值；
- 超自动化（Hyper automation）：流程机器人等自动化技术继续代替人工；
- 区块链：智能合约、零知识证明、跨链技术等带来新机遇；
- 云计算：敏捷化、高弹性、微服务化的云原生优势更受重视；
- 物联网：万物互联构建全新诚信体系，物联网与金融服务的融合潜力无限；
- 开源、软件即服务和无服务架构；
- 无代码开发平台：无代码和低代码方式重新定义程序开发。

（三）数字技术重塑金融服务新流程

未来十年，是科技驱动和科技赋能金融行业的黄金时期，也是金融行业业务模式变革和竞争格局变化的关键阶段。中国的金融科技企业、投资机构和传统金融机构需时刻关注全球金融科技的技术趋势和业务模式创新，围绕金融场景，打造金融生态，持续建设自身能力与核心竞争力，推动转型与开放合作，迎接即将到来的金融科技浪潮。

未来的发展趋势之一将是金融即服务（FaaS）[②]。银行、保险、证券、投资服务将不再局限于传统的储蓄、贷款、投保、理财、结算等，也不再局限于服务柜面的物理网点、网银或App渠道而是嵌入人们的生产生活场景中，与各行业融合，实现"N+金融"的场景金融再造，使金融服务触点无界、服务无限。展望未来，金融机构将全面融入企业生产过程、流通过程和管理过程，与实体经济进一步融合，全面支持实体经济发展。

基于5G通信网络，大量人、物被接入互联网，并产生丰富而真实的数据，

---

① 详见《展望2030：金融机构需要关注七大科技，塑造明日金融》，麦肯锡，https://www.mckinsey.com.cn/。

② 详见《展望2030：金融机构需要关注七大科技，塑造明日金融》，麦肯锡，https://www.mckinsey.com.cn/。

实现资金流、信息流、实体流的"三合一"。这将帮助金融机构建立智能化、嵌入式的经营流程、风险监控体系。金融机构可以利用大数据、云计算、移动互联网、物联网、人工智能等先进技术手段实现嵌入式风控，将风险管理进一步前移。例如，对于提供融资贷款服务的银行来说，嵌入供应商或企业生产流程，动态刻画客户、业务、抵质押物等业务主体的立体风险视图和风险收益视图，结合企业经营数据情况，及时发现客户异常信号，并进行预警，为风险管理提供决策支持和服务支撑。对于提供保险保障服务的保险公司来说，通过嵌入消费者生活流程，动态采集客户的生活习惯、职业特性、驾车偏好、健康状况等，能够及时准确评估承保风险和保障需求，为客户提供个性化保障服务和差异化产品定价。

运用数字化手段，金融机构还将能够更好地满足小微企业、"三农"、广泛个人的金融服务诉求，扩大普惠金融的深度和广度。例如，通过5G的通信网络把服务送到千家万户，延展到人和地方，跨越时空界限，克服地域分散、信息不对称、风险可控性差、服务成本高等问题，让专业的金融服务更平等、更平常。基于5G和物联网融入企业生产经营一线，输出金融机构的市场预测、数据分析和财务管理能力，赋能小微企业提升经营管理能力，全面践行普惠金融之路。

三、数字化科技引领未来职场新跃迁

（一）人口数量与压力结构并存，对劳动力供给带来新变局

第七次人口普查数据显示[①]，2020年我国拥有14.1亿人口，仍然为世界第一人口大国。与2010年第六次人口普查数据相比，人口增长率从9.8%下降为5.38%，年平均增长率从1.07%下降为0.53%，意味着过去十年间全国总人口增长率持续放缓。普查数据还显示，中国老龄化进程明显加快。在全国人口中，60岁及以上人口的比重达到18.70%[②]，比2010年第六次人口普查上升5.44个百分点。此外，65岁及以上人口比重达到13.50%，比10年前上升4.63个百分点。尽管我国及时放开生育政策，全面放开"三孩"生育，积极采取教育"双减"政策减少家庭养育负担，可能会延缓人口总量拐点和老龄化速度，但具体效果还有待观察。总体来看，中

[①] 第七次全国人口普查公报（第二号）——全国人口情况，国家统计局，2021年5月11日。
[②] 第七次全国人口普查公报（第五号）——全国人口情况，国家统计局，2021年5月11日。

国人口数量压力与结构挑战并存,"十四五"时期未来人口总量将趋于负增长[1]。

人口老龄化和负增长趋势直接影响劳动力供给,我国劳动力市场正在发生深刻变革[2]。一是劳动力供给规模下降。根据国研中心对未来十年我国劳动力供求趋势分析报告[3],随着我国老龄化进程加快和生育率走低,我国适龄劳动人口将继续减少,劳动力供给规模持续下降。预测结果表明,2020年至2030年,我国适龄劳动人口规模从9.89亿人下降到9.63亿人。二是劳动参与率降低,随着年龄增加,老年人劳动参与率下降,造成劳动力总参与率下降。2020年至2030年,我国适龄劳动人口劳动参与率将从68.44%下降到65.17%。三是老龄化水平提升后,高龄人口劳动供给时间缩短,造成劳动力总供给时间减少。四是老年人生理心理机能变化,难以适应多数岗位劳动强度,劳动供给质量开始降低。这将是中国在人口领域所面临的"百年未有之大变局",将从很多方面深刻影响经济的高质量发展。

(二)从人口红利向人才红利转变,对劳动力质量提出新要求

按照国际标准[4],我国早在1980年步入了人口红利期,但拐点在2010年已经出现,之后人口红利水平呈现出下降趋势。基于劳动年龄人口总规模仍然较大、劳动力资源依然丰富及人口素质大幅改善的人口国情现状,当前中国人口红利依然存在,且随着人口素质的提高,人口红利逐步向人才红利转变[5],有利于进一步推动中国产业结构升级和经济结构转型。

与此同时,随着全球新一轮科技革命和产业变革浪潮的到来,智能技术以及数据算法的不断升级,使得单一的机械性工作逐渐被机器取代,简单的重复劳动逐渐被系统取代,社会发展对劳动力的高阶能力和综合素质的要求进一步提高。

---

[1] 详见《"两头翘、中间塌",第七次人口普查哪些数据值得关注?》,腾讯新闻,2021年9月11日,https://new.qq.com/rain/a/20210911A07O7E00。
[2] 详见《人口老龄化对劳动力市场产生了哪些影响》,钱诚,刘理晖,中国经济时报,2021年7月12日。
[3] 详见《国研中心:未来十年我国劳动力供求趋势分析》,《经济日报》官方账号,2020年10月15日。
[4] 详见 "Population Division of the Department of Economics and Social Affairs of the United Nations Secretariat",World population Prospects:The 2008 Revision." https://www.un.org/development/desa/pd/sites/www.un.org.development.desa.pd/files/files/documents/2020/Jan/un_2008_world_population_prospects-2008_revision_volume-ii.pdf。
[5] 详见《透析第七次人口普查:三个关键数据深度影响未来中国经济》,上海证券报,2021年5月12日,http://www.xinhuanet.com/2021-05/12/c_1127435464.htm。

一些传统劳动密集型就业岗位受到冲击，金融作为知识密集型行业对人才质量要求则进一步提高。

根据麦肯锡全球研究院的分析[①]，到2030年多达2.2亿中国劳动者可能因自动化技术的影响而变更职业，约占劳动力队伍的30%。在中等自动化情景下，在2030年约有5160亿工时或将因技能需求变化而需要重新部署，平均到每名劳动者约为87天。总体而言，对体力和人工操作技能的需求或将下滑，对社会和情感沟通技能、技术技能的需求则将明显提升。短期之内结构性失业在所难免，但从长期来看，随着人才质量水平提升，越来越多的劳动者会满足岗位要求。前沿技术的应用也将创造更多的数字化、智能化就业机会。面对数字技术带来的挑战，时代呼唤教育和人才培养体系进一步深化改革，不断更新劳动力的知识、技能和能力，提高人力资本对经济的贡献率，已经成为有效应对人口老龄化和总量负增长趋势的必然选择（见图3-1）。

五大技能或将面临需求变化

麦肯锡的未来工作模型将职场所需技能分为了5大类和25小类：

体力和人工操作技能。 体力和人工操作技能主要指一般设备操作和引导、一般设备修理和机械技能、工艺和技师技能、小肌肉运动技能、大肌肉运动技能和力量技能，以及检查和监控技能。考虑到此类任务很容易被自动化技术所取代，对它们的需求将持续降低。然而，即便到2030年，此类技能的劳动者数量仍有可能位居第一。这一点适用于全球所有国家。

基本认知技能。 基本认知技能主要包括基本读写、算数和沟通能力，以及基本的数据输入和处理能力。随着基本认知技能逐渐被自动化技术取代，用人单位对认知技能的要求也会越来越高。

高认知技能。 高认知技能包括高级读写能力、定量分析和统计能力、批判性思维和决策制定能力、项目管理能力、复杂信息处理和解读能力，以及创造力等。其中，创造力、批判性思维、决策制定和复杂信息处理能力尤为抢手。而某些较为基础的高级读写、定量分析和统计，以及项目管理工作会逐渐由机器完成。

社会和情感沟通技能。 社会和情感沟通技能包括高级沟通和谈判能力、人际交往技能和同理心领导力和管理能力、企业家精神、主观能动性和适应性、持续学习，以及其他教育和培训能力。社会和情感沟通技能几乎不受全面自动化趋势的影响，因为机器在人际交往能力的掌握上仍处萌芽阶段。未来将会有越来越多的中国劳动者从事这些技能岗位。

技术技能。 技术技能包括基本的数字化技能、高级IT和编程技术、高级数据分析和数学技能、技术设计、工程、维护、科学研发等。由于中国经济发展越来越注重创新与分析能力，对这些技能的需求也会与日俱增。与此同时，随着自动化的日益普及，各行各业的劳动者可能都有必要掌握基本的数字化技能。

图3-1 麦肯锡预测五大技能或将面临需求变化[②]

[①] 详见《国研中心：未来十年我国劳动力供求趋势分析》，《经济日报》官方账号，2020年10月15日。

[②] 详见《中国的技能转型：推动全球规模最大的劳动者队伍成为终身学习者》，麦肯锡全球研究院，2021年。

（三）数字化办公，与多代际协作和灵活用工形式共舞

在数字化全面席卷的时代，数字技术不断改变着人们的工作和生活，虚拟职场、在线会议、远程办公等新职场形态和工作模式得到加速发展与落地。未来的劳动力队伍将存在多代际协作现象，用工形式日趋多样化，一部分工作岗位将逐步采用灵活用工、共享用工配置劳动力。因此，传统企业在员工招聘、员工管理、员工薪酬等方面都迫切需要数字化转型，要求人力资源管理和人才培养发展变得更加智能和灵活。

未来企业面临的劳动力人口将面临年龄结构不断老化和多代际并存现象。一方面，45岁及以上中高龄劳动力人口的规模持续不断扩大。随着现代健康医学的发展和生活水平的提高，人的预期寿命不断增加。"十四五"时期，延迟退休的具体政策或将正式出台，部分具备健康条件的低龄老年人口将继续留在职场或重返职场。另一方面，千禧后和"95后"Z世代将从"十四五"时期开始逐渐成为职场生力军，但中青年劳动力人口作为劳动力市场上最为活跃的要素，规模和比重整体呈下降趋势。年龄结构不同、个性偏好不同、职业价值观不同的多代际劳动力将会共济一堂协同合作。要满足各类人才对工作方式、工作时间、工作环境、管理方式的需要，吸引和留住各个年龄段的人才使得"人尽其才"，对未来的职场管理提出了更加复杂的要求。

此外，随着数字经济促进了灵活用工的发展，特别是新冠肺炎疫情暴发以后，依托互联网平台衍生出大量的就业新形态，灵活的就业方式会成为越来越多劳动力的选择。根据人力资源和社会保障部等部门公布的数据，中国灵活就业从业人员规模达2亿人左右，撑起了"零工经济"新业态。研究表明[①]，中国目前的灵活用工市场涉及岗位遵循劳动群体金字塔模式划分，由下向上逐步渗透，目前主要以服务业岗位和蓝领群体居多，但对律师、IT等白领服务业人才的需求也在逐渐增多。未来企业用人理念可能将从"人才为企业所有"转变为"人才为企业所用"，将非核心业务岗位外包，提高人力资源配置效率，最大化降本增效。不同用工形式的劳动力并存，对企业精准识别、培养、吸引和使用核心人才都提

---

① 详见《中国灵活用工市场发展研究报告2021年》，艾瑞咨询、万宝盛华大中华联合发布，2021年。

出了更加艰巨的挑战。

（四）培养高质量的金融人才迫在眉睫

作为数字化程度最高的行业之一，新冠肺炎疫情加速了金融行业的数字化转型步伐，对金融行业人才技能的需求转型提出了新的挑战。后勤办公室中的行政白领尤其容易被自动化技术所取代，出纳手续办理人员以及从事大量重复性文书工作的一线服务人员也很容易受到影响。例如，中国建设银行已经试点开设了基于人脸识别、人工智能和虚拟现实等技术的无人银行[1]。浦发银行联合中国移动在上海张江推出了"5G+"智慧银行网点，展示了在5G网络、生物认证、混合显示等技术支持下实现远程云化服务、智能交互、沉浸式体验、无介质交易的银行服务新模式[2]。中国平安财产保险也已经开始尝试用人工智能解决方案帮助驾驶员理赔，只要通过一款手机应用上传照片，人工智能技术便可结合驾驶员的行车记录来评估损失[3]。2020年上半年新冠肺炎疫情初期，一家国内银行的呼叫中心自动化系统每天都要处理35万通电话——相当于1200名人工接线员的工作量[4]。数字化技术以对金融行业劳动力的岗位转型和配置效率提出了更高的要求，金融企业加快培养具有高超专业水平、复杂沟通能力以及强大技术技能的金融高端人才已经迫在眉睫。

中国的金融行业必须瞄准全球化、数字化、智能化经营发展的新生态、新格局，积极进行国内外、线上和线下的立体性战略布局，打造全新的数字化、智能化经营发展模式，要实现这种历史性嬗变，金融机构除了要建立领先的科技布局，更需要建立具有强大竞争力的数字化人才队伍，开启全员智慧和创新源泉，发掘和培养适应新形势、有德行、有智慧、能担当的经营管理和技术创新"双栖"人才队伍，从而支持数字化、开放型、智能化、生态化、内外循环一体的服务创新模式，才能在未来占据制胜的制高点。因此，对于金融人才教育来说，数字化转型不再是可有可无的"可选项"，而是如何适应新时代重要战略选择的"必答题"。

---

[1] Maggie Zhang. China Construction Bank opens a branch managed by robots[N]. 南华早报，2018-04-11.
[2] 李正茂，王晓云，张同须，等. 5G+：5G如何改变社会[M]. 北京：中信出版集团，2019.
[3] 详见Ping An announces AI-driven car insurance claims processor，Mobile ID World，2019年1月25日。
[4] 李开复. Kai-Fu Lee on how covid spurs China's great robotic leap forward[J]. 经济学人，2020（6）.

第二节　数字化时代金融行业人才培养的新定位

一、传统金融行业人才培养面临的挑战与困境

传统的金融人才教育所面临的挑战与困境可以概括为："上"不能支撑战略，"下"与业务体系脱节，"左"有资源限制，"右"有能力短板。

传统的培训发展部门，更多强调的是培训实施职能，对于人才培养的效果评估无法提供令人信服的评估数据。对于公司高管来说，培训发展领域难以提前为战略制定提供有价值的洞察。培训资源的预算计划和资源分配大多要凭过往经验，对于战略业务的投入和支持容易流于表面，有的甚至与企业战略是"两张皮"，对战略制定落实仅能起到有限的支撑作用。

对于业务部门来说，培训发展团队可以用"两耳不闻窗外事，一心只读圣贤书"来形容，平时远离业务一线战火，培训内容不贴合实际，没有针对性、实效性。即使运用了各种前沿的理论、花哨的形式和多样的工具，培训产出结果可能仍然无法匹配业务部门的需求，再热闹也只是培训部门自嗨，再辛苦也还是添乱。

对于培训部门来说，自身存在着明显的资源限制和能力短板。虽然企业普遍都能认识到培训的重要性、必要性，但实施起来还是存在"说起来重要，忙起来不要"的实际情况。重要关键岗位工学矛盾突出，更不用说能投入多少时间进行教育培训。最优秀、最聪明的人都在业务一线，最先进、最优质的科技资源也是应用在业务一线，不可能全都让培训部门占用。培训从业者一般也是以管理类、师范类、教育技术类等背景经验为主，缺少经验丰富的业务专家、技术专家和复合型人才，与公司高管、业务主管、业务专家的对话不足，容易陷入心有余而力不足的尴尬境地。

二、人力资源三支柱对金融人才教育的启发

对于金融行业来说，人才教育和学习发展一般都被纳入人力资源管理领域，使人才选、育、用、留形成闭环合力。一些金融机构非常重视人才教育发展，从

战略层面设立了培训中心等独立培训机构,但大部分以前也是脱胎于人力资源职能中的培训中心。因此,思考如何在数字化时代更好地发挥金融人才教育的价值和作用,离不开对人力资源管理领域的研究和借鉴。

(一)人力资源管理领域的争论

在《HR+三支柱——人力资源管理转型升级与实践创新》[①]一书中,作者系统地回顾了人力资源管理领域近年来的争论和演化。事实上,自从1996年托马斯·斯图尔特在《财富》杂志上提出"炸掉人力部",到2005年基斯·哈蒙兹在《快公司》上论述"我们为什么恨HR",再到2014年,管理咨询领域的巨头拉姆·查兰发出了"分拆人力资源部"的呼声,对人力资源管理的质疑和批判近年来不断涌现。以戴维·尤里奇为代表的一批学者和人力资源从业者,在面对专家、学者对人力资源管理的批判时,冷静地反思,用理论、实践为人力资源管理的价值辩护。通过这几次论战,人力资源管理实现了从智能化人力资源管理,到战略人力资源管理,再到人力资本价值增值管理三个阶段的蜕变,让高层管理者重新审视HR扮演的角色,重构人力资源部门的架构,让人力资源从业者重拾专业自信。

(二)重新定义人力资源的四角色模型

尤里奇认为[②],人力资源要更好地创造价值,应该扮演好四大角色:战略伙伴、效率专家、变革先锋和员工后盾(见图3-2)。四个角色既需要人力资源从业者自身提高角色背后的胜任素质,也需要高层的推动。

[①] 马海刚,彭剑锋,西楠. HR+三支柱:人力资源管理转型升级与实践创新[M]. 北京:中国人民大学出版社,2017.
[②] 马海刚,彭剑锋,西楠. HR+三支柱:人力资源管理转型升级与实践创新[M]. 北京:中国人民大学出版社,2017.

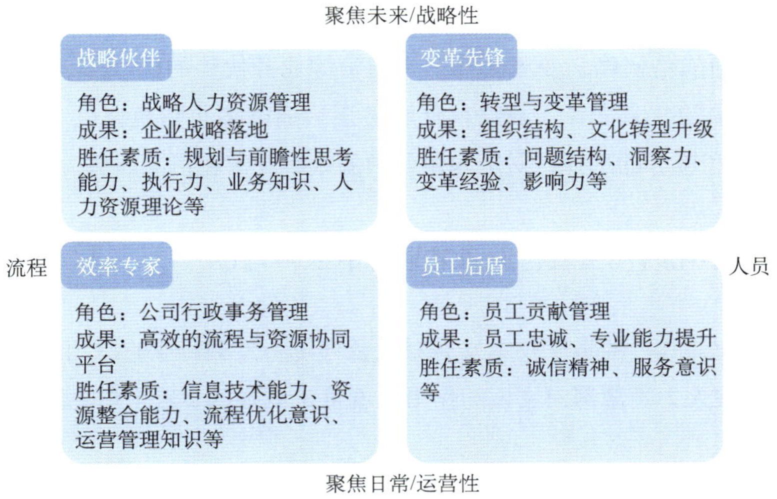

聚焦未来/战略性
战略伙伴
角色：战略人力资源管理
成果：企业战略落地
胜任素质：规划与前瞻性思考能力、执行力、业务知识、人力资源理论等
变革先锋
角色：转型与变革管理
成果：组织结构、文化转型升级
胜任素质：问题结构、洞察力、变革经验、影响力等
流程
效率专家
角色：公司行政事务管理
成果：高效的流程与资源协同平台
胜任素质：信息技术能力、资源整合能力、流程优化意识、运营管理知识等
员工后盾
角色：员工贡献管理
成果：员工忠诚、专业能力提升
胜任素质：诚信精神、服务意识等
人员
聚焦日常/运营性

图3-2　人力资源的四角色模型

（三）IBM的HR三支柱模式

IBM基于尤里奇的四角色模型理论构想①，自20世纪90年代初开始探索适合四角色的人力资源组织架构，提出了HR三支柱模式，将人力资源部门分为三个部分：专家中心、共享服务中心和人力资源业务伙伴（见图3-3）。

从：处理常规问题
共享服务中心
Service Efficiency
到：处理HR交易
·薪酬调整
·员工查询
·福利问题
·其他
主要
关注：
运营有效
交付
Deliver
设计
Design
人才领导力
组织氛围
绩效能力
主要
关注：
客户管理
客户亲密
关注：
方案卓越至上
HR合作伙伴
Support Biz Strategy
领域专家
Program Excellence
发现
Discover
更多时间进行内部咨询
主要
更多时间进行方案设计

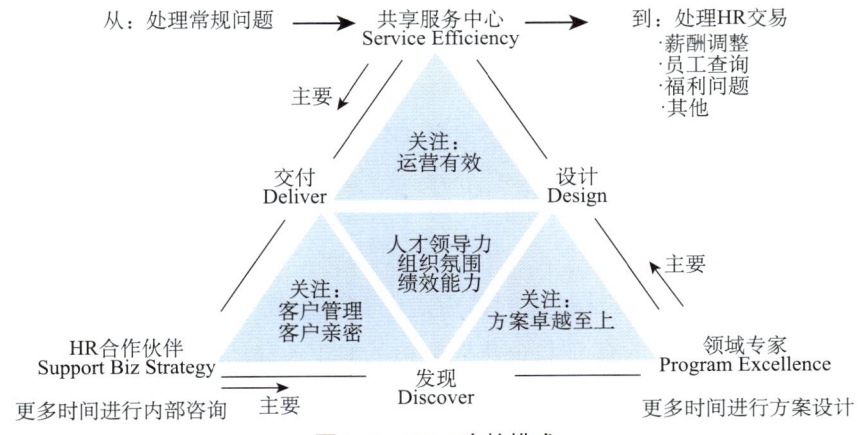

图3-3　HR三支柱模式

（资料来源：IBM HR研究成果）

① 马海刚，彭剑锋，西楠．HR+三支柱：人力资源管理转型升级与实践创新[M]．北京：中国人民大学出版社，2017．

三支柱与四角色的对应关系是什么呢？专家中心的HR负责战略价值选择，对应角色中的战略伙伴、变革先锋。人力资源业务伙伴的HR是人力资源通才，对应四角色中的变革先锋、战略伙伴和员工后盾等多重角色。共享服务中心的HR负责平台和服务的选择，对应四角色中的效率专家和员工后盾。

三、数字化时代金融行业人才培养的三种角色

在数字化时代，要适应技术发展对社会环境和金融行业的深刻影响，金融人才教育应借鉴人力资源部门发挥的作用，着重扮演好以下三个角色（图3-4）。

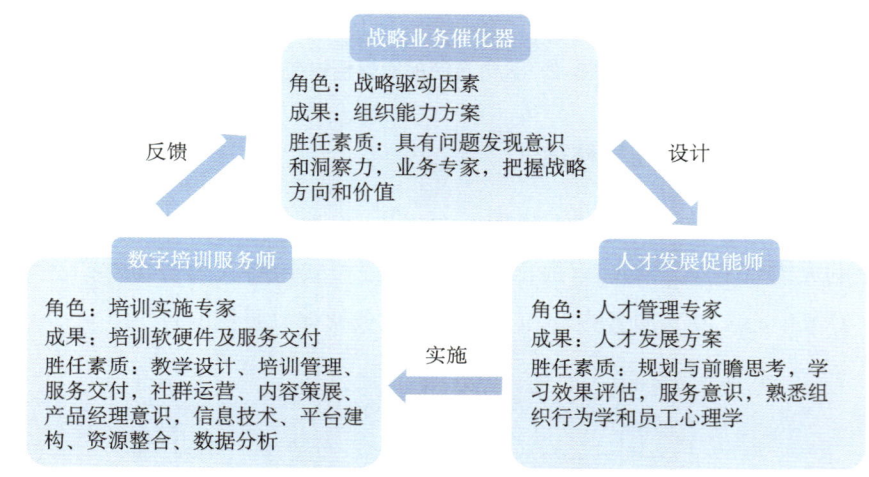

图3-4 数字化时代金融人才教育的三角色模式

（一）战略业务催化器

金融人才教育工作将从过去的幕后走向台前，成为金融行业数字化转型的重要驱动因素之一。通过实施与企业战略和关键业务联动的学习发展项目，对员工个人能力开发和思维引导，从而预判组织能力的优势和短板，培训能对数字化战略制定和变革实施发挥预警、纠偏的先导性和基础性作用，并提出支撑公司战略、密联市场客户、改进产品服务的建议，通过改进员工个人能力来提升组织能力，反哺管理流程改进和业绩增长。该角色所需的胜任素质是具有问题发现意识和洞察力，能够深入理解业务发展逻辑，或本身就是复合型业务专家，能够在纷

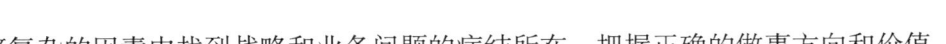

繁复杂的因素中找到战略和业务问题的症结所在，把握正确的做事方向和价值。

（二）人才发展促能师

在数字化时代，金融行业的知识更新速度将会更快，从业者的技能更新需求和岗位变更频率将会大大提升。好的金融人才教育，不仅要能帮助人才解决当下的问题，更要为解决未来的问题做好准备；不仅要教会人才所需的知识和技能，还要培养人才掌握快速学习的方法和思维模式，最终将金融行业从业者培养成为终身学习者。该角色所需的胜任素质是必须精准识别企业战略路径，提升规划与前瞻性思考能力，有效评估学习效果，提升学习有效性；此外，要具有极强的服务意识，熟悉组织行为学和员工心理学，成为员工值得信赖的人，能够洞察员工的个性化需求，并提供各种解决方案，使培训同时达成上接战略、中接绩效、下接个人发展目标的三赢局面。

（三）数字培训服务师

在数字化时代，金融行业面临更加瞬息万变的市场竞争。金融人才教育工作者必须依托搭建数字化平台，精准预判学习需求，开展学习数据分析，优化学习资源配置，提供更有时效性、针对性、个性化的人才发展和知识资源共享解决方案，从而实现人才培养供给端和使用端的流程协同。该角色需要的胜任素质除了传统的教学设计、培训管理、服务交付能力外，还需要社群运营、内容策展等产品经理意识，更需要信息技术、平台建构、资源整合和数据分析能力，有效解决在数字化转型中员工不想、不敢、不会的问题。

四、数字化时代金融行业人才培养的三大支柱

借鉴HR三支柱模式，数字化时代的金融人才教育也可以采用三支柱模式，具体分为三个部分：专家中心、学习发展顾问和集成数字服务中心。

（一）专家中心

人力资源专家中心（COE）以公司的战略业务发展为镜鉴，确定学习发展战略的价值选择。也就是说，COE的核心价值在于服务高管和决策层，通过评估组

织能力帮助他们把方向、定战略。

COE的角色是战略发展或人力资源领域专家，要通晓人力资源管理和学习发展领域的专业技能，追踪、对标各行各业特别是金融行业最佳实践。COE的服务对象是公司管理层和业务领导人。服务管理层体现在COE参与公司战略制定，通过分析个体能力，制订组织能力方案，为战略制定和实施提供思想变革和能力准备方案。服务业务领导人体现在COE参与业务规划，根据个体能力和组织能力评估给予业务线反馈，改进管理流程和产品服务业绩。

（二）学习发展顾问

学习发展顾问（LDBP）负责选择和制定人才发展策略，也就是说，LDBP利用自己所掌握的专业知识、经验，辅助一线业务负责人对组织、团队和个体的能力进行管理。如果说COE解决的是培训"上"不能支撑战略的问题，那么LDBP解决的就是培训"下"与业务脱节的问题。

LDBP的角色是学习发展通才，服务的对象主要是业务部门。LDBP不是被动地等待业务部门和员工提出诊断业务发展的需求，而是要通过识别企业战略路径和业务发展现状，主动体察和分析员工职业发展诉求，通过咨询式诊断和研究，寻找个体能力绩效差距，设计体系化的人才发展方案，帮助业务部门不断发展和管理组织能力。

（三）集成数字服务中心

集成数字服务中心（IDSC）负责实施和交付学习发展平台与服务，也就是说，IDSC为组织提供一体化、平台化、数据化的培训资源能力支撑。

IDSC集成了学习发展领域的软硬件资源，包括师资课程、实施团队、数据平台等。一方面，IDSC能够依托线上线下手段，交付标准化的学习发展服务，帮助COE和LDBP从事务性、重复性工作解脱出来，提高学习发展服务效率；另一方面，IDSC能够根据LDBP设计的人才发展方案，根据需求整合资源，提供定制化的学习发展方案；此外，IDSC负责建设、管理和运营强大的数字化学习系统，为COE和LDBP提供决策和分析的数据基础。

三支柱模式与三角色是逐一对应的。如图3-5所示，支柱1专家中心负责决定学习发展服务的战略业务价值，对应的角色是战略业务催化器。支柱2学习发展顾问负责制定人才发展策略，对应的角色是人才培养促能师。支柱3集成数字服务中心负责实施和交付学习发展平台和服务，对应的角色是数字培训服务师。三支柱既各有侧重地支持组织的不同方面，又相互支持协同发展，共同形成未来金融人才教育的整体组织能力，三者缺一不可。

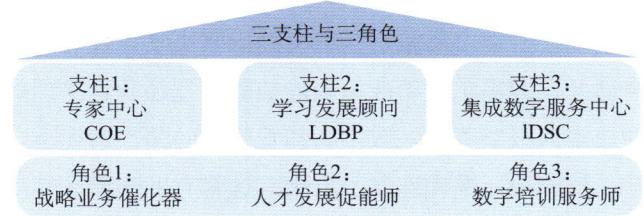

图3-5　数字化时代金融人才教育三支柱与三角色的对应关系

第三节　数字化时代金融行业人才培养的新趋势

一、目标升级：从教育信息化向教育数字化和智能化演进

虽然在线学习系统工具在金融行业人才教育中已经成为普遍标配，但各金融机构的应用水平和效果很不平衡。相当一部分金融机构却仍然停留在利用在线学习作为学习手段和学习信息管理的初级阶段，而较为先进的金融机构已经把在线学习从学习手段升级为覆盖全部人才发展的信息化、数字化和智能化管理平台，将学习发展扩展为人才与绩效发展的整体解决方案[1]。

例如，将一门线下课程开发成为符合通用技术标准的在线课程，就可以说这个课程被信息化了。只有当这门课程在系统中通过人工或系统自动识别的方式打上清晰准确的各种标签，学员可以通过课程属性、音视频检索、关键概念等多维度查询到课程，学习课程的每一次点击、每一次交互、每一次搜索都会作为学习行为数据被采集记录，这门课程才做到了数字化。通过数字化的学习数据采集和

---

[1] 何曼. 中国教育发展战略学会产教融合专业委员会学术委员会主任田克美：逐级突破，企业在线学习向更高阶迈进[J]. 在线学习，2021（1）.

后台智能化的算法运行，可视化，对学习资源进行智能推送，并依据学员画像对个体能力和组织能力的发展提出预期及行为评价，学习才真正实现了智能化。

教育数字化和智能化将会对学习发展领域带来深刻的变化[1]。首先，可以实现对客户及客户需求的细分，解决精准学习的问题。其次，学习资源数字化可以从根本上解决资源共享与精准配置问题。最后，过程管理数字化才能真正实现实时动态、客观反映与评价学习质量。这将有助于解决学习发展领域长久以来一直被人诟病的根本问题，即需求不精准，只能拍脑袋凭经验；培训效果无法评估，不能证明培训的成本回报率等。在数字化和智能化的精准透视下，学习的需求和效果将被完整地、清晰地、准确地展示出来，这将有助于增进管理层和业务领导人对学习发展领域的信任和重视。

二、思维升级：建立多维度的数字化学习思维框架

在数字化转型的时代背景下，在金融行业人才培养的探索中，我们需要列入优先考虑的并不是如何运用最先进的技术手段，并不计成本地在各种场景中进行运用，而是需要从自身的思维变革开始，从最原始的切入点入手，从最本源的出发点入手，思考技术手段应该应用到怎样的场景中，主要发力点在哪些方面，预期取得哪些方面的效果。可以预见，"润物细无声"的嵌入式、场景化学习必然成为主流的学习形态。

（一）平台思维与场景化应用

在既往项目实践中，行业人才培养领域的早期实践更多源自于单一、纯粹的组织行为，因此培训管理的痕迹会相对浓厚，各个企业在实践中操作模式也相对集约化。这样的优势在于管理相对规范化、系统化，但是劣势在于很难成就规模效应，所辖各机构发挥主动性的空间也相对有限，而这一点与在线教育的初衷，也就是通常所说的大规模、平台化，一定程度上是背离的，在各家强势的总部机构主导下，重点项目开展自然顺利，但是各分支机构很难在真正意义上将这

---

[1] 何曼. 中国教育发展战略学会产教融合专业委员会学术委员会主任田克美：逐级突破，企业在线学习向更高阶迈进[J]. 在线学习，2021（1）.

些理念、模式、方法应用到本机构，这对企业内部在线教育的深化开展显然是不利的。

在近些年的实践中，各家企业在实践中开始慢慢意识到这一点，无论是在平台搭建还是培训产品创建过程中，都更加注重最大限度用平台化、模块化、可扩展的模式开展，同时也更加注重对应用场景的考量，而这些很大程度上是借鉴了互联网行业中的一些做法与经验，也是在线教育从e-Learning时代发展到今天，所发生的最为本质层面的变化与表现之一。

平台思维的定义方式很多，可以理解为一种可相互合作、资源共享、平等沟通的思维范式；场景思维是在某个实际的、具体的情境下，去思考产品如何满足用户需求的思维。映射到在线教育行业，必须打破既有思维，提供的产品更加平台化、场景化，才能最大限度地发挥数字化学习的优势与特色，建立好基准与应用模式，搭建好平台，架设好"高速公路"和"通行规则"，让企业人才培养这个庞大的"交通系统"真正自运转起来。

（二）产品思维与运营逻辑

在过往的实践中，绝大多数时候，各家企业人才培养一定程度上都有"尚方宝剑"作为保障，要么是员工晋升的前提条件，要么是必须完成的组织学习要求，员工一定程度上是被动来完成这些学习活动与任务的，这个时候，企业数字化学习从业人员是不需要为流量、活跃度来投入更多的精力的，随着时代的发展，将企业内部数字化学习产品与互联网学习产品做一个对标，那就需要从产品与运营两个角度，让数字化学习体系运行起来。

"学习是2019年全球人力资本趋势调查中最受关注的挑战。人们如今将'学习机会'视为求职的首要考量因素"[①]，这一调查表明未来的求职者将更加重视通过学习来持续提升自我。从另外一个方面，在数字时代的大背景下，知识发生了哪些方面的变化，需要用什么样的方式来进行学习，这一维度同样重要。《知识大迁移：移动学习知识的真正价值》一书中有这样一段描述"物质是可以理性的。20世纪50年代，经济学家安东尼·唐斯（Anthony Downs）提出了这一说

---

① Josh Bersin, "New research shows 'heavy learners' more confident, successful, and happy at work," LinkedIn, November 10, 2018.

法。他的意思是,很多时候,为获取知识多付出的努力,超出了获取知识所得到的优势""这是理性无知的黄金时代,也是为无知开拓的黄金时代。信息被以惊人的速度生产出来,又以惊人的速度贬值过时。每一天,我们脚下的文化都在改变。跟上它的脚步越来越难,人们甚至说不清自己是否跟得上它的脚步"[1]。在这样的大环境下,员工获取知识的方式与途径越来越多,如何让他们认可所在企业内部培训所带来的价值,并愿意持续投入精力参与,对行业人才培养是不小的挑战,而这种态势在未来一段时间将持续存在。从另外一个角度说,学习每一门课程、参加每一次研讨活动都有意义和价值,而人才培养的意义与价值在于如何让这些学习活动的价值最大化,所以,如何更有效地实现供需匹配,保障做的是"真培训",实现最优程度的"策展"是必须重点考虑的问题。

在移动互联浪潮的冲击下,企业内部人才培养体系面临三大体系的升级,分别是课程体系升级、讲师体系升级和运营体系升级[2]。"内容为王"的说法盛行了相当一段时间,后来,逐步出现"运营为王"的提法,提法转变的背后是思路的转化,运营统筹在移动互联网产品运营中发挥着越来越重要的角色。搭建了教学技术平台、开发了大量学习资源,但是学习并不会自然而然地发生,这也正是开展数字化学习运营工作的意义和价值所在。

当学习对组织发展与人才培养的重要性越来越被重视,每一位行业人才培养从业者所肩负的使命更加艰巨,更需要将自己的"产品"营销出去,逐步将运营统筹的方法和思路融入培训管理中以助力培训效果的提升,搭建数字化学习的运营体系与框架,明晰运营工作开展的具体范畴,细化运营场景并有效应用是未来取得长足发展的必然选择。

借鉴了大量互联网运营的理念与相关实践,但是不可否认的一点是行业人才培养以及技术在人才培养中的应用均有其特殊性,定位于学习支持与服务的本质不能改变和动摇,轰轰烈烈的运营活动是实现的方式与途径,而不是终极目标。对于自身数字化学习生态和现状的思考与把握,是首先需要明确的问题,而且必须贯穿到数字化学习运营规划、设计和实施的全过程,才能取得预期的效果和收

---

[1] [美]威廉·庞德斯通. 知识大迁移:移动时代知识的真正价值[M]. 闾佳,译. 杭州:浙江人民出版社,2018:19.

[2] 陈澄波,张磊. 移动学习:企业培训的"风口"[M]. 北京:机械工业出版社,2016:5-8.

益。还有一点十分重要，数字化学习产品的运营，必然从过去的"重运营"发展到未来的"轻运营"，无论是数字化学习项目的搭建，还是过程中的干预，如果仅仅关注到学习活动的形式，必然只能蜻蜓点水，将各种学习的形式、情境运用到员工的工作情境中，真正支撑企业战略的落地与业务的推动才是最实在的意义与价值所在。如果没有这样的思路和开展逻辑，那么教育培训打"外围战"的局面将不能得到改善，培训工作的意义和价值也必将大打折扣。

（三）数据思维与价值驱动

《人民日报》2019年8月13日18版中，有这样一段论述，阿联酋任命的世界上首位"人工智能国务部长"奥马尔·乌莱马在2018年的阿布扎比国际石油博览会上表示："数据就是新的石油，能以更低的成本实现更高的利润。"

2020年3月30日，中共中央、国务院发布了《关于构建更加完善的要素市场化配置体制机制的意见》，明确提出"加快培育数据要素市场""提升社会数据资源价值""培育数字经济新产业、新业态和新模式"[①]。由此可见，国家层面已经将数据资源提升到战略高度，其价值已经得到行业的全面认可，企业数字化学习领域中，同样应该关注数据对学习发展的重要意义与价值。

在既往的专业探讨中，培训领域的ROI（Return on Investment，投资回报率）一直以来都是培训领域探讨的热点话题，培训本身就是长效性，其效果的产生需要时间周期的考验，况且很多行为的改变所带来的绩效提升是潜移默化的，很难用量化的指标来衡量，回归到行业人才培养这一特定领域，我们应该从以下方面重新认识这一问题。

一方面，掌握数据分析的理念与方法。从通常意义上来讲，数据分析的落地需要底层的数据思维与理念的支持，中间层的数据分析模式、工具与方法，以及到最上层的数据呈现与可视化。这些思维模式与方法是企业在线从业人员必须具备的基本功，并且也是我们日常所忽略的部分，我们总是习惯于思考如何把培训项目执行完毕，认为培养的动作完成了学习就发生了，没有考虑如何从数据层面做好对项目效果的分析与验证。

---

① 中共中央　国务院.关于构建更加完善的要素市场化配置体制机制的意见[EB/OL]．（2020-04-09）[2021-05-08]．http://www.gov.cn/zhengce/2020-04/09/content_5500622.htm．

另一方面，数字化学习的数据分析领域不应仅限于结果维度。相信每一位从业人员都有这样的经历，那就是开展培训满意度评估，但是发现除了每年的评估数据外，似乎没有从中得到任何对后续培训工作改进的思路与方法。培训的过程评估数据是我们应该更加关注的，当前的技术发展已经让我们有足够的可能性对过程性数据进行跟踪与收集，而这些数据与员工主观评估的数据相比，会更加客观、可靠。

大胆提出这样一个设想，对于ROI方面的探讨可能不是如何"验证"我们的培训多有效果，而是用更多维、更丰富的数据来呈现培训的价值，还有一个更为重要的问题，那就是如果一个培训项目或者活动的发起源自真正的一线需求、员工需求，那么ROI的问题可能自然而然就迎刃而解了，培训也好、数字化学习也好，培训部门提供的是模式、方法，是体系化解决方案，这才是人才培养的真正意义和价值所在。

数据在企业数字化学习中的运用还有另外一个特别重要的领域，那就是基于大数据与人工智能技术的个性化学习场景的构建，在过去，我们的学习活动大多是"配置型"的，将特定的学习活动以一定的规则配置到特定的群体，员工按照设置的路径完成学习产生的数据，无非是员工的学习状态与结果数据，在学习过程中，并没有基于不同员工的不同学习状态给出对应的个性化学习解决方案，"因材施教""千人千面"的智能化学习才是数据在企业数字化学习中应用的重要意义与价值。不可否认，智能学习、个性化学习等的应用，K12教育中的很多实践是值得企业在线教育来学习和借鉴的，当然这里有中小学学科教育发展的必然性，但是相关实践中所运用的逻辑、方法、模式有很多是需要企业数字化学习从业者来认真思考并深入应用的，如果不能从这个层面做出转变，那么"分发式"形式的数字化学习将继续存在，并且没有实现实质层面的改进。

三、体系升级：构建全方位的数字化学习支撑体系

在数字化转型的过程中，我们面临的问题不再是单一的技术应用的问题，而是需要基于对时代背景的理解，从学习平台、学习内容、学习模式、学习体验等角度来构建行之有效的数字化学习支撑体系。

在学习平台方面，需要将组织需求与员工需求结合起来，支持多样化的学习

资源和内容，同时需要足够开放，未来的学习平台是内部小学习生态和外部大学习生态之间的有效关联，任何一家企业都不可能有能力自主匹配全部学习资源，这种开放另一个层面是指在学习内容传输之外，需要为员工提供足够的社群化学习参与路径，每个人都可以贡献、输出内容，才能形成高效互动的企业内部学习生态。

在学习内容方面，除了单一的主题学习模式的输出，学习地图、学习路径和学习课程的设计过程中，需要关注复合型跨界内容的设计。以科技金融人才培训内容和课程设计为例，既要考虑金融产品、风险管理、客户营销等金融业务知识，也要考虑人工智能、区块链、大数据、云计算、5G等技术，通过系统化、专业化、阶梯化的课程体系，培养既懂金融又懂科技的复合型专业人才。

在学习模式方面，单一的学习模式很难满足所有场景的学习需求，混合式学习是当前一定阶段内高效开展学习活动的有效模式，这里面的混合式学习不仅仅是线下学习与线上学习的混合，还包括课程学习、案例研讨、测评考试、互动交流等其多样化学习方式的整合，未来的平台将足够灵活化、模块化，对不同学习模式的组合也更加灵活，为更宽泛意义上的混合式学习的开展提供了无限可能。

在学习体验方面，不得不承认，互联网行业提供了很多可以借鉴的思路，产品思维、用户思维、运营思维等对于在线教育行业都是"舶来品"，这些思维对于提升学习体验十分有借鉴意义，未来的数字化学习一定是个性化、敏捷化、生态化、沉浸化的，个性化让员工深刻体会到VIP服务的归属感，敏捷化让员工体会到学习产品的便捷、快速响应，生态化让员工对协同、共生有更深的体会，沉浸化则是改变单一的信息传输模式的有效突破口。

四、结构升级：培养数字化复合型人才梯队

金融科技革命正在深刻重构金融业的竞争格局，市场需求迅速向数字化、智能化升级，这一变化对金融企业的数字化供给能力、生态化链接能力提出了更高要求。随着数字化转型浪潮的推进，"数字化人才短缺"成为制约金融企业数字化转型的主要因素，金融企业更加迫切需要优化人才智力资本，以激发企业创新发展动力。2021年，中国银保监会发布了《关于银行业保险业数字化转型的指导意见（征求意见稿）》，提出"大力引进和培养数字化人才。着力加强金融与

科技复合型高端核心人才引进、培养和激励机制建设,重点关注数据治理、数据架构、模型算法、人工智能等专业领域。积极引进和培养既懂金融业务又懂数据和科技的复合型人才,建立金融、科技人才交流通道"。金融企业数字化转型期间,最为紧缺的人才是兼具业务理解和科技能力的数字化复合型人才。

在传统的职业生涯中,典型的人才一般专注于某一个专业领域,适当涉猎相关领域,成长为"一专多能、适度多元"的T型人才。随着人类寿命的增加以及延迟退休制度的实施,员工职业生涯逐渐延长,甚至有人预言未来员工可以拥有长达60年的职业前景,在一生中可能要经历数次职业、雇主和岗位的变化。与"超长待机"的职业生涯形成鲜明对比的是,职场工作技能的半衰期正在迅速缩短,平均每5年所习得的知识技能就已经完全过时。未来学习在摆脱传统的时间和空间坐标的同时,还打破了对人生"学习期"和"工作期"的两重划分。过去员工为职业而学习,如今职业本身就是一次伴随终身的学习旅程。员工需要不断地主动学习,深挖新领域技能,升级为"多专多能、一岗多才"的π型人才(见图3-6),才能维持自身的职场竞争力。

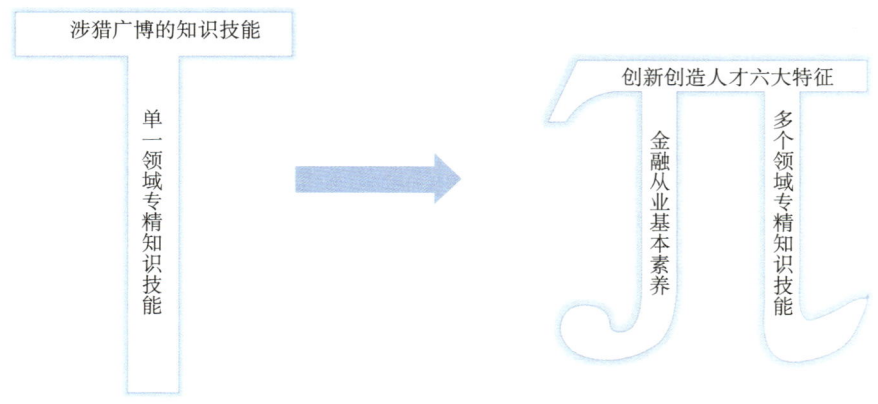

图3-6 从传统T型人才到π型新金融人才

对于未来的金融行业来说,π型新金融人才应具备的特点包括三点:首先,具备未来创新创造人才的六大特征,包括创新人格、数字学习能力、计算思维、设计思维、思辨能力、人机协同[①]。其中,创新人格是创新能力的人性特征,思

---

① 关成华,陈超凡,安欣. 智能时代的教育创新趋势与未来教育启示[J]. 中国电化教育,2021(7).

辨能力是创新能力的思维基础，数字学习能力是应对知识变迁的必备技能，计算思维是实现创新的基础技能，设计思维是实现创新的基础手段，人机协同是顺应智能时代必备技能。

其次，要具备数字化时代金融从业者的基本素养，包括扎实的金融专业知识、先进的金融科技素养和严谨的风险合规意识。由于互联网、大数据、人工智能、区块链等技术与传统金融深度融合，引发了金融业"基因突变"。未来的新金融人才除了具备扎实的专业知识功底，突出金融服务的专业性以外，还要特别注重对金融科技赋能金融服务模式产生的金融新格局、新理念、新思维、新能力进行多学科跨界学习，更要格外注重培养严谨的内控合规意识和规范的职业道德，谨防技术带来便利和创新的同时增加行业违规和犯罪风险。

此外，新金融人才还应具备多个产业领域的专精知识技能。在数字化时代，智慧资本[1]、数字资产已经成为比机器设备更加重要的生产工具（生产要素）。各行业的数字化水平将得到快速提升，实现信息交互和行业间融通，跨行业的融合创新将成为必然趋势。立足于"十四五"规划和2035年远景目标，新金融人才必须躬身入局深入研究和参与各类产业发展，成为各领域的内行和专家，才能精准地畅通融资通道、改善金融资源配置、提高风险预见预判能力，促使更多的金融资源流向以科技、知识、技术、数据等要素为核心的新经济产业，进而推动实体经济高质量发展。

参考华为技术有限公司与德勤中国2019年联合发布《中国数字化转型人才培养顶层设计》[2]的理念，金融企业数字化转型时期还需要根据自身发展需求，做好人才盘点，形成人才梯队，进行对应的培养，人才梯队架构包括以下几方面。

（1）数字化领导者：具备敏锐洞察力、数据决策能力、敏捷迭代思维，关注如何通过数字化技术引领组织成功转型。

（2）数字化应用人才：具备使用数字化技术手段诊断业务痛点、识别业务增长点，关注数字化应用技术如何与业务模式融合，以创造新的价值。

（3）数字化专业人才：了解具体业务逻辑，关注通过数字化专业能力持续提升，打造领先的数字化平台，支撑组织的数字化转型。

---

[1] 周春生，扈秀海. 无限供给：数字时代的新经济[M]. 北京：中信出版集团，2020.
[2] 华为技术有限公司&德勤中国. 中国数字化转型人才培养顶层设计[R]. 2019.

对不同梯队人员的培养侧重点不尽相同，数字化领导者需要对数字化转型的趋势与热点有所把握，并认知数字化转型对企业发展的意义与价值。数字化应用人才通常来源于业务条线，他们对产品、对客户有着自身的认知与理解，在业务场景中应用数字化手段与方法是重要的切入点。数字化专业人才应对于科技、网络金融等条线，对信息科技、数据挖掘等方面具备天然的技术优势，但是需要具有更加场景化的思维来支持一线业务的发展。这些人员的培养联动、协同，才能为各企业数字化转型做好充分的准备。

五、模式升级：从外部驱动的权威学习向内部驱动的草根学习转变

伴随着2020年新冠肺炎疫情的暴发，传统直播、短视频快速完成基础设施化，催生了快手教育、哔哩哔哩B站课堂之类的"社交学习"模式进化。对于培训工作者来说，善用社交学习新平台，不仅是新流量和新体验逻辑，更意味着"每个人都是学生，每个人都是老师"所定义的新学习场景。随着信息与交流技术的多样化，知识与价值观传播手段的多样化，个体学习日益发生在正规教育机构之外。传统的以企业、学校、专家为知识来源的垄断性、权威性正在逐步弱化，草根满足草根的学习服务模式开始出现，并且可能更加符合人们的学习需求。解决工作中的问题，提前为应对未来社会的变化做准备，已经变成人们学习的主要动机，基于工作场景的终身学习使灵活的技能开发和获得职业资格成为可能。正式学习与非正式学习的认证机制逐渐得到完善，使得不同群体都能够根据自己的条件和需求，选择适合自身的学习机会，并在学习之后实现对不同学习成果的转换。

因此，未来的教育过程将由"以教为中心"向"以学为中心"转变，新的学习范式更加强调学习者要由他律向自律转变，更加强调学习需求由外部驱动向内部驱动回归，更加强调学习资源、学习途径、学习方式、学习内容等方面的开放性、灵活性和系统性。

六、价值升级：从学习发展向战略业务人才全链条转变

前沿技术的应用将会推动教育培训不再局限于学习发展领域。未来数字化

时代的金融机构要加强学习型组织的文化建设，让教育培训超越内部人才发展的边界，紧紧跟随战略和业务发展方向，为金融机构带来适应快速变化的关键能力。

未来的教育培训将在战略业务人才的全链条上精准发力。在战略层面，教育培训可以成为组织发展引擎，通过提升组织和部门的战斗力，发挥企业战略推手的作用，促进组织进化。在业务层面，教育培训可以成为业务咨询顾问，通过嵌入业务全流程的学习服务，通过提升业绩及能力归因分析，为新业务和关键业务的发展做好能力建设准备和问题诊断提示，协助业务部门在关注事（业绩）的角度上增加关注人（员工）的角度，促进业务流程和产品服务优化。在人才层面，教育培训可以作为员工的成长顾问，通过学习资源的配置、学习服务的交付和学习体验的管理，促使企业不同层级、不同条线、不同代际、不同用工形式的人才都得到充分、及时的发展和成长。在产业层面，教育培训可以成为产业发展引擎，不仅赋能企业内部，还能通过资格认证、技能培训、公益教育、校企合作等方式，向社会培养和输送人才，教育潜在的客户、员工和供应商，为企业进一步增加品牌美誉度和产品服务附加值。

七、职能升级：从学习发展专家向跨界多维转变

在未来数字化时代开展金融人才教育培训，关注的焦点应从培训项目管理向学习体验管理转变，从内容设计开发到培训体验策展转变；学习方式的应用要从混合"面授培训与远程培训"向混合"正式培训与非正式学习"转变；解决方案从注重标准化、体系化培训到提供个性化、定制化学习转变。因此，传统的金融人才教育工作者的能力专长要进行跨界多维升级，向着素养数字化、能力多元化、干预前置化和治理智能化转变。

首先，要注重素养数字化。在数字化时代，教育培训工作者必须强化包括信息素养、媒介素养以及数据素养在内的数字素养。如何对海量信息进行搜集、筛选、整合和利用，如何在日新月异的技术发展中提出具有前瞻性、创造性和领先性的人才发展战略和培训方案构思，是摆在每一位培训工作者面前的必修课。

其次，要注重能力多元化。除了必备的教育学、管理学、人力资源背景，数字化时代的人才发展团队要拥有统计学、信息化、数据库、系统开发等领域技

能、知识、经验。与其让每名人才发展工作者都变成复合型专家，更为现实的做法是，让人才发展团队的构成更加多元化。其中，特别要确保有前沿技术、数据分析专家的深度参与，才能确保教育信息化和智能化的实现。

再次，要确保干预前置化。过去的培训发展更多的是基于提前设计好的逻辑，基于报表统计发现和分析问题，对人才发展现状和效果进行总结。这种大多是事后总结，是对现状的一种事后干预。未来的培训发展通过大数据分析计算，对人才发展现状进行实时统计和提前预测，生成对企业战略和业务发展的前置干预。鉴于此，教育培训工作者要更多地提升自己的规划能力、诊断能力和前瞻性思维。

最后，要致力于治理智能化。在前沿技术支撑下，数据将更易采集并且实现互联互通，这为科学的教育决策和管理提供了有力的数据保障和技术支撑。然而前沿技术与教育的融合中，隐私泄露、数据鸿沟、数据失信、算法歧视等问题也不容忽视，幻想中的脑机接口、人机融合等问题如果变成现实还将带来深刻而严重的医学风险、道德风险和伦理问题。因此，未来的教育培训工作者不能只局限于关注学习发展领域，更要突出人的主体价值，确保人才教育决策的公平性、规范性和合理性。

第四章 技术为数字化时代金融行业人才培养注入新动能

题首语：数字化时代，创新成为常态。数字化将缩短创新的时间，加速创新的速度，创新从过去的线性思维的封闭式创新走向开放式生态思维创新。要实现金融行业人才培养的高效率，研发和应用新技术是首要条件。拥有了技术的突破，人才的培养工作将是会如虎添翼。

第一节 技术发展为金融人才教育带来新机遇

截至2021年，德勤连续12年发布技术趋势报告，对技术发展的现状、趋势开展持续研究。《德勤2019年技术趋势报告》指出在数字化转型中需关注三类技术[1]："基础技术：传统核心系统改造、技术业务转型以及网络安全这些基础技术已成为各类组织数字化转型的基石。广泛应用的技术：在过去的10年中，云计算、分析技术和数字体验技术早已得到深入应用，并持续演变发展，不断颠覆商业、运营模式并重塑企业的核心能力。新兴颠覆技术：最近，5G、区块链、认知技术和数字现实（增强现实、虚拟现实、物联网等）这几种新技术已经进入'颠覆者'的行列。它们正在蓄势待发，成为驱动数字化转型的独特力量。" 2020年，《德勤2020年技术趋势报告》指出九大宏观技术力量："数字化体验、分析技术、云技术、核心系统现代化、风险、技术业务、数字现实、认知和区块链——构成了未来企业的技术基础。[2]"

---

[1] 德勤有限公司. 德勤2019年技术趋势报告[R]. 2019.
[2] 德勤有限公司. 德勤2020年技术趋势报告[R]. 2020.

一定程度上来讲，技术赋能行业人才培养的发展阶段中，每个阶段都会烙上时代与技术发展的印记。从最早的函授教育、广播电视教育，到基于互联网和PC端电脑技术发展的e-Learning，再到移动互联技术驱动下的移动学习、社群学习，进而到现在的个性化学习、智能学习等。从单一的信息传输，到双向互动，融合异步自主在线学习、实时同步直播学习等多样化形式，互动性更强、体验更优化的学习形式层出不穷，这些发展的背后，技术的进步是十分重要的驱动因素。

从技术应用的角度来说，基础通信技术解决了教育资源和学习过程传输的问题，网络传输速度不断提升，学习的流畅度这一基础问题不再成为数字化学习发展的瓶颈；媒体技术为教育资源的多样性、生动性、互动性提供了可能；"数字现实技术，包括AR/VR、混合现实、语音交互、语音识别、360°全方位摄像和沉浸式技术等，帮助用户突破键盘和屏幕的禁锢，与用户感知无缝衔接，用户可更加自然地参与互动。数字现实的目的是打破传统的空间界限，让人与底层技术进行自然、本能甚至下意识的互动"[①]，AR、VR是沉浸式教学、体验式学习的有效手段，让那些平时很少有机会复现的学习场景复现成为可能；人工智能、大数据必将对精准学习、个性化学习、远程学习支持服务等方面大有所为；而当前国家新基建中的重要领域"5G"，在智慧教育、虚拟现实教育、远程互动教学、5G+人工智能教育也必将大显身手。技术发展对在线教育突破时空限制方面存在更多的潜力与空间，就像我们经常讨论和畅享的情景，在未来我们身处不同地点，但是却感觉像在一个空间里面开展研讨与学习必然成为可能，而内容与人、内容与内容、人与人之间的链路方式也会更加灵活、交错。在线教育未来也会更加注重深层次挖掘和分析每一个学习者的学习特性与习惯，开展个性化的学习，提升学习过程导引、学习结果分析的精准性、实效性、时效性，优化体验的过程必然带来学习本质过程的发生，而这一系列的进步与提升，是突破数字化学习行业发展瓶颈的前提与基础，没有这些基础支撑的保障，学习模式创新与体验的提升则无从谈起。

对于各种概念的提出与理解，一直有着不同的提法，"在线教育""数字教

---

① 德勤有限公司. 2020年技术趋势报告[R]. 2020.

育""数智教育"等,曾经在业界也曾掀起对概念的争论与理解,就像教育技术学科发展历程中,曾经对教育技术姓"教"还是姓"技"有过激烈的学术辩论与探讨。换个角度来看行业人才培养中技术的有效运用,一样的道理,无论提法是什么,最为关键的出发点与考虑都是技术发展为数字化学习行业所带来的影响与变革。由此可见,无论提法是怎样的,在金融行业人才培养这一特定领域,都需要时刻保持对行业和技术发展的敬畏之心,对技术的敏感性。当技术为金融人才培养提供了更多机遇的时候,也必然有更大的挑战。时代的变化、行业的发展、场景的变革,要求我们必须快速适应,应用技术、解决问题,这才是金融人才培养从业者应该追求的价值和宗旨。

第二节 新技术催生金融行业人才培养新理念

探讨数字化转型浪潮下的金融教育新生态,自然离不开企业数字化学习的高效支撑,这一部分内容尝试从不同的维度来阐述企业数字化学习领域的前沿理念与最新实践,借鉴其思路与方法。

一、关注用户体验,探索数字化学习供给侧改革

数字化学习的发展脉络中,一直以来都带有很强的技术色彩,这一点不难理解,这也是写在数字化学习领域里面不可变更的基因,但是也从另外一个方面反映出对客户与对象层面,也就是所服务的广大员工群体,考虑相对不足。改变这一局面,需要综合考虑教育、环境、视野与体验等多个维度[①],短期来看需要通过绩效支持和其他工具满足特定的学习需要,中期考虑当前的职业发展和能力提升,长期则是为了实现长期的业务目标而提升组织能力。

在技术运用的层面,需要运用技术推动员工为中心的学习体验,移动设备、社交媒体和网络平台等能按需提供学习资源的技术手段是必备要素;好的系统可以轻松便捷地整合各种类型的数字化学习内容,允许学习者本人、上级主管等选

---

① 德勤中国. 2016 德勤全球人力资本趋势报告,新型组织:因设计而不同[R]. 2016.

择并推荐内容，能够围绕应用场景开展新智能时代的个体学习。个性化、场景化、交互化的整体发展趋势，当前乃至未来一段时间，都将是十分重要的研究与应用领域。

二、响应业务需求，回归数字化学习应用的本源

"中国企业的数字化学习应用已不再只是针对传统培训模式的优化，而是更加聚焦业务场景，并对最终业绩进行评估。随着企业重视程度的提升和员工学习体验的增长，企业应积极推进数字化学习转型的工作，乘势而上，砥砺前行，让学习为企业战略落地和绩效提升助力"[①]。

企业管理者对数字化学习的期望/核心定位方面，较为关注的方面包括如下几个方面：一是企业品牌、文化价值与管理思想的传播者；二是领导力提升、骨干人才培养的摇篮；三是员工成长与发展的顾问；四是知识管理平台的搭建者，五是业务部门的战略合作伙伴。由此可见，承袭战略、提升绩效与培养员工，仍然是组织学习与发展领域的几个重点，同样也是企业数字化学习应该关注的侧重点。

三、敏捷适应变化，匹配学习环境、模式的转变

华为与德勤在2020年发布的《5G人才发展新思想白皮书——新生态、新运营、新能力、新人才》报告中指出，当前我们所处的外部环境主要发生了如下一些变化，体现在五个方面[②]：一是VUCA时代，要求快速学习，适应变化；二是员工体验更加关注持续学习；三是企业更加关注员工即时绩效的改进和支持；四是敏捷组织、零工经济的兴起与发展；五是数字化/AI技术创造新的学习体验。

在复杂、多变、模糊且充满不确定性，组织的战略、合作对象和团队成员都会发生变化的情况下，学习环境与模式都发生了变化，MOOC/SPOC、工作群组、即时问答、同行协助、微课、直播等方式的应用越来越广泛和深化，而我们

---

① 中欧商业在线，组织与人才发展研究院，云学堂. 2020企业数字化学习趋势洞察蓝皮书[R]. 2021.
② 华为，德勤. 5G人才发展新思想白皮书——新生态、新运营、新能力、新人才[R]. 2020.

也必须思考培训领域的"七二一"法则，映射到数字化学习的领域下，作用点和突破点到底在哪里，发力点应该从何切入，千万不能走着走着忘了来时的路，打的都是外围战，没有真正思考数字化学习本身到底在什么层面具有更大的意义与价值。

四、把握演进趋向，聚焦轻量、精准、实用、价值

未来的学习发展特征，数字化学习行业的发展或将围绕"轻量、精准、实用和价值"的方向演进。在线学习中，引入知识图谱，让学习内容更具针对性，促进学习动机。训战和复盘等方法已经广泛应用到场景化的培训教学设计中，更加强调"学+练+考+复"场景化以及互动直播模式的应用。新技术使得组织能够降低向员工提供培训的相关成本，提高学习环境的有效性，并提升培训在实现业务目标中的作用和贡献[①]。在未来，AI、AR、VR等技术必将更加广泛、深入地应用，必将对企业数字化学习的智能化水平提升、体验感提升起到至关重要的作用。

五、线上线下融合，重视学习数据与历程的跟踪

近些年，相信大家对O2O（Online to Offline）的概念并不陌生，混合式学习的发展也一直如火如荼，企业数字化学习这一领域中，将线上、线下学习模式的充分整合，以强化学习的链条性、整体性，相信在各家金融机构的人才培养中，均开展了大量卓有成效的尝试与探索。

OMO（Online-Merge-Offline）是一种行业平台型商业模式，这一概念源于2017年经济学人杂志（*The Economist*）的"The World in 2018"特辑上发表的专栏文章，由创新工场创始人兼首席执行官李开复提出，强调以用户为核心、数据为引擎，对资源进行重构和配置，使线上线下服务互为延伸，提升用户体验和运营效率。

对其发展背景分析，可以发现移动互联网浪潮下，消费互联网以摧枯拉朽

---

① 华为，德勤. 5G人才发展新思想白皮书——新生态、新运营、新能力、新人才[R]. 2020.

之势席卷而来，随着流量红利见底，产业互联网走上舞台。早期依靠社区、工具APP积累，流量端势能形成，后来则面临着从"消费互联网"到"产业互联网"的转型，从原来依靠流量红利的流量逻辑进入依靠数字化、智能化提升生产力的融合与赋能逻辑，也即教育OMO[①]，这一概念的应用在K12领域最为突出，在企业数字化学习领域形成可借鉴、可复用的模式仍然有很长的道路要走。

我们这里引用OMO并不是意在表达将这一模式套用到企业数字化学习领域，而是指出，对学习体验层面的相关尝试将成为一个重要的领域，数据和学习轨迹互通的意义与价值更大，也是实现信息化向数字化发展的必然趋向，过程中生成的数据对于人才培养活动与关键行为的决策指导意义将更加有针对性。

---

① 艾瑞咨询. 一半是海水，一半是火焰：2020年中国在线教育行业研究报告[R]. 2021.

小结：把握新趋势，构建新生态，共创新未来

数字化转型大潮汹涌来袭，本篇我们系统论述了金融行业人才培养的新趋势与新生态，如何看清新趋势、明确新定位、把握新机遇、担当新使命、重塑新动能，进而构建金融行业人才培养的新生态是摆在我们面前的共同课题。

"生态"（ecology）一词源于希腊文[①]，最早用来描述生物种群以及其与所处的环境之间的相互作用、相互关系。随着人类对于自然生态研究的不断深入，1935年英国生态学家A.G.坦斯利首先提出了生态系统的概念，他指出生态系统是在一定地域中生物与生物之间、生物与环境之间总是通过能量、物质和信息相互联系、相互作用，构成一个整体。

基于自然生态的原理，1977年社会科学家汉南和弗里曼提出了"种群生态学"的概念[②]，把自然生态系统中的种群及其关系类比到社会中的组织和组织间关系，形成了社会组织生态理论，并在1989年发表的《组织生态学》中系统性地总结了相关的理论、研究方法和经验。事实上，社会生态系统是由若干个产业生态系统组成的，而产业生态就是一定时间和空间范围内，某产业内的企业之间、产业与其外部环境之间通过相互作用、相互影响而形成的相互依存的动态平衡系统[③]，随着产业生态系统的不断演进、变化，整个社会也在各个企业的此消彼长中不断发展。

一言以蔽之，"生态"主要解释为生物在一定自然环境下生存与发展的状态。为了跟上未来人才供给的步伐，作为人力资本的孵化器，人才教育肩负着不可推卸的责任。

《培训》杂志2020年第3期，用"疫情下的快响应与冷思考——在波动时期，迅速反应，深入反思，备战未来"命名当期主题。相信每一位金融人才教育工作者看到主题后都会深有体会，2020年初至今，一场突如其来的新冠肺炎疫情对全社会、全行业都产生了深远的影响，映射到企业培训行业，最为深切的感知为企业内部数字化学习在特殊阶段成为企业内部培训的主要承载体，很多面授培

---

① 曹凑贵．生态学概论[M]．北京：高等教育出版社，2002．
② 迈克尔·汉南，约翰·弗里曼．组织生态学[M]．彭碧玉，等译．北京：科学出版社，2014．
③ 郭晓岩．移动通信生态体系及产业协同模式研究[D]．北京：北京邮电大学，2003．

训通过同步教学直播、异步在线学习、社群学习等多样化形式承载。未来，数字化学习势必会在金融行业人才培养中发挥更大的作用，用户习惯的养成，学习模式的普及，都为后续深化应用奠定了扎实的基础，未来的数字化学习一定不是把面授学习过程搬到线上，而是成为与组织发展、人力资源管理层层嵌套、紧密结合的生态系统。

  未来已来，在数字化转型的时代背景下，行业转型、技术发展为金融行业人才培养带来了无限可能与机遇，当"技术"不再是瓶颈而是我们手中的"利器"时，重新认知与理解数字化转型浪潮下的金融行业人才培养，厘清数字化时代金融行业人才培养的角色与定位，借鉴行业人才培养的先进实践，抓住金融行业人才培养的关键领域，从理念变革与体系重构两个维度，最大限度地确保上有顶层设计保障，下有实践模式支撑，让技术的应用回归本源，重塑数字化时代金融行业人才培养的新格局，为行业赋能、为组织赋能、为员工赋能，金融行业人才培养的未来必将更加熠熠生辉。

第二篇

法篇：金融行业人才发展的新路径、新体验

登高而招，臂非加长也，而见者远。
顺风而呼，声非加疾也，而闻者彰。

——荀子

数字化时代已经到来，平安集团董事长马明哲在2021年6月发表署名文章《新数字化之我见》，文章对数字化有一段非常精辟的阐述："数字化是21世纪推动人类社会进步、提升生产力的基础工程，是人类跨越式提升认识水平和能力的革命性的进步。"数字化不仅仅是一种技术革命，更是一种认知革命，是人类思维方式与行为模式的革命，通过科技的赋能，认识可以从表面到本质，从感性到理性，从经验到科学，从独立到联系，数字化将人类认识客观世界、把握发展规律的能力提升到新的水平。对企业而言，数字化将在战略、组织、管理、运营、人才、服务等方面，带来思维上的巨大颠覆与实践上的系统变革。[①]

伴随着AI、大数据、云计算、5G、物联网等新技术在金融领域的应用，数字化金融服务对金融行业的传统理念、服务模式、市场生态、竞争格局形成颠覆性的冲击，金融行业也必须顺势谋变，践行数字化转型，实现决策"三先"（先知、先觉、先行）、经营"三提"（提效益、提效率、提产能）、管理"三降"（降成本、降风险、降人力），提升基于客户体验的金融服务能力，把握金融市场演进的新生态、新机遇，更好地服务于高质量发展的实体经济。新技术推动金融行业践行数字化转型的同时，也势必引领金融企业的人才发展理念、模式、体系的重构和创新，促进企业教育治理体系整体变革。

新的信息技术将促使金融企业教育理念升级，超越信息技术应用的思维定式局限，穿越原有认知的束缚，重新理解数字化时代人才发展的需求，从建构全企业参与的良好培训生态出发，从学习的目的、场景、模式等方面全面变革，从学习空间、教学模式、学习方式、评价机制、管理体制深度创新，创造新的学习体验，激发企业人才的学习动机，满足广大金融行业员工技能提升的需求，提升员工在数字化时代的数字化生存能力。

[①] 马明哲．"数字化"是平安未来十年可持续发展的核心要义[EB/OL]．（2021-06-23）[2021-07-15]．https://baijiahao.baidu.com/s?id=1703369356509339586&wfr=spider&for=pc．

第五章　变革的引擎：新技术与金融教育深度融合

题首语：在技术驱动变革的数字化时代，以ABCDG（人工智能、区块链、云计算、大数据、5G）为代表的数字化技术正成为创新的基本要素，成为驱动数字化转型发展的独特力量。在数字化学习领域，如何利用最新的数字化技术和能力来驱动组织学习模式的创新和学习生态系统的重构，从而促进组织人才发展、绩效提升和业务创新，已成为这个时代赋予数字化学习运营管理人员的重要命题。数字化学习的转型，技术是基石，虽然我们不用去做技术研发，但我们需要具备技术专家的技术思维，只有在真正理解技术背后原理的基础上，才能运用技术去指导数字化学习实践。

第一节　中国金融教育信息化发展历程回顾

金融行业是知识密集型产业，也是现代教育技术最早应用的行业之一，金融业对深入应用教育技术提高教育培训质量的需求极为迫切，每当新的学习技术到来，金融业都是第一批探索者。

一、电化教育时期

从1979年起，我国进行了金融体制方面的一系列重大改革。20世纪80年代末到90年代初，金融行业迅速壮大，机构规模急剧增加，从业人员数量成倍增长。与此同时，由于历史原因，金融系统普遍存在从业人员学历不高、专业知识匮乏的现象，员工的教育培训工作迫在眉睫。面对如此严峻的考验，金融系统迅速以广播、电视等手段为主开展电化教育工作，这是教育技术第一次在金融领域生根发芽。

二、e-Learning发展时期

从2000年开始,以e-Learning为代表的国外在线学习技术逐步进入中国,为传统的集中面授培训带来一种新的模式。而国内互联网技术的快速崛起,使承载网络从ISDN发展到ADSL再发展到有线宽带,这为e-Learning的推广铺平了道路。2002年起,国内部分大型金融企业,如中国工商银行、中国平安、太平洋保险、招商银行等,陆续引入e-Learning平台开展在线学习。

中国工商银行案例[①]

20世纪90年代,工商银行的远程教育就完成了从函授教育到电子化教学的过渡,建立了多家"中央电大"分校,录制了大量的电视培训教材,形成了配合院校面授教学的远程教育体系,为工商银行教育培训事业发展提供了重要的技术支撑。1999年9月,其总行教育部提出了《关于建设网络远程教育系统的初步方案》。工商银行网络远程教育系统于2002年6月6日正式开通运行,开创了金融系统利用e-Learning系统进行大规模远程培训的先河。2006年,运行4年之久的网络远程教育系统更名为"中国工商银行网络大学",并开通互联网访问,有效整合了内网与外网的信息获取渠道,集在线学习、辅导答疑和网上考试等多种功能于一体,开放到工行每一位员工,成为当时国内金融企业最大的一所网络大学。

三、移动学习时期

移动通信技术的飞速发展和广泛应用,再度为金融行业培训变革提供一种新

---

① 王铁军. 中国工商银行网络大学:大教育、大培训 [J]. 中国远程教育,2013(14):88-89.

的方式，即移动学习（Mobile Learning）。移动学习依托于移动互联网更快的传播速度和更便捷的学习终端，包括手机、平板电脑在内的各种智能终端为开展个性化学习、碎片式学习和全方位学习服务提供了条件。移动学习能够满足学习者随时随地进行学习的需要，因此在金融行业培训中能够更好地满足员工个性化的学习需求，发挥更加重要的作用。

◎ **中国平安案例**[①]

  平安对员工的培训方式，是由人力资源部统一规划，由各分公司选派员工学习。由于平安体系内各分公司人员众多，同时又涉及保险、银行、投资等众多业务线，传统的教学硬件资源根本无法适应员工培训需求，尽管开发了E-learning，还是无法适应企业快速增长和不断变化的培训需求。

  2014年4月，平安人力资源部决定对培训方式进行变革。当年6月，确定由平安大学、平安科技、平安集团HR职能团队共同开发一款基于移动学习的知鸟APP，当年7月开始研发，2个月后，知鸟1.0版本成功上线。据平安2013年的培训数据测算，"知鸟"的上线，每年可为平安集团减少需要讲师的培训时长5227天（每天按8小时计算），通过发布398门移动课程节约培训成本近亿元（根据平安金融培训学院2013年数据，每人每天培训成本737元人民币）。因为移动学习都是在工作外的时间进行，共增加工作时间156807天；同时，整个平安集团2014年交叉销售额提升了26%。"知鸟"也因此获得了布兰登霍尔卓越奖（BrandonhallExcellence Awards），该奖项被誉为人力资源领域的奥斯卡，平安是亚洲首家获此殊荣的企业。

---

① 详见《解码平安知鸟"四合院"模式》，https://www.163.com/ad/article/BKCNIH7V0001125P.html。

四、智能化开放学习时期

随着人工智能技术在金融行业各领域的广泛应用,金融企业也逐渐开始在学习平台上引入越来越多的人工智能技术,使培训更加智能化和人性化,在提升企业培训效率的同时,也让枯燥的学习过程变得引人入胜。但在金融教育中使用AI技术中也存在一定的瓶颈,例如金融教育AI的研发、训练需要大量的算力,如果各家企业独自建立自己的计算平台,就会因为工作负载不饱和、调优水平有限等原因,无法发挥全部算力,导致算力浪费。此外,有深度的、结构化的海量数据是训练出令人满意的智能效果的前提,由于缺乏数据共享机制,金融企业各自的数据服务平台建设不成熟,导致许多AI训练效果不达预期。此外,目前既懂AI又懂培训的人才缺口还比较大。因此成立金融行业大学,开放共享数据、AI教育人才,共同定义金融行业技能图谱,共同开发学习资源并形成行业标准,实现互惠互利将是一个趋势。《中国教育现代化2035》中指出:"创新教育服务业态,建立数字教育资源共建共享机制,完善利益分配机制、知识产权保护制度和新型教育服务监管制度,推进教育治理方式改革,加快形成现代化的教育管理与监测体系,推进管理精准化和决策科学化。"这些政策从顶层设计层面给予金融教育新的思路:具备实力的大金融企业牵头建设智能化学习平台,并向行业、社会共享。

◎ **中国建设银行案例**[①]

随着互联网的普及,网络平台对教育培训的支撑作用越来越显著。建行大学广泛运用互联网、人工智能、大数据等新技术,统筹"学、教、智、知、网"等要素,建设最具先进性的网络教育平台,集员工学习、教学管理、智能运营、知识储备、服务社会于一体,用科技手段打造一所随时在线的网上研修中心(见图5-1)。

---

① 详见中国建设银行的《建行大学的科技体系》,中国建设银行官网,2018-12-12,http://www.ccb.com/cn/ccbtoday/jhbkhb/20181211_1544518010.html。

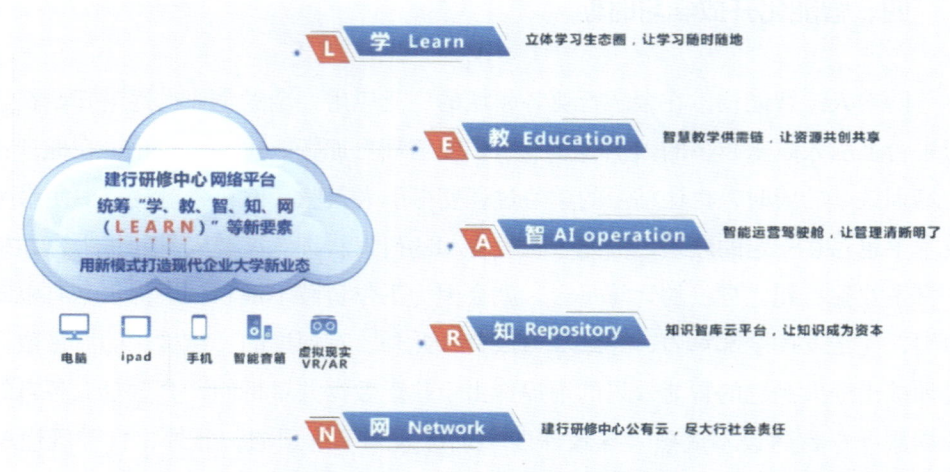

图5-1　建行研修中心网络平台整体逻辑

（1）立体学习生态圈（Learn）

建行研修中心网络平台广泛整合行内外优质教育资源，以精品内容、精美形式吸引员工主动学习。平台集成视频直播功能，疑难问题实时解答，授课效果及时反馈，激发师生教学热情。电脑、手机、AI音箱、VR/AR多渠道接入，形式丰富生动，学习随时随地。平台为每家分行量身定制专属主页，部署个性化内容，赋能组织，激活个体，释放全行创新创造热情，一个泛在、多触点、全天候的学习生态正在应运而生。

（2）智慧教学供需链（Education）

积极应用新技术，探索新模式，实现教学资源共创共享，促进教学管理自动智能。"智能排课"分析岗位特点自动安排课程，"自动做课"根据讲课视频自动生成课件，"智慧课堂"实现无感签到和教学行为分析，"自动组卷"按照考试大纲智能生成试卷……智慧教学供需链给教师和学员带来全新体验。

（3）智能运营驾驶舱（AI operation）

通过手机二维码和人脸识别等技术，将培训学员的到校、住宿、就餐、学习纳入自动管理；通过监控大屏，使管理者对学员数量、学习质量、课件资源、基地效率一目了然；通过将全行培训资源在平台共享，实现"总行搭台、全行唱戏"。

（4）知识智库云平台（Repository）

通过网络平台建设金融业务知识库，打造建设银行知识图谱（见图5-2），将个体知识企业化，隐性知识显性化，封闭知识共享化。将个体知识转变为企业的知识资本，将建行研修中心建成实用金融企业知识积淀的宝库，智慧共创共享的摇篮。

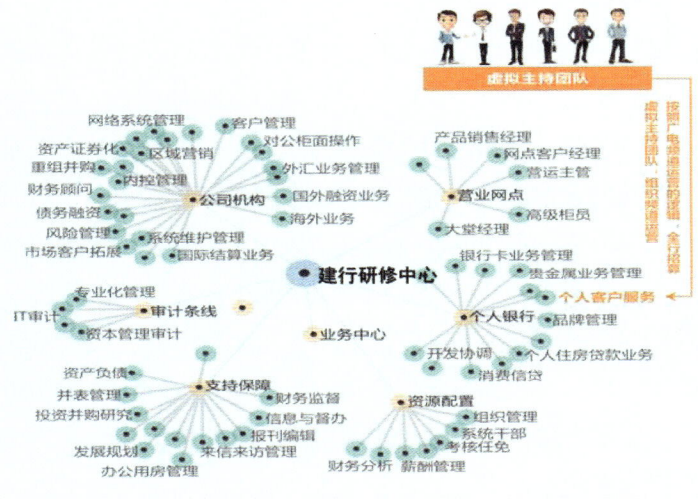

图5-2　知识图谱

（5）教育资源共享网（Network）

建设金融级安全、战略级服务、全领域实践的建行研修中心公有云，整合各方优质教育资源，构建"银政校企"大联盟。对企业，赋能组织，激活个体；对国家，大行责任，金智惠民；对世界，背负时代使命，讲好中国故事。

第二节　现代数字化学习技术分类

德勤在《2021年技术趋势：全球企业加速数字化转型》报告[①]中，提出了

---

① 详见德勤，《2021年技术趋势：全球企业加速数字化转型》。

"驱动力、颠覆性因素、未来新星"的技术分类方式。报告指出，数字化体验、数据和分析技术以及云计算是驱动性技术，已在前十年催生出诸多创新业务模式和战略；数字现实、人工智能以及分布式平台是颠覆性技术，目前正在塑造下一个十年的业务创新；环境体验、指数智能以及量子技术是未来新星技术，将在今后十年间走向成熟，塑造未来的业务和技术战略。

在数字化学习领域，德勤的技术分类方式同样适用，需要重点关注三类数字化学习技术（见图5-3）。

（1）驱动性技术：无线和移动通信技术（4G）以及智能移动终端（智能手机及APP）带来移动学习体验，使得"处处可学、时时可学"成为可能。数据和分析技术有效支持了学习数据的海量存储、实时分析处理和动态展示，使得个性化学习和数据驱动的运营成为可能。云计算和低时延直播技术，极大地降低了培训成本，多人同时在线学习和实时交流互动成为可能。这些技术已经推动了近十年的在线学习方式变革，并且在数字化转型浪潮下还将持续发展。

（2）颠覆性技术：5G移动通信技术和智能穿戴设备、VR/AR等数字现实技术，已经开始帮助组织构建模拟学习情境。自然语言处理、知识图谱、推荐检索等人工智能技术正逐步成为组织的AI学习助手，在智能问答、对话训练、知识推荐等场景中发挥重要作用。以区块链技术为代表的分布式信任平台，构建分布开放安全学习大数据，允许任何学习组织跨系统和跨平台地记录学习行为和学习结果，通过隐私计算技术，学习数据在保护隐私的前提下被共享使用。这些技术正在逐步获得广泛应用，并迅速激发起颠覆性的影响，塑造下一个十年的学习方式创新。

（3）未来新星技术：环境体验实现了无处不在的交互，与周围环境无缝集成，能够主动预见并满足人类需求。例如，6G可以实现智能学习体的高效智联共生；鸿蒙生态系统使得未来无缝衔接的跨屏学习成为可能，极大地拓展了泛在学习的边界；数字孪生技术将助力虚拟仿真教学和智慧校园建设。各类前沿技术的发展正在为达到无处不在的智能环境体验而努力。基于大数据和人工智能构建的数据智能，在识别和响应人类情绪、理解外部环境和执行自动化任务方面，将拥有更强的能力。机器人流程自动化（RPA）、低代码平台等使得技术普众的工具，让人机融合、全员创新成为可能。可以期待的是，未来新星技术在十年间走向成熟，塑造未来的业务和技术战略。

第二篇
法篇：金融行业人才发展的新路径、新体验

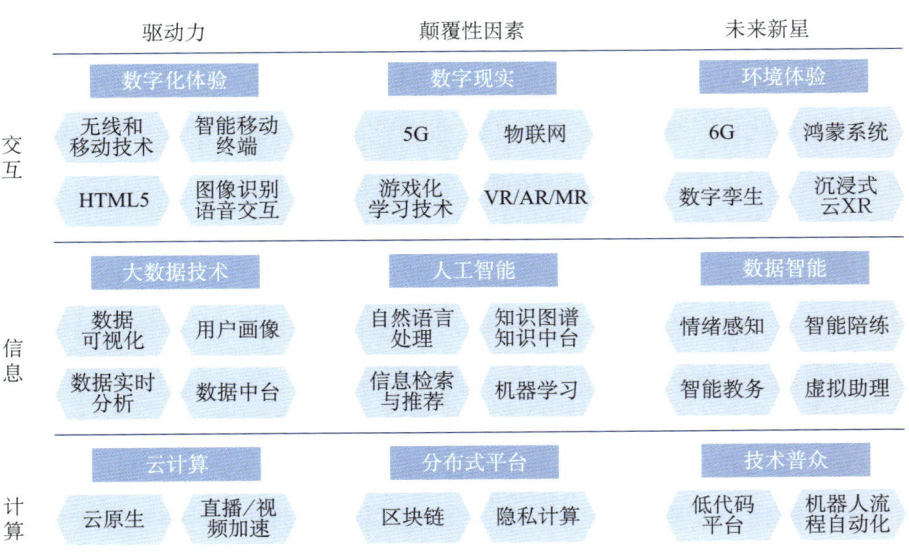

图5-3　数字化学习技术分类框架

第三节　大（小）数据与个性化学习

一、大数据及其在数字化学习的应用

　　大数据是指无法在一定时间内用常规软件工具对其进行抓取、管理和处理的数据集合。大数据因其数据体量大（Volume）、数据处理速度快（Velocity）、数据类型多样（Variety）、价值密度低（Value）等特点，需要适用的大数据分析方法、大数据处理技术对海量数据进行建模、统计、比对、解析，方能挖掘出事物的变化规律，准确预测事物的发展趋势，并进行及时有效的干预。大数据分析方法包括可视化分析、数据挖掘算法、预测性分析、语义引擎、数据质量和数据管理等。适用于大数据的技术，包括大规模并行处理数据库、数据挖掘、分布式文件系统、分布式数据库、云计算平台、互联网和可扩展的存储系统等。

　　《大数据时代》一书作者维克托认为大数据时代有三大转变。一是可以分析更多的数据，有时甚至可以处理和某个特别现象相关的所有数据，而不是依赖于随机采样。更高的精确性可帮助发现更多的细节。二是研究数据如此之多，以至于不必再热衷于追求精确度。适当忽略微观层面的精确度,将带来更好的洞察力和更大的商业利益。三是不再热衷于寻找因果关系,而是事物之间的相关关系。

基于上述认识,维克托在《与大数据同行:学习和教育的未来》中认为,大数据重塑学习的三个主要特征:反馈、个性化和概率预测[①]。主要表现在:能够收集对过去而言,既不现实也不可能集聚起来的反馈数据;可以实现迎合学生个体需求的,而不是为一组类似的学生定制的个性化学习;可以通过概率预测优化学习内容、学习时间和学习方式。同时,维克托也提出,在从数据途径中获取信息,以改善学习工具和方法的同时,需要强有力地抑制基于大数据分析的概率预测对学生的未来造成负面影响的风险。他建议,建立监管措施和技术减速带,对敏感教育数据的可存储类型和存储时间设定界限。

大数据时代,教师怎么教学?员工怎么学习?培训如何运营和管理?这些问题都是数字时代金融教育新生态需要回答的重要命题。通过对教育(学习)大数据进行挖掘和分析,可以探索教学方法、教学环境、教育评价、学习内容、学习时间和学习方法等变量与学习者学习效果的相关关系,这对于探索教学规律、明晰教学过程、提高教学的有效性具有重要作用。

从应用层面来看,大数据分析方法和技术在数字化学习领域的应用已初具规模,相信未来会有更多教学场景出现大数据的身影。当前主要应用场景概括如下:

教学数据的可视化分析与数据大屏展示。大数据分析最基本的要求就是可视化分析,因为可视化分析能够直观地呈现大数据特点,同时能够非常容易地被使用者接受,可视化分析及数据大屏展示技术已经成为大数据在数字化学习领域最重要的应用场景之一。例如,我们可以通过收集分析学员的地理位置、学习时段、不同终端、常用功能模块、课程学习等数据,获得热点区域、使用偏好、学习场景、热点课程等系统使用情况,并以大屏方式全景展示,为优化系统性能、课程资源供给、针对不同学习场景设计学习方案等提供决策支持。

复杂数据类型挖掘与知识管理。由于课程等知识资源运用了大量的多媒体数据信息,一般具有不同的数据类型和格式(如文本、网页、图形图像、视频、音

---

① 维克托·迈尔·舍恩伯格,肯尼思·库克耶. 与大数据同行:学习和教育的未来[M]. 上海:华东师范大学出版社,2015.

频等），多元化的结构化和非构化数据给数据分析带来新的挑战。需要一套大数据和语义分析工具去自动分析和提取知识类数据，发现知识点之间的语义关系，辅助组织构建完整的知识体系。

学习者数据的预测性分析和用户画像。大数据分析最重要的应用领域之一就是预测性分析，从大数据中挖出特点，通过科学的建立模型，之后通过模型代入新的数据，从而预测未来的数据。基于大数据的个性化学习系统，能够分析显性数据和隐性数据，构建学习者特征模型（用户画像），向学习者推送与其有相同或相近兴趣偏好学习者的学习信息，从而为其提供个性化的学习路径、学习资源等。同时教师也能根据学习者的学习行为、学习需求实施个性化指导和干预。

学习数据挖掘和学习分析。学习数据挖掘和学习分析是当前数字化学习领域大数据应用的两大方向。前者是指综合运用数学统计、机器学习和数据挖掘的技术和方法，对学习大数据进行处理和分析，通过数据建模，发现学习者学习结果与学习内容、学习资源和教学行为等变量的相关关系，来预测学习者未来的学习趋势；后者是指综合运用信息科学、社会学、计算机科学、心理学和学习科学的理论和方法，通过对广义学习大数据的处理和分析，利用已知模型和方法去回答影响学习者学习的重大问题，评估学习者学习行为，并为学习者提供人为的适应性反馈。由于数据挖掘更多的是从数据的内在联系发现新的模型（规律），学习分析更多的是运用不同的分析方法和数据模型来解释学习数据，两者的结合可以优势互补，更好地促进教与学。

二、小数据使个人学习过程更加个性化

小数据的定义并不仅是指数据量小，而是围绕个体的全方位数据及其配套的收集、处理、分析和对外交互的综合系统。个体产生的数据，包括生活习惯、社交行为、财务状况等，全部被各种智能设备或传感器收集和利用并进行分析，并对外形成一个富有个人色彩的数据系统，反映了学员是谁、在哪儿、和谁、做什么。小数据具有鲜明的个体独特性、具有复杂多样的数据特性、具有高度的实时动态性、具有明显的人机交互性。因此，小数据又被称为"量化的自我"，其目的与大数据相同，提供个体决策的依据。因为现实中很多事情还是需要去解释因果关系，这时小数据比大数据可能更有效。

在数字化学习领域，小数据与大数据同等重要，企业开展教育培训，既要考虑学习群体的共性，也要注重学习者个体特征。小数据"见微"，是个体数据，作个人刻画，而大数据"知著"，是全量数据，反映群体的特征和学习趋势。在数据应用中，只有大数据描绘的群体趋势与小数据量化的个体特征保持高度一致，小数据的个体需求与大数据预见的未来保持统一，两者才能相辅相成、相映成辉，更好地展现数据之美。

例如，加拿大的Desire2Learn推出的"学生成功系统"和腾讯教育推出的精准教学解决方案，都可以基于过去的学习成绩数据预测并改善学习者个体未来学习成绩。上述系统（方案）的建立依托的是海量的课程数据与复杂的反馈系统的设计，但其秉承个性化学习的理念对每位同学的学习过程进行分析，实际上是用一种标准化的方法汲取个人异质性的数据，这些个体数据对于学生的量化学习具有非常重要的意义。利用上述系统（方案），老师得到的不再是过去那种只展示学生分数与作业的结果，而是像阅读材料的时间长短等更为详细的重要信息。因此，老师可以及时察觉问题的所在，提出改进建议，并预测学生的期末考试成绩[1]。

小数据能够使个人的学习过程变得更加个性化。学习过程中产生的各类小数据，能够为每一位学生都创设一个量身定做的学习环境和相对个性化的课程，其中最突出的小数据特征就是，以一种简便的方式实现了学生与数字化学习平台之间的"人机互动"，通过对输入平台中的各种数据能够提取只属于使用者一人的学习方法和特点，从而因材施教，进行针对性教学。

第四节　5G与互动协作学习

人类对于高速高质量连接的需求促使移动通信技术不断提升，技术的提升也使得移动网络的应用场景覆盖更广。从第一代移动通信技术到第五代移动通信技术的升级，移动通信技术的应用从语音、短信、图片再到视频、VR/AR、4K/8K视频，技术发展带来了连接效能的逐步提升（见图5-4）。

---

[1] 陈辉. 小数据之美：如何预见自我、世界与未来[M]. 北京：中信出版社，2019.

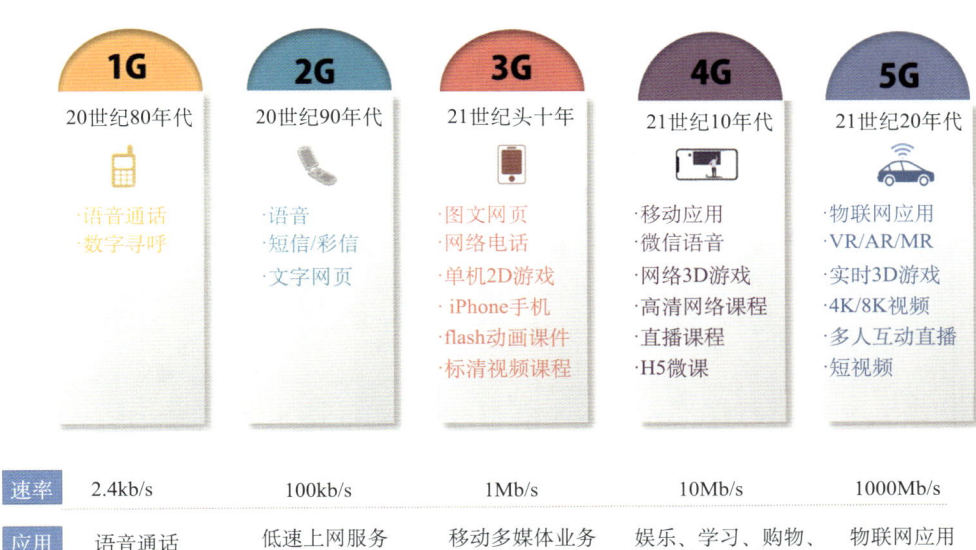

图5-4 移动通信：从1G到5G演进

5G技术高速率、低时延、大连接的技术特性，将大大增加网络传输速度，加快信息的采集和上传，减少网络延迟和卡顿，降低连接成本，极大地缩短了应用的时空限制。2015年9月，ITU正式确认了5G的三大应用场景为增强型移动宽带（eMBB：Enhanced Mobile Broadband）、低时延高可靠（uRLLC:Ultra-Reliable Low-Latency Communications）、海量大连接（mMTC:Massive Machine Type Communications）[1]（见图5-5）。增强型移动宽带，提供了大带宽高速率的移动服务，相比4G峰值速率提升30倍。低时延高可靠，通过降低时延，提升控制系统的灵活性、可靠程度，相比4G，无线接口延时减少90%。海量大连接，通过低成本、大容量连接，缩小了移动互联的空间限制，相比4G连接密度提高10倍，能效和流量密度分别提高100倍[2]。

---

[1] 国际电信联盟（ITU）．IMT愿景——2020年及之后IMT未来发展的框架和总体目标．2015．
[2] 详见亿欧智库《新基建重构智慧教育生态——2021智慧教育发展研究报告》。

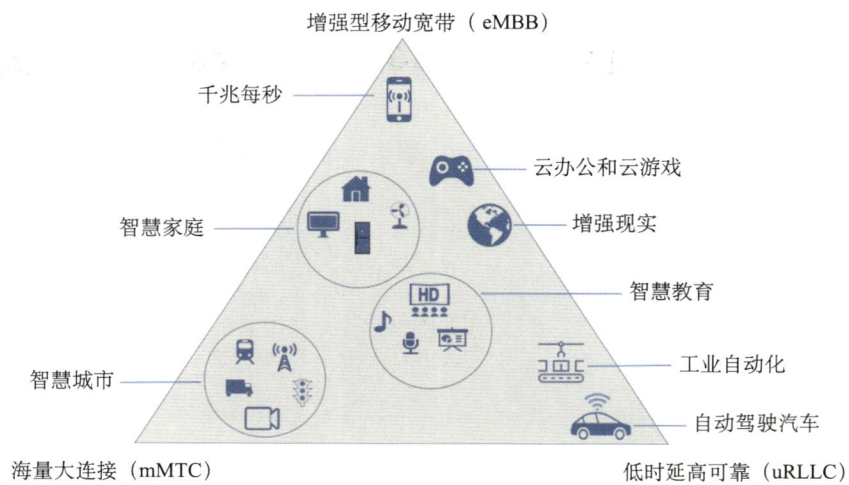

图5-5 5G应用场景

Forrester在《2021年亚太区市场趋势预测》[①]报告中指出，5G将提高数字化转型的门槛，中国将在2021年成为5G创新的中心。计算机视觉、商用无人机、云原生、区块链、边缘计算、虚拟或增强现实等高度互联技术的广泛应用也将激发5G的潜力。

从目前5G技术的成熟度与业务应用场景的评估来看，相比于其他产业来说，数字化学习与5G的相关度较高但目前业务还不够成熟，5G技术在数字化学习领域的渗透还有待加深，但其应用前景非常值得期待。主要应用场景概括如下：

5G增进学习交互和协作的效率。5G网络提供的高带宽、低时延、海量链接，可以在网络可达的任何地方、任意时间，以移动方式及时获得各种类型的知识信息，特别是AR/VR的高清画面流和4K、8K的视频流等，为实时、高效的知识协作提供了技术可能，员工可以在专家的远程指导下及时解决问题，也为企业培训提供了AR/VR等沉浸式体验，满足动手实践和观摩的结合效果。当前，5G直播互动学习，已成为当前5G技术在数字化学习领域最显著的应用之一。

5G还能降低企业学习生态协同成本。在过去，由于企业内部学习系统与各业务系统之间的连通性有限，企业与外部生态合作伙伴之间的合作成本较高，限

---

① 详见Forrester《2021年亚太区市场趋势预测》。

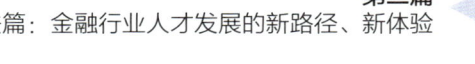

制了企业学习生态的扩展。5G 的泛连接能力，让生态参与者通过开放平台，轻易互联，这使得合适的合作伙伴能够快速聚合、创新和共同开发解决方案。

第五节　AI与自适应学习

人工智能科学是研究使用计算机来模拟人的某些思维过程和智能行为（如学习、推理、思考、规划等）的一门技术科学。人工智能技术是利用计算机或者计算机控制的机器模拟、延伸和扩展人的智能，感知环境，获取知识并使用知识获得动态最优结果的理论、方法、技术及应用系统。

清华大学和中国人工智能学会联合发布的《2019人工智能发展报告》[①]，将人工智能分为13个子领域：机器学习、知识工程、计算机视觉、自然语言处理、语音识别、计算机图形学、多媒体技术、人机交互、机器人、数据库技术、可视化、数据挖掘、信息检索与推荐。其中，数字化学习涉及的人工智能技术主要包括以下几个方面。

机器学习：旨在让计算机具备自动学习的能力，能够解决分类、聚类、回归、关联分析等任务。目前主流是从大规模数据中自动学习和总结规律，从而能够对新的数据进行预测。机器学习作为一项底层技术，已广泛运用于学习用户画像、智能推荐等数字化学习应用中。

计算机视觉：旨在让计算机理解和处理图像数据（包括图片、视频等），使计算机掌握"看"的能力。图像是典型的无结构数据，由像素组成，如何从一幅图像中自动识别不同层次的对象（如轮廓、人脸、场景等）及其复杂关联，是计算机视觉面临的挑战问题。计算机视觉作为一项图像处理技术，已成功运用在培训考勤签到、测试考生身份识别、教师学习情绪感知、课程内容审核等数字化学习应用中。

语音识别：旨在让计算机理解和处理语音数据，使计算机掌握"听"的能力。语音也是一种典型的无结构序列数据，目前在深度学习技术的支持下，普通场景的语音转文本的效果已经得到广泛应用。而在多人、方言、噪声、远场等极

[①] 清华大学，中国人工智能学会. 2019人工智能发展报告，2019-11.

端挑战场景下，语音识别效果还需要进一步提升。在数字化学习领域，语音识别技术已经在语音问答训练、语音实时翻译、课程语音合成等有较为成熟的应用。

自然语言处理：旨在让计算机理解和处理人类语言（也被称为"自然语言"）。人类语言也是典型的无结构数据，由字词组合而成，如何理解一句话、一篇文章甚至一本书的意思，也是人工智能面临的挑战问题。由于语言是人类特有的传递丰富信息和知识、表达复杂思想和情绪的载体，甚至被认为是人类思考的重要工具，因此自然语言处理问题更接近人类高级认知智能，有很多重要的开放问题。自然语言处理作为认知智能的一项重要技术，已运用在智能问答、智能陪练、智能推荐等涉及需要理解人类语言的数字化学习应用中。

知识工程：人类对世界的认识积累形成了知识，知识是人类理解外部信息、实现各种智能能力的基础。学习天然与知识关联，近年来随着知识图谱的广泛应用，运用知识工程的方法来重新构建学习资源体系，已经成为数字化学习技术发展的热点问题之一。

简单来讲，人工智能的实现原理主要是用大量的数据去训练模型形成稳定、有效的算法模型，再结合具体的行业、具体的使用场景形成各领域内的人工智能应用。人工智能技术的实现需要大量的数据支撑也离不开算力的提升（见图5-6）。

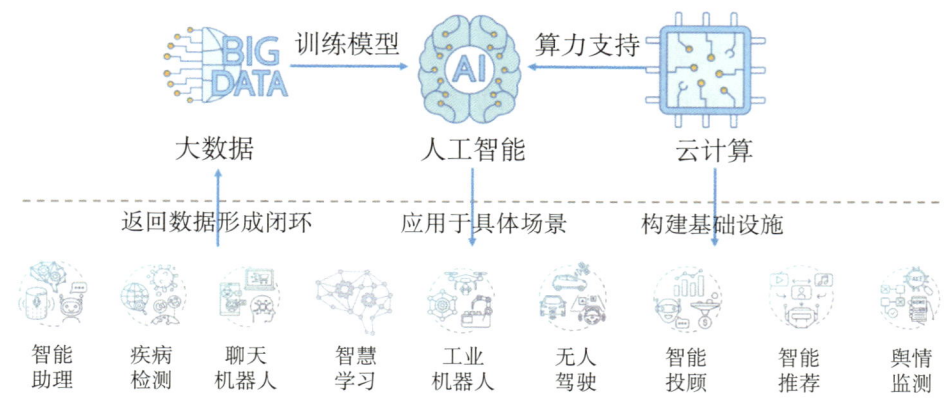

图5-6 人工智能实现原理及应用场景

亿欧智库《2019全球人工智能教育行业研究报告》[①]认为，理想中的智能学

---

① 亿欧智库. 2019全球人工智能教育行业研究报告[R]. 2019.

习是人工智能与学习科学的有机结合，即利用计算的方式建立学习环节各主体模型，从而实现以下两个核心目的：促进自适应学习环境的发展和人工智能工具在学习中高效、灵活及个性化的使用；使用精确的计算和清晰的形式表示教育学、心理学和社会学中含糊不清的知识，让人工智能成为打开"学习黑匣子"的重要工具。换言之，人工智能赋能人才发展的最终目的是通过技术，更深入、更微观地观察、理解学习是如何发生的，以及学习效果是如何受到外界各种因素（社会经济、物质环境）影响的，进而为学习者高效地学习创造条件。

相比于其他领域而言，人工智能在数字化学习领域刚刚起步，仍处于弱人工智能应用阶段，呈现出两个特点。第一，在识别层面上人工智能技术已经相对成熟，比如人脸识别、图像识别、语音语言识别等，使用这些人工智能技术的产品已在数字化学习系统的建设中不断推广开来。第二，在判断、推理、决策和机器学习层面上，还远远没有达到期待的水平。因为要做到推理、决策，就需要大量的人工智能的数据体系，比如学生的学习数据、课程结构化的交叉数据，还有整个知识体系的脉络和逻辑等，这些强人工智能的应用场景有待未来进一步探索。

第六节 云计算与数字化学习平台建设

从Gartner及中国信息通信研究院[①]发布的市场规模统计来看，全世界和中国的云计算市场规模都在逐年上升。在新冠肺炎疫情的推动下，移动办公需求明显上升，企业、政府、学校的云服务采购意愿也越来越强。根据中国信息通信研究院的云计算发展调查报告，2019年我国已经应用云计算的企业占比达到66.1%。据IDC《全球云计算IT基础设施市场预测》[②]报告指出，2020年第一季度云IT基础设施投入（占比全球IT基础设施投资的55%），首次超过传统IT基础设施投入。

突如其来的新冠肺炎疫情使得企业更重视快速响应以及传递优质的客户体验，而这也使得公有云的采纳得到了前所未有的快速推进。Forrester在《2021年亚太区市场趋势预测》报告中提出，云计算成为疫情复苏期间的关键角色，全球

[①] 中国信息通信研究院．2020年云计算发展白皮书[R]．2020．
[②] IDC．全球云计算IT基础设施市场预测[R]．2020．

公有云基础设施在2021年将增长35%，达到1200亿美元。

云计算从技术原理来看，其本质是从资源到架构的全面弹性可扩展，它将计算资源、网络资源、存储资源等IT资源有机整合起来形成资源池，再按需实现IT资源的弹性配置。目前，我国云计算技术已经形成了较为成熟的产业链，云服务部署方式多样，除私有云、公有云、混合云部署方式外，区域云、边缘云、云原生等新兴部署方式亦有落地实践。应用服务领域IaaS发展日益成熟，PaaS需求高速增长，SaaS服务潜力巨大。

云计算技术强大的资源管理调度效率、数据存储能力以及数据安全性，可以实现资源规模弹性扩容、按需使用付费、可选多种应用服务模式，使之成为数字化学习建设的重要技术底座。目前，包括阿里云、腾讯云、百度云、华为云等国内云服务厂商都已推出了教育培训行业专属解决方案，实现数字化教育培训的生态化布局（见图5-7）。

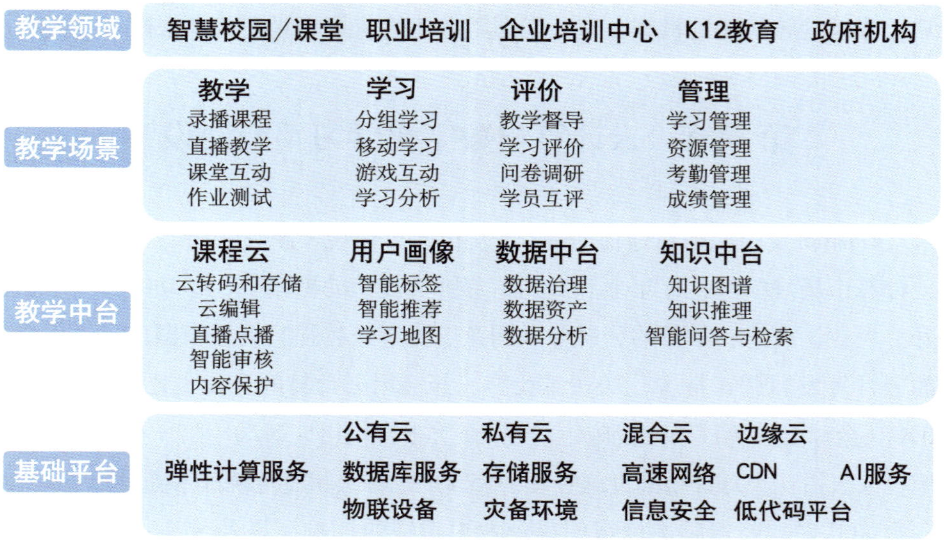

教学领域	智慧校园/课堂	职业培训	企业培训中心	K12教育	政府机构
教学场景	教学 录播课程 直播教学 课堂互动 作业测试	学习 分组学习 移动学习 游戏互动 学习分析	评价 教学督导 学习评价 问卷调研 学员互评	管理 学习管理 资源管理 考勤管理 成绩管理	
教学中台	课程云 云转码和存储 云编辑 直播点播 智能审核 内容保护	用户画像 智能标签 智能推荐 学习地图	数据中台 数据治理 数据资产 数据分析	知识中台 知识图谱 知识推理 智能问答与检索	
基础平台	弹性计算服务	公有云 数据库服务 物联设备	私有云 存储服务 灾备环境	混合云 高速网络 信息安全	边缘云 CDN 低代码平台	AI服务

图5-7 云计算平台在教育培训行业的应用

第七节 物联网与智慧教室（校园）建设

物联网（Internet of Things，IoT）基于万物互联的理念，使各种传感器、通信网络、平台型应用和操作系统通过网络相连，实现了数据的识别、采集、连接、传输、处理。近年来，人工智能、移动通信、云计算（含边缘计算）等技术不断创新与突破，如适用于移动设备的高性能基础硬件与传感器的广泛使用，新一代移动连接技术使得网络更加稳定与兼容性更强，云计算与边缘计算为物联网提供可靠且大容量的算力支持，以及人工智能与物联网的产业深度融合，都使得物联网朝着智能物联网（AIoT）方向迈进。人工智能使得物联网具有了感知和识别能力，智能物联网可以将传感器中的信息、数据通过整合与分析形成有价值的数据，进而达到智能化、自动化管理和控制的目的（见图5-8）。

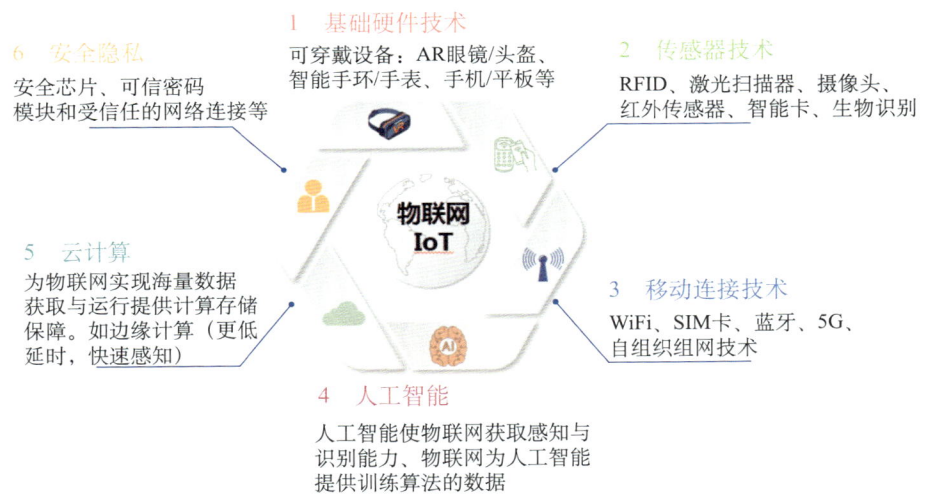

图5-8 数字化学习领域相关的物联网核心技术

物联网已成为智慧校园、智慧教室建设的重要技术组成部分，基于万物互联的理念，物联网将学习软件、教学设备、管理终端相互串联起来，广泛收集学员学习过程的学习数据和教学过程的学情数据，将上课状态、教学质量数据化，实时感知学员学习情绪状态变化，实现对教学空间的统一管控和模块化控制，为后续学习效果评估提供数据基础。

第八节　虚拟现实与教育元宇宙

广义上，虚拟现实是通过计算机技术和可穿戴设备产生的一种真实和虚拟组合、可人机交互的环境，它融合应用了多媒体、传感器、新型显示、互联网和人工智能等多领域技术，旨在使用户获得身临其境的沉浸体验，拓展人类感知能力，改变产品形态和服务模式。广义虚拟现实技术，也被称为扩展现实（Extended Reality，XR）技术，包含增强现实（Augmented Reality，AR）、虚拟现实（Virtual Reality，VR）和混合现实（Mixed Reality，MR）等多种视频呈现和交互方式。

VR（Virtual Reality，虚拟现实），是通过计算机模拟程序对现实世界进行建模、摄影摄像并进行加工，产生虚拟空间的计算机应用技术。该技术借助头显、触摸屏、声音传输等设备，向使用者提供视觉、听觉、触觉等感官模拟，让其有身临其境之感。通俗地讲就是通过计算机、VR设备让体验者沉浸于虚拟世界，如同置身真实世界一般。

AR（Augmented Reality，增强现实），是在真实世界中叠加虚拟内容，这些内容既可以是简单的数字或文字通知，也可以是复杂的虚拟图像的计算机技术。这种技术的目标是在屏幕上把虚拟世界嵌套在现实世界并进行互动。

MR（Mix Reality，混合现实），既包括虚拟现实又包括增强现实，指的是合并现实和虚拟世界而产生的新的可视化环境。在新的可视化环境里物理和数字对象共存，并实时互动。混合现实可让用户看到现实世界（类似AR），但同时又能呈现出可信的虚拟物体（类似VR）。通过建立一个包含实时信息、三维静态图像或者运动物体的完全仿真的虚拟空间，实现空间的一切元素按照某种规则与使用者进行交互，这个空间不仅可以独立存在（虚拟现实），也可以和真实世界叠加（增强现实），甚至可以和真实世界融为一体（混合现实）。

如无特别区分说明，本章节采用虚拟现实（VR）的广义界定。

中国信息通信研究院在《虚拟（增强）现实白皮书》[①]中提出，虚拟现实技术的发展，经历了2016年虚拟现实产业元年、2019年云VR元年之后，虚拟现实产业正进入产业发展快车道的关键发力窗口期。未来虚拟现实发展将是单机智能与网联云控的有机融合发展，在云、网、边、端、用、人等融为一体的创新体系

---

① 中国信通院，华为，京东方. 虚拟（增强）现实白皮书[R]. 2021.

下，触发产业跃迁（见图5-9）。

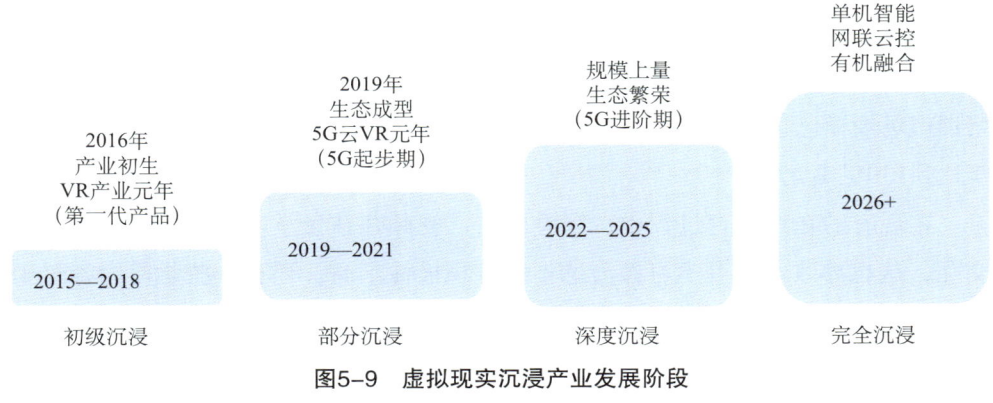

图5-9 虚拟现实沉浸产业发展阶段
（资料来源：中国信息通信研究院）

我国积极推动虚拟现实产业发展，工信部在2018年出台《关于加快推进虚拟现实产业发展的指导意见》，指出全球虚拟现实产业正从起步培育期向快速发展期迈进，我国面临同步参与国际技术产业创新的难得机遇，但也存在关键技术和高端产品供给不足、内容与服务较为匮乏、创新支撑体系不健全、应用生态不完善等问题，提出了突破关键核心技术、丰富产品有效供给、推进重点行业应用、建设公共服务平台、构建标准规范体系、增强安全保障能力等重点任务。在2021年发布的《中华人民共和国国民经济和社会发展第十四个五年规划和2035年远景目标纲要》中，将虚拟现实产业列为未来五年数字经济重点产业之一。教育部在2018年《教育信息化2.0行动计划》中提出为结合5G技术发展，将以国家精品在线开放课程、示范性虚拟仿真实验教学项目等建设为载体，加强大容量智能教学资源建设。同年发布《普通高等学校高等职业教育（专科）专业目录》，增设"虚拟现实应用技术"专业，据不完全统计至2020年已有70余所高职院校开设虚拟现实应用技术专业。

随着Roblox上市，Facebook更名为Meta，元宇宙（Metaverse）成为2021年最热的风口，2021年也被视为元宇宙元年。简单理解，元宇宙就是虚拟现实的高阶模式，用虚拟现实、5G、云计算、人工智能、数字孪生等技术构建的数字化虚拟空间。随着元宇宙的大火，教育元宇宙（Edu-Metaverse）的概念也随之升温。教育元宇宙将重新定义在线教育的发生空间，变革在线教育的教学模式和评价方式，支持学生的个性化学习和全面发展。①在教育元宇宙概念的推动下，虚拟现实技术将会被越发频繁地应用于教育培训等各个行业。根据XRA协会（XR Association）的调查显示，有41%的受访者认为教育行业仅次于游戏行业，是当前XR技术最适用的领域。来自Fortune Business Insights的测算显示，全球XR教育培训市场规模已达到6.57亿美元，年增长预期为每年42%，市场规模有望在2026年达到130亿美元②。

在现有的在线教育过程中，观看图文、视频往往让学习者感到枯燥，缺乏交互，这也导致学习者学习参与感不强，积极性不高。还有一些学习内容过于抽象，难于理解，难以实践。虚拟现实有助于教学模式由被动接受向自主体验升级，从而提升教学质量与培训效果。虚拟现实技术在教育培训行业的快速应用，很大原因得益于虚拟学习的普及和虚拟头盔设备的发展。近年来，VR直播教学、VR社交学习等新兴学习方式不断涌现。作为弱交互领域的典型应用，VR直播教学与传统直播教学相比，教师展示的内容三维立体感更强，对收看直播的学员来说，无须购置专业VR头盔设备，就能获得三维虚拟体验；作为强交互领域的典型应用，VR社交学习模拟真实教室场景，参与交流的学员戴上VR头盔在虚拟空间中成为虚拟化身，与其他学员进行社交学习交流。虚拟教室的概念已经被许多教育组织所应用，虚拟学习环境为教育培训行业提供了诸多优于传统学习环境的好处，包括时间的灵活性、更高效的流动性等。同时，虚拟空间所需的建设成本有可能会低于传统教育所需的基础设施建设成本，这可能会帮助落后地区获得更加优质的教育资源。随着虚拟现实技术的快速迭代，以及5G高速网络的普及，VR将充分发挥其潜力，助力数字化教育培训行业快速发展。

企业市场中VR培训在各垂直行业呈现场景定制化、需求长尾化的特点，其应用场景可以大致分为三类：面向任务过程的培训、多人协同设备设施培训与基于AI的软技能培训。例如，在金融教育培训领域，VR金融实训室采用VR技术、语音识别技术、人工智能语义比较评分辅助技术，将金融岗位技能实训、业务流程实训等真实展现出来，将客户事件处理中的语言、语气等一系列考核以及金

---

① 刘革平，王星，高楠，等. 从虚拟现实到元宇宙：在线教育的新方向[J]. 现代远程教育研究，2021（6）.

② 亿欧智库. 2020全球教育科技创新Top50[R]. 2020.

融岗位实训实际要求融入实训系统中,增强学员的体验感受。在面向石油化工行业的职业教育领域,云VR平台为石化企业员工提供了设备操作演练、工艺流程模拟、安全事故还原、结构原理讲解、智能巡检、技能考核等多场景的垂直行业VR解决方案。

应该清晰地认识到,现阶段虚拟现实技术还存在技术演进轨道尚未定型、现实效果与用户预期存在落差等多重挑战。根据虚拟现实产业推进会(VRPC)产业分析与体验调优平台数据统计,对用户体验痛点清单按优先级排序为:高品质爆款内容缺乏;高性能终端存在一定价格门槛;外观形态吸引力不足,佩戴不够轻便;画面视觉质量有限;容易引发晕眩感;网络感知不佳,网络有较大延迟感;缺乏令人耳目一新的使用体验与受众渠道,大众认知程度尚待提高。考虑到虚拟现实具有跨界融合的技术特性,要解决这些痛点,需要虚拟现实产业各部门共同发力,在近眼现实、感知交互、网络传输、渲染计算与内容制作等重点技术领域不断创新。

第九节 区块链与开放式学习

2019年10月24日,在中央政治局第十八次集体学习时,习近平总书记强调,"把区块链作为核心技术自主创新的重要突破口""加快推动区块链技术和产业创新发展"。区块链从本质上讲,它是一个分布式的共享账本和数据库,存储于其中的数据或信息,具有不可伪造、全程留痕、可以追溯、公开透明、集体维护等特征。基于这些特征,区块链技术建立了坚实的"信任"基础,能够解决信息不对称问题,实现多个主体之间的协作信任与一致行动,创造了可靠的"合作"机制,在金融、物流、公共服务、数字版权、公益等领域已经表现出广阔的前景。

一、区块链的主要特征

去中心化。区块链技术不依赖额外的第三方管理机构或硬件设施,没有中心管制,除了自成一体的区块链本身,通过分布式计算和存储,各个节点实现了信息自我验证、传递和管理。去中心化是区块链最突出、最本质的特征。

开放性。区块链技术基础是开源的，除了交易各方的私有信息被加密外，区块链的数据对所有人开放，任何人都可以通过公开的接口查询区块链数据和开发相关应用，因此整个系统信息高度透明。

独立性。基于协商一致的规范和协议，整个区块链系统不依赖第三方，所有节点能够在系统内自动安全地验证、交换数据，不需要任何人为的干预。

安全性。只要没有掌控全部数据节点的51%，就无法肆意操控修改网络数据，这使区块链本身变得相对安全，避免了主观人为的数据变更。

匿名性。除非有法律规范要求，单从技术上来讲，各区块节点的身份信息不需要公开或验证，信息传递可以匿名进行。

二、区块链在数字化学习领域的应用

（一）建立跨系统跨平台的学习数据共享和使用

在数字化学习领域，可以利用区块链去中心化、开放性的特征，将数字化学习行为和结果数据进行分布式学习记录与存储，允许任何组织和机构跨系统和跨平台地记录学习行为和学习结果，形成可信的学习大数据，有助于解决当前存在的数据共享使用、信用体系缺失、学用脱节等问题。学员在不同教育培训机构学习的认证成果都可以保存在区块链上，学员历年历次学习数据都可以进行统一查询，且数据来源可靠、信息完整、记录可信和不可篡改，能够保证学习记录、学历证书的真实性，使得学历验证更加有效、安全和简单。例如，用人单位招聘时，可以通过合法渠道合理获取学生的任何学习证据数据，用于精确评估应聘者与待招岗位间的匹配度。此外，可信的学习大数据还是组织开展人才培养质量评估的重要依据，有助于实现员工技能与岗位要求和组织发展需求无缝衔接，有效促进组织在人才培养上的高效精准合作。

（二）实现去中介化的学习资源与服务交易平台

通过基于区块链的智能合约，可以进行知识交换的契约和存证，构建学习资源和学习服务的去中介化的交易系统。各种学习资源或服务的购买、获取、支付等工作全部由该系统自动完成，无须人工操作，同时购买记录无法篡改且真实有效，所有的交易和合约数据都将被永久保存，所有资源和服务均可依据学习者的个性需求实现自主消费。具体地，购买者在该平台发出购买信息后，系统会根据智能合约的运行规则自动发送对应的学习资源或者匹配相应的学习支持服务给购买者，学习资源可以是书籍、资料、网络课程等，学习支持服务包括在线辅导等，当消费者确认收到学习资源或完成学习服务后，系统自动完成支付。

由于智能合约程序记录在区块链上，具备公开、透明、不可篡改等特性，可以保证交易信息的真实有效，杜绝欺诈行为的发生。智能合约程序可以控制区块链资产，能够存储并转移数字货币和学习资料，学习者购买学习资源和服务等交易信息可随时被追踪查询并被永久保存，从而为保障商家和消费者权益提供强大的技术支撑和过程性证据。智能合约程序由区块链自动执行，人工无法干预、篡改，一方面能够提高平台交易效率，满足消费者对知识获取实时性的需求，另一方面能够保证交易平台的可靠性与稳定性，防止交易平台出现系统性崩溃现象。智能交易无须类似支付宝的第三方支付平台，可以实现学习者与培训机构、学习者与教师、机构与机构之间的点对点交易，既能节省中介平台的运营与维护费用，同时又能提供有质量保证的在线学习服务。

（三）构建安全高效可信的学习资源开放共享生态

一直以来，由于面临版权保护弱、运营成本高、资源共享难、资源质量低等诸多现实难题，各行业跨组织的学习资源的开放共享进展缓慢。区块链技术有望成为解决上述难题的"利器"。利用区块链的分布式账本技术，可以将学习资源分布式存放在不同的区块中，通过点对点的传播方式，所有节点将通过特定的、达成共识的软件协议直接共享学习课件和工具软件等资源，既有助于提高共享效率，又可以解决资源开放难题。

区块链技术加强资源版权保护。基于非对称加密算法保护的版权信息其安全性与可靠性更高，同时鉴于区块链公开透明的特点，任何资源创建信息都可以被使用者查询、追踪、获取，进而有助于从源头上解决版权归属问题。资源上传者可将版权信息和交易信息记录在区块链上，包括资源创建者、创建时间、资源类型等内容。因此，任何学习资源的创建和更新可随时被追踪和查询，并被有效证明。

区块链技术降低资源共享运营成本。将区块链技术的去中心化应用到资源建设中可节省大量中介成本。用户与用户间可直接通过点对点的传播方式进行资源共享，从而减少在大量中介平台上研发与管理维护的投入，改变资源共享运行机制，有效降低资源共享运营成本，提高资源流通效率。

区块链技术提高资源质量认证水平。基于区块链的智能合约与共识机制，能够有效构建资源质量网络认证机制。具体地，资源创建者将学习资源上传至区块链中，并将承载资源的区块向全网广播并等待认证，如果资源被区块链上越多节点认证通过、达成共识，则该资源的应用价值越高。资源认证机制中的认证、流转、共享等环节均由区块链底层内置的智能合约自动完成，全过程公开透明、不可篡改，杜绝重复、无效、低质量资源的产生，从而能够有效提升资源质量。

第六章　未来学习空间的跃迁：以人为本，边界消失

题首语： 我们已经由传统的以"物理空间"和"人类社会"为主的二元空间逐步进入"物理空间""人类社会""信息空间"所构成的三元空间，信息技术开启了"人—物""人—人"关系在真实的物态场域与虚拟的精神场域全时共存的新常态。未来的学习空间就是这样的三元空间。

第一节　技术浪潮之下，学习时空间边界被打破

《世界是开放的——网络技术如何变革教育》[①]一书提供了一种深刻的历史洞见：在这个数字化生存的时代，信息技术的创新应用将不可避免地导致传统教育体系在结构上的重组，使原来金字塔式的教育体系变得越来越扁平化，让过去封闭式的教育系统变得越来越具有开放性。事实也确实如此，随着ICT技术的快速发展，企业员工学习模式不断发生着颠覆式变革，经历了从E-learning到M-learning，再到U-learning的变化。在U-learning时代，移动通信网络、智能化移动终端、传感技术等普适计算技术将信息空间和物理空间融合起来，在融合的教育空间内，人们可以随时随地获得数字化学习服务，学习也不再被局限于传统的教室，在更广的时空上创造更多的可能。企业的学习不应该只发生在传统课堂上，而应该在契合企业员工学习需求的基础上，随时随地，网络触达之处，皆可是课堂。

信息技术的发展推动学习场景变迁，工作和学习能够整合到一个统一的平台，学习、工作由割裂状态变成工学合一，在业务场景中学习，在实战项目中学习，边学边干（Learning by doing），学习即工作，工作即学习。学习由可有可

---

① Curtis J. Bonk. 世界是开放的——网络技术如何变革教育[M]. 上海：华东师范大学出版社，2011.

无、重要不紧急的事情变成企业员工在日常工作和职业发展过程中的必需品。Cisco的首席数字官Kevin Bandy曾说："企业想要在科技时代保持竞争力，就要做到每18~24个月对运营模式进行一次更新。对企业而言，以这种速度进行变革似乎有些不切实际，但企业的生死存亡恰恰取决于此。"信息通信技术加速了人类知识更新的速度。联合国教科文组织曾经做过一项研究：在18世纪时，知识更新周期为80~90年；19世纪到20世纪初，缩短为30年；20世纪六七十年代，一般学科的知识更新周期为5~10年；而到了20世纪八九十年代，许多学科的知识更新周期缩短为5年；进入21世纪，众多学科的知识更新周期已缩短至2~3年。随着中国金融市场的全面放开，金融市场市场狼烟四起，竞争日趋激烈，在金融科技的加持之下，传统金融业务运营模式变革的速度越来越快，传统的一些理念、模式逐步陈旧过时，金融企业员工素质面临严峻的考验，金融企业员工知识技能的半衰期越来越短。有数据显示，每12~18个月，金融行业的员工就需要更新其技能，在其职涯周期内更要持续更新。学习与员工职涯发展结合，成为员工职业成功的标配，终身学习将是金融企业员工自我保鲜、穿越周期的秘籍。

第二节　学习空间走向虚实共生

早在1996年，未来学家尼葛洛·庞蒂在《数字化生存》一书中就谈到对未来的畅想：人类生存于一个虚拟的数字化的生存活动空间，在这个空间里人们运用数字信息等技术从事信息传播、交流、学习、工作等活动。时至今日，书中对学习的预言已经变成了现实。传统的学习空间主要是指教室这种实体物理空间。新时代之下，对于学习空间的理解不能局限于物理环境的构建，而是要利用数字化思维和大数据、物联网、云计算等新一代信息技术，打破传统教室的概念，打造智能高效的虚实共生学习空间，促进员工的全面发展。新型学习空间更多地要考虑如何促成学习的发生，促成基于学习的人机交互以及人际交互，促进学习者个体知识的构建。同时还要考虑学习者的心理因素，设计对应的社交空间，满足其心理需求。新型学习空间应该是以物理空间为基础，以活动空间为关注点，在社交空间内构建起来的[①]，其基本架构模型如图6-1所示。

---

① 李龙. 教育技术学论纲——教育技术的前世、晋升和未来[M]. 上海：华东师范大学出版社，2020.

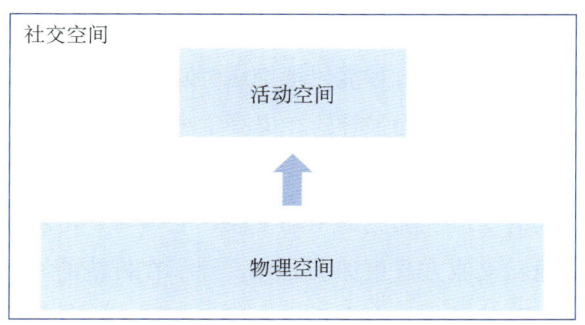

图6-1 新型学习空间结构

1. 物理空间

物理空间包含实体空间和虚拟空间。其中实体空间是教室、展厅这一类实体资源。虚拟空间是由硬件和软件组成的系统，承载学习过程中的人机交互，常见的包括移动学习平台、VR仿真训练环境等。

2. 活动空间

为了促进学习者个体知识的构建，活动空间需要为各种教学活动提供"场地"，让学习发生，包括学习者之间的交互，学习者与老师的交互，学习者与学习资源的交互。

3. 学习的社交空间

学习是一个主观认知改造的过程，更多的学习是发生在非正式学习、工作中。这些场景中学习者、老师会有很多社交，需要为他们提供对应的社交空间，越来越多的社交工具让社交空间从线下走向虚拟。

相较于传统学习空间，新型学习空间在信息技术与教学的融合创新和应用上具有以下特点。

1. 数据化的教育决策

新型学习空间以构建的信息化学习平台为支撑，基于动态的学习大数据收集和挖掘分析，对学习者学习全过程及学习效果进行数据化呈现，精准掌握每个学习者的学习情况。培训管理者基于数据分析的结论进行教学决策，精准安排、调整教学内容的重点和难点，让学习者的私人化定制学习、个性化发展成为可能。

2. 智能化的资源推送

很多金融企业都为员工提供了形式多样的学习资源，信息化技术使学习资源的快速获取和汇聚变得简单，但信息过载的问题随之而来，大量的学习资源反倒让员工不知如何选择适合自己的学习资源。基于这样的痛点,新型学习空间可以根据员工的个性化特点和差异,智能化地推送针对性的学习资料,满足员工富有个性的学习需求,帮助学习者固强补弱,提高学习效率。

3. 立体化的学习交流互动

在新型学习空间的交流互动更加生动活泼,老师与学习者之间,学习者与学习者之间的信息沟通和交流方式更加多元化。除了在传统的线下课堂内进行师生互动,师生还可以借助信息化平台在工作中进行交流,在任何时间、任何地点进行信息交流和互动,全时空的持续沟通。

4. 全方位的评价反馈

智慧学习空间采取动态伴随式学习评价,重构了形成性学习评价体系及贯穿学习全过程的动态学习诊断与评价,包括正式学习过程中的学习及测评,工作中对学习效果的实时测评、正式学习结束后的作业评价与跟踪反馈,从而实现即时动态的诊断分析及评价信息反馈。

第三节　探秘智能学习空间建设

在金融企业中智能学习空间通常由智慧教室、智能学习平台、智能学习终端这三个核心模块组成(见图6-2)。

图6-2　智慧学习空间通用模型

一、智慧教室

智慧教室是以学习理论为依据,利用大数据、云计算、物联网和移动互联网等新一代信息技术打造的教室,未来智慧教室将具备如下特征。

- 感知适应

智慧教室能够通过人脸识别、视觉捕捉等技术,自动感知学习者的信息特征和学习需求,并对学习者的动作等进行分析和跟踪。

- 虚实结合,远程协同

未来的智慧教室是可以跨区域可随时随地接入的,能够实现远程交流协同与合作。

- 数据驱动、人机融合

在智慧教室中,经过相关授权,员工学习过程中数据是可以被无感知自然采集的,通过对员工面部表情识别,语音情绪识别,实现员工学习时的情绪分析,判断讲师授课风格和员工学习情绪的吻合度,帮助讲师随时掌握了解课堂的动态,及时调整授课节奏和方式,同时也能精准定位员工学习存在的障碍,及时给予个性化有针对性的反馈和评价。同时,也能对讲师授课数据进行采集,将讲授授课行为数据和员工情绪反应数据关联分析,可以构建出最佳授课模型,帮助教师改进授课方式。

- 多模式交互

在智慧教室当中,不仅可以通过鼠标键盘来进行交互,还可以语音、手势、体态、眼神、脑电波等更为自然的方式互动与交互。

目前常见的智慧教室是广泛采用的多媒体教室。通过物联网技术,多媒体教室可以集中管理电子白板、摄像机(摄像头)、空调、电动窗帘、麦克风、环境传感器、灯具、智能插座、电子班牌和门禁等设备,可以充分采集教室的环境数据、学习者上课状态数据、教学过程中的学情数据,从而实现对教学空间的统一管控和对教学效果的及时评估。

随着5G、物联网、显示成像、虚拟现实等技术的不断发展,智慧教室已经普遍应用于各类教学活动中,智慧教室的种类也在朝着多样化的方向不断发展,出现了全息投影教室、沉浸式互动教室、三维虚拟演播室、多功能直录播教室等多种智慧教室形态。

（一）全息投影教室

全息投影技术（front-projected holographic display）也称虚拟成像技术，是利用干涉和衍射原理记录并再现物体真实的三维图像的技术。该技术记录了包括外观、颜色、运动轨迹、空间位置等全部信息，并将事先做好的影像，再播放出来以3D形式展示在观影者面前。从技术层面讲，VR、AR技术都是通过计算机实现，全息技术则是通过光学原理实现，本质上是一种投影技术。而全息投影最大的优势在于，用户无须任何穿戴设备，利用裸眼即可直接看到360°全方位的3D虚拟影像，因此应用的场合和领域更加广泛。

2019年9月16日，北京邮电大学首次采用5G全息直播技术实现了跨校区远程互动教学。借助"5G+全息投影"技术，授课老师的三维全息投影人像清晰呈现，如同站在本教室讲台上为大家实时授课，既科幻又真实（见图6-3）。同时，教室里配备了AI助学机器人，学生可以在现场针对课程内容与授课教师进行提问互动。

图6-3　全息投影教室

（资料来源：北京邮电大学微信公众号）

（二）沉浸式互动教室

沉浸式互动教室，是通过VR/AR技术展现教学内容，让学员身临其境体验、沉浸式学习。对于一些无法让学习者进行实景体验的培训项目，如真实历史还原、银行营业厅模拟、安全风险、危机处理项目，不能让学员亲身体验，或通过制造真实的事故现场让学员学习知识经验教训，因此才有了对沉浸式互动教室的技术需求。利用虚拟现实技术，可以为学习者创造一个模拟真实状况的情境，学习者使用虚拟设备置身其中，在具体情境中直观感受体验，找到解决问题的办法并总结经验教训。随着虚拟技术的进步，学习者能够借助虚拟技术及时解决其在工作中遇到的问题，如通过虚拟设备进入一个增强现实或模拟现实场景中，学习某一特定问题的所有关键操作。在情景模拟学习中，同样可以进行自适应学习设置。如果在模拟情境中对简单案例处理得比较好，系统可以接着推送更复杂的案例，如果对复杂案例有疑惑，系统可以进行必要的学习引导和提示。

（三）三维虚拟演播室

三维虚拟演播室是将计算机制作的虚拟三维场景与摄像机现场拍摄的人物活动图像进行数字化的实时合成，使人物与虚拟背景能够同步变化、相互融合，从而创造出逼真的、立体感很强的电视演播室效果。三维虚拟演播室是由三维虚拟现实、色键抠像、计算机图形处理、视频采集、编辑合成、媒体演播等多种技术组成的多功能系统，由于采用绿色幕布作为背景，经过摄像机拍摄和色键合成后，拍摄的视频中呈现出前景中的授课教师完全融入计算机所产生的三维虚拟场景中，在不需要移动摄像机的情况下可实现，镜头的远近推拉、左右上下摇移的运动转场效果（见图6-4）。

图6-4　虚拟演播室应用环境和拍摄效果图例

（资料来源：易偲环球网站）

全身拍摄+PPT类型

虚拟板书类型

TED演讲类型

多人直播会议互动类型

图6-4 虚拟演播室应用环境和拍摄效果图例（续）

（资料来源：易偲环球网站）

当前，三维虚拟演播室已应用于单人视频讲解、直播培训、多人访谈、党政讲座、图文动画、交互式课程、虚拟仿真、情景实训等多种形式课程的编辑制作中。在金融行业，中国农业银行、中国建设银行、中国农业发展银行、中国人寿、泰隆银行等采用三维虚拟演播室，进行各类型虚拟以及实景拍摄，录制各形式视频课程，也能进行各种虚拟电视节目录制，如领导讲话、优秀示范课、教室访谈录、文艺节目、运动会、实验活动等，并具有现场直播、录播、转播、转录等多种应用方式（见图6-5）。

图6-5 3D虚拟演播室在金融行业的应用（农行、建行、农发行）

（资料来源：易偲环球网站）

（四）多功能直录播教室

在专业的电视大屏、摄像、音效、灯光、幕布、5G网络等设备支持下，多功能直录播教室一般具备录播、直播、虚拟演播、视频会议等功能，可以开展专家授课、多人访谈、在线辅导、互动教学等多种形式教学活动（见图6-6）。图6-7为教学直播舱。

图6-6　多功能直录播教室

图6-7　教学直播舱

（资料来源：保利威网站）

二、智能学习平台

（一）智能教育云平台：数字化学习的基石

在金融企业中，智能教育云平台最基础的建设目标是运用人工智能技术解决教育培训工作者日常基础工作的效率提升问题，要利用线上化、智能化手段，将培训经理从纷繁复杂的事务性工作中解脱出来，让其有精力投向更大价值、更多创新性的工作中去。基于新技术打造的智能教育云平台通用技术架构主要包括：教育数据层、计算平台层、智能算法引擎层、智能感知层、智能认知层、智能应用层（见图6-8）。

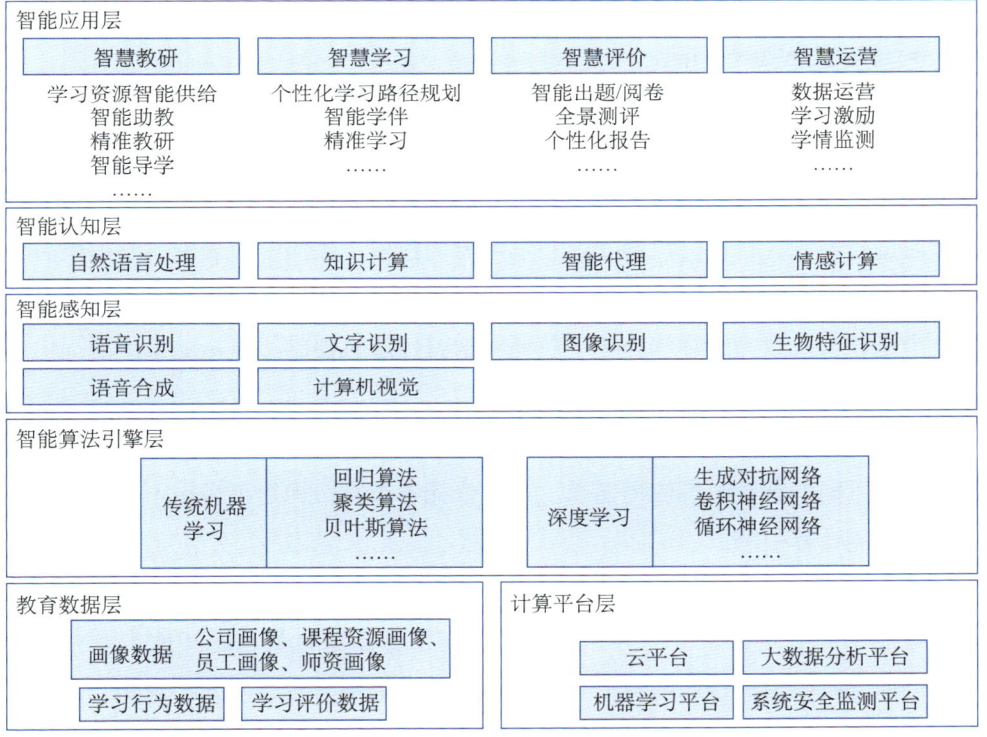

图6-8 智能教育云平台通用技术架构

1. 教育数据层

数据是实现金融企业培训智能化的基础，在人工智能+金融企业教育的应用场景下，这些经过授权使用的教育数据包括各类画像数据，例如企业画像、员工画像、课程资源画像、师资画像，还包括学习行为数据，例如员工个人以及组织的学习过程留档，以及学习评价数据，例如日常考试、作业反馈评分、从业资格考证数据等。教育数据层主要负责对以上数据进行采集、筛选、集成、加工处理、存储等。

2. 计算平台层

计算平台提供的算力为人工智能的实现提供了保障，计算平台通常包括以下几个部分。

- 云平台，主要负责整体平台的硬件支持，包括服务器的配置、网络的配置、存储设备的配置。
- 大数据分析平台，主要负责对教育大数据的分析处理。
- 机器学习框架。
- 系统安全监测平台。

3. 智能算法引擎层

算法引擎层是实现各类智能化功能的核心，主要包括机器学习和深度学习两类算法。机器学习关联学习者过往的学习数据或企业已有的经验，对学习者未来的学习进行预判。目前，机器学习在学习行为建模、预测学习表现、学习倦怠预警、学习支持与测评以及资源推送等方面发挥着重要作用。深度学习是机器学习的一个子领域，致力于算法构建，解释和学习传统机器学习算法通常不能提供的抽象数据。

基于企业教育数据源模块提供的数据基础以及计算平台模块提供的算力保障，针对不同的智能教育应用需求，可以依托各类算法构建出满足不同功能的各类人工智能计算引擎。

4. 智能感知层

智能感知层是让机器能够识别语音、文字、图像，具备感知能力，和人一样看得懂，听得懂。该层涉及的技术主要有语音识别与合成、文字识别、图像识别、生物特征识别、计算机视觉等。在金融企业实际场景中，利用语音识别技术开展一线业务人员标准销售话术、礼貌用语智能训练；利用图像识别，拍照查询产品功能介绍知识点；利用生物特征识别技术、计算机视觉技术能够捕捉和感知学习者学习过程中的面部微表情、动作等变化，帮助培训管理者深入了解学习者的学习过程，评判教学质量，开展监学监考。

5. 智能认知层

认知层是感知层的进一步发展，不仅能够让机器感知和识别语音、图像和文字，而且能够读懂语音、图像和文字内在的含义，具有一定的认知推理能力。该层涉及的技术主要有自然语言处理、知识计算、智能代理、情感计算等。自然语言处理技术能够让机器"理解"人的语言，在教育领域的应用主要体现在文本翻译、作业评价与批改、智能问答与人机交互等。知识计算将人类知识推理过程编码成被信息系统识别的符号语言，使其能够被信息系统处理，提升专家系统智能。在实际应用中，知识计算负责整理构建结构化的领域知识，基于多源异构的教育数据，利用知识图谱技术构建教育领域的知识图谱，以及基于知识图谱的挖掘分析。智能代理技术能够让机器变得更具人性化和个性化，基于学习者的不同特征，为学习者推荐最佳的学习路径及资源，从而实现个性化学习，帮助学习者提升学习质量。情感计算利用不同的人工智能算法，基于多元的学习者数据识别出学习者当前的情感状态，从而为学习者提供更适合的辅导教育。

6. 智能应用层

基于底层提供的能力，围绕金融企业教育中教研、学习、评价、运营等多个环节，可以产生很多智能应用场景。

- 智能教研场景：基于人工智能技术，数字化学习资源的由固态的预设开发走向动态的智能化进化生成；智能助教承担培训中大量耗时耗力的事务性工作，帮助培训管理者提升培训效率和质量；通过学习数据挖掘，帮助讲师设计优质教学方案，教学策略，精准教研，……
- 智能学习场景：通过学习数据分析，系统按照学习者个性化需求规划学习路径，并精准推荐学习资源，帮助学习者开展精准学习；智能学伴给予学习者及时、有温度的学习提醒以及辅导，……
- 智能评价场景：根据相关智能算法，系统自动出题，自动阅卷，减轻一线培训工作者的负担；对学习者的评价导向也从甄别、分层级转向促进学习者发展，评价方式由终结性评价变为终结性评价和过程发展性评价相结合，并生成个性化的测评报告，牵引学习者更好地全面发展。
- 智能运营场景：在企业培训中，数据驱动的运营将成为主流，基于数据分析开展各层级用户画像分析，用户学习行为分析，深刻洞察用户需求由此开展相应的学习活动运营，激励活动运营等。基于底层数据，学情监测的颗粒度可以更为丰富，从整个企业，到企业下面每个组织、项目团队、个人都可以开展学情监测。

（二）低代码平台：数字化学习应用开发利器

金融企业的业务场景变化很快，学习需求不断飙升，因此也要求学习平台可以快速适配业务发展和学习需求。如果沿用传统的软件开发思维，学习平台开发团队的专业开发人员再多，敏捷开发做得再好，学习平台的迭代更新的速度依然难以跟上需求增加的速度，大量的需求被淹没在开发等待队列中。随着低代码技术的成熟，大量具备学习功能模块开发能力的供应商可以将已经开发好的功能化模块以低代码模块集成到金融企业的在线学习平台，金融企业教育培训工作者可以通过简单的拖曳，就可以自行开发出适配当前学习需求的新功能。"21世纪20年代，大部分开发人员已不再是传统意义上的软件工程师，而是各行各业的从业人员。"[①]

1. 低代码平台的概念

低代码平台通常是指通过为开发者提供可视化的应用开发环境，降低或去除应用开发对原生代码编写的需求量，进而实现便捷构建应用程序的一种解决方案。广义上低代码概念涵盖所有能够完成代码的集成、减少代码开发的应用过程和服务，但狭义上低代码的概念更倾向定位于满足企业业务端应用需求，通过可视化界面，利用少量代码或者无代码即可搭建简单应用和复杂企业级应用的独立开发平台。[②]低代码是传统软件开发逐步优化和演变的产物，以其高效、灵活、稳定、易用等特点逐步应用至企业各业务场景。

2. 低代码平台的主要特点

低代码平台具有高效性、灵活性、稳定性、易用性的主要特点。

（1）低代码的高效性，使组织掌握数字化转型主动权

组织数字化转型和适应多变的市场需求过程中，会要求产品敏捷响应业务。传统的开发方法过于昂贵和僵化，无法为组织提供所需的高效的开发流程，且交付周期长，定制能力弱，难以应对不断变化的市场和客户期望。同时，低代码支

---

① 韦青，赵健，王芷，崔宏禹，等. 实战低代码 [M]. 北京：机械工业出版社，2021.
② 艾瑞咨询. 2021年低代码行业研究报告 [R]. 2021.

持跨平台部署应用，实现了对数据的集成应用，可以联通各系统获取核心业务所需数据，打通数据孤岛，提高业务部门工作效率。低代码的高效性，对外部响应和内部管理效率都有较大提升，数字化转型的主动权被组织牢牢掌握在自己手中。

（2）低代码的灵活性，能够快速满足个性化定制需求

组织数字化转型会产生各种个性化开发需求，这类需求来源于业务创新和内部管理需要，业务变化速度快，项目交付周期短，如果为各种个性化需求分别定制开发软件支持，不仅无法快速响应用户需求，也很难做到面面俱到。低代码产品降低了用户的使用门槛，通过可复用模型实现软件快速开发和部署，缩短项目交付周期，能快速适应组织内部和外部各种复杂的个性化应用场景。

（3）低代码的稳定性，降低了系统开发运维成本

低代码产品具有高稳定性，通过封装高质量代码，减少后期因代码质量而产生的高运维成本，适合组织稳态业务流程的搭建，并且低代码平台支持跨平台部署应用，能实现不同系统间数据联通。同时，低代码平台能够在云端部署，不仅能够降低运维成本，也能加快低代码平台的迭代速度，确保从开发到运维的无缝衔接。

（4）低代码的易用性，使人人成为"不懂代码"的开发者

低代码开发降低了应用搭建门槛，减轻对专业工程师的依赖，让业务部门用拖曳的方式自行搭建应用平台，满足业务部门个性化需求，降低人力成本，减少与IT部门反复沟通的流程，缩短项目整体开发周期。业务部门人员也许对IT专业技术了解不多，但也能像使用PPT一样将不同组件自由搭配，自己制订技术解决方案。

3. 低代码平台的应用场景

在金融企业智能教育平台个性化开发中，如下场景可以使用到低代码技术。

（1）开发个性化简单轻应用

因为低代码系统带来的易用性和免除代码开发的特点，在统一的应用管理能力下，可以由业务部门的非开发人员直接搭建或者主导一些简单的小应用。

（2）流程自动化管理

为实现流程自动化而构建的应用，基于APaaS（Application Platform as a Service）产品的自动化工作流，可以打通过去需要人工协调的断续工作流程，如

培训班中学习者请假、教室智能终端报修、培训班交付费用报销等。

(3) 利用API接口写入数据并构筑管理看板

从多个第三方系统开放的API接口抽取数据，实现数据共享和应用；API接口通过数据表进行自定义创建和管理，并且通过定义API接口输入、输出参数可进行API接口测试，沉淀到统一的数据中台，并结合APaaS平台的自定义仪表盘功能构筑管理驾驶舱的应用。

(4) 通过移动应用采集数据

在教学领域，相当多的APaaS平台产品已能够对IoT设备和移动端设备进行开发设计，能够最大限度地将学习过程智能化和可视化，有利于教师及时获取教学效果反馈数据，进行教学分析和反思，实现个性化教学。

◎ **案例：低代码平台在互动课堂中的应用**

低代码平台可以帮助企业快速搭建线上教学互动课堂，满足互动直播、视频会议、教学管理等多种功能。学习运营管理人员即使不懂技术，也可以通过后台可视化的功能组件配置，实现搭建大班课、小班课、1V1教学、视频会议、视频直播等教学场景。低代码平台一般集成了课堂页面布局设计、音视频通话、课件共享分发、课堂管理、学员管理、教学工具等功能服务，用户无须开发任何功能即可上线教学平台，使平台上线的时长可缩短至几周时间。

低代码平台除了提供上述零代码的服务及应用，还提供了低代码集成服务，即低代码平台提供多种模块化封装的API接口和一体化的场景应用代码示例demo，用户可以直接使用API接口和场景demo进行集成式的代码开发，开发后可以自动生成应用服务部署到系统中，用户在集成过程中只需编写原来代码量的1%即可完成功能扩展。在此基础上，低代码平台提供了更高级的扩展API和开源的云应用服务代码，供具有一定代码开发基础的人员使用，进行更深度的系统功能扩展（见图6-9）。

图6-9 低代码互动课堂服务架构

◎ **案例：低代码平台在企业智慧学院建设中的应用**

在智慧学院建设过程中，多样化的教学场景和定制化的校园管理流程，使任何一款智慧校园系统都无法完全满足要求。如果由多个不同平台实现，平台之间的数据互联互通、产品功能的适配性都在影响智慧校园建设的质量。低代码平台使非软件专业人士都可以通过可视化拖曳的方式，构建智慧校园各类场景应用，一键发布到PC和手机端，简便、高效地实现各类业务场景的数字化。

校园管理者或教师可以在低代码平台实现教师档案、教学计划、教研听课、公开课开设、教研活动、业务学习、学生成绩、试卷分析、参赛和培训申请、回访记录、培训总结、班主任手册、聘请专家、调代课、请假等一系列信息记录和流程审批工作。此外，以前需要通过纸质表格层层审批核定，涉及财务手续的采购申请、物品领用、报销、报修等工作，现在通通汇总在低代码平台上实现。同样，学员可以在低代码平台构建的应用上，与老师便捷沟通，支付培训费等（见图6-10）。

过去，许多细分需求在第三方平台的开发成本高昂，通过低代码平台，校园管理者能根据自身的理念和目标，设置个性化的应用场景。比如学员用餐这个功能，除了为学员展示每周菜谱，还面向学员开放"餐饮问题"的用餐反馈渠道。以前分散在不同平台的应用，数据很难打通，现在都能在低代码平台上进行整合。

低代码平台，通过在线化、智能化的方式，实现对业务的全生命周期管理。借助低代码平台高度配置化的表单能力，可以建立个人之间、系统之间、数据之间的连接，整合分散的管理资源。低代码平台的接口能力为系统预留了接入其他智能化提效工具的入口，让校园管理者可以快速搭建出符合实际业务需求的个性化应用，通过数字化转型获取新的增长动力、提高管理效率。

图6-10　使用低代码平台构建的教师和后勤服务场景

（三）展望6G网络构建的虚拟体验平台

在数字经济快速增长的驱动下，在物联网、人工智能技术的使能下，未来将衍生出更高层次的移动通信新需求，推动5G向6G演进和发展。如果说5G实现的是"万物互联"，6G实现的就是"万物智联"。6G在提升5G网络基础能力的同时，将对5G进行智能化升级，进一步拓展物联网应用的智能化水平，并不断发掘新的更高智能水平的应用，从而服务于智能社会、智慧工厂和智慧生活。3GPP国际标准组织预计在2025年后启动6G国际技术标准研制，大约在2030年实现6G商用。

IMT-2030（6G）推进组在2021年6月发布《6G总体愿景与潜在关键技术白皮书》。[①]白皮书指出未来6G业务将形成全息通信、数字孪生、沉浸式云XR、感官互联等八大业务应用，6G将在5G基础上从服务于人、人与物，进一步拓展到支撑智能体的高效互联，并借助通信感知、普惠智能、数字孪生等全新能力，完成物理世界的数字化，构建虚拟化的数字孪生世界，最终助力人类社会实现"万物智联、数字孪生"的美好愿景（见图6-11）。白皮书还提出新物理维度无线传输技术、新型频谱使用技术、通信感知一体化技术等新型无线技术，以及算力感知网络、星地一体融合组网等6G十大潜在关键技术方向。IMT-2030（6G）推进组认为，未来6G网络仍将以地面蜂窝网络为基础，卫星、无人机、空中平台等多种非地面通信将在实现空天地一体化无缝覆盖方面发挥重要作用。

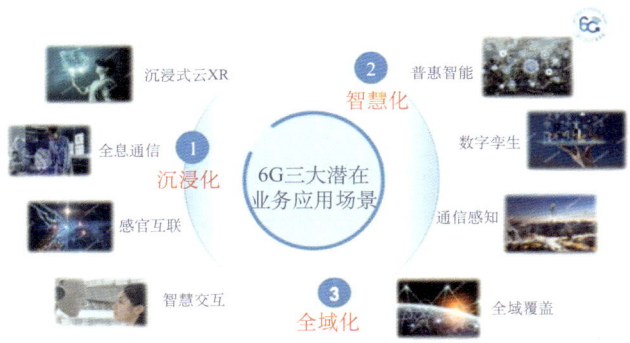

图6-11　6G潜在业务应用场景

（资料来源：中国信息通信研究院）

[①] 详见《6G总体愿景与潜在关键技术白皮书》，中国信息通信研究院网站，2020.

6G在数字化学习领域应用前瞻如下。

（1）6G+云VR：身临其境的极致学习体验

受限于穿戴设备不够轻便、画面不够逼真、图像加载速度慢、互动效果差等现实效果原因，虚拟现实产业发展离用户预期还有较大差距。在6G移动通信技术的加持下，通过虚拟现实的内容上云、渲染上云、空间计算上云，虚拟现实产业发展将迎来重要转折点，最终推动虚拟现实技术进入完全沉浸化时代。如果将计算复杂度高的计算机视觉对象感知和计算机图形实时渲染上云，通过6G实现无延迟传输云计算处理结果，将显著降低VR终端设备的计算负荷和能耗，摆脱了线缆的束缚，VR终端（头显）无绳化，更轻便和成本更低的设备，将更有利于商业化和用户普及。同时，由于内容在云上集中管理，也便于内容的统一分发和版权管理。

反过来，完全沉浸的云化虚拟现实系统对移动通信提出了更高要求。实现用户和环境的语音交互、手势交互、头部交互、眼球交互等复杂业务，需要在相对确定的系统环境下，满足超低时延与超高带宽才能为用户带来极致体验。现有的云化VR系统对MTP[①]时延要求是不高于20ms，而现有端到端时延则达到了70ms。未来云化VR的总时延要求需要至少低于10ms。根据虚拟现实产业推进会测算，虚拟现实用户体验要达到完全沉浸水平，吞吐量需求约为3.8Gbps，超过了5G能达到的1Gbps带宽要求，只能由6G才能够达到上述吞吐量要求。

在教育培训领域，6G+云VR技术可以应用在立体物品和场景的模拟演示培训、专家远程操作指导等教学场景中。在立体物品和实体场景的模拟演示培训中，用户佩戴AR智能眼镜后，眼镜获取的物品或场景信息会快速传输到云上，云AR对某个物品或场景进行分析后，可以向用户实时展示该物品的三维全景展示图形（见图6-12）。在专家远程操作指导应用场景中，现场人员佩戴AR智能眼镜，可呼叫远端专家（专家团队）给予指导，取代专家工程师亲自到现场，远端专家可实时看到现场眼镜所拍摄高清实景，并通过多种方式与现场人员即时沟通交互，现场人员可通过AR智能眼镜与专家实时音视频沟通，看到专家视频、分享的文档资料、对现场实景标注信息等。

---

① Motion-to-Photons 头动响应。MTP时延即从用户运动开始到相应画面显示到屏幕上所花的时间。

图6-12　6G+云VR应用场景示意
(资料来源：网络)

（2）6G+全息现实：完全沉浸的虚拟学习空间

全息现实（Holographic Reality，HR），也称虚拟成像技术，是利用光的干涉和衍射原理记录并再现物体真实的三维图像的技术。HR包括拍摄过程和成像过程，拍摄过程利用干涉原理记录物体光波信息，成像过程利用衍射原理再现物体光波信息。全息图像再现的图像立体感强，具有真实的视觉效应。HR技术最主要的技术特点是用户无须任何穿戴设备，利用裸眼即可直接看到360°全方位的3D影像。

随着无线网络能力、高分辨率渲染及终端显示设备的不断发展，未来的全息现实的信息传递将通过自然逼真的视觉还原，实现人、物及其周边环境的三维动态交互，使用户享受身临其境般的极致沉浸感体验，极大地满足人类对于人与人、人与物、人与环境之间的沟通需求。

全息技术将对信息通信提出更高要求，在实现大尺寸、高分辨率的全息显示方面，实时的交互式全息显示需要足够快的全息图像传输能力和强大的空间三维显示能力。由于用户在全方位、多角度的全息交互中需要同时承载上千个并发数据流，在通常情况下，全息通信需要吞吐量至少达到Tbps量级。同时在某些特殊场景，由于信息的丢失意味着系统可靠性的降低，且为满足时延要求，传输的数据通常不可以选择重传，所以要求全息通信数据传输具有超高安全性和可靠性。只能由6G能够达到上述传输指标要求。

在教育培训领域，全息显示技术可以应用在3D模型互动演示培训等教学场景中。在3D模型互动演示培训场景中，个人终端用户佩戴MR智能眼镜，随时随地从云端实时获取全息影像，影像内容进行直观讲解与理解并能互动（3D旋转、模型拆解）（见图6-13）。由于通过全息投影仪器展示3D模型，可以更加舒适、直观展示全息影像内容，可以提高讲解效果。由于多方人员可以立体地、多维地观看和操作同一个3D模型，解决了现实中需要制作物理3D模型的教学问题。

图6-13　6G+云VR应用场景示意（全息影像）

（资料来源：中国信息通信研究院）

（3）6G+AI：有情感的人机交互学习

依托未来6G移动通信网络，有望在情感交互等全新研究方向上取得突破性进展。具有感知能力、认知能力甚至会思考的智能体将彻底取代传统智能交互设备，人与智能体之间的支配和被支配关系将开始向着有情感、有温度、更加平等的类人交互转化。为了实现智能体对人类的实时交互与反馈，传输时延要小于1ms，用户体验速率将大于10Gbps。6G智慧交互应用场景将融合语音、人脸、手势、生理信号等多种信息，人类思维理解、情境理解能力也将更加完善，可靠性指标需要进一步提高。

在教育培训领域，辅助用户学习的智能体具有情感交互能力，可以通过语音对话或面部表情识别等监测到用户的心理、情感状态，实现学习状态和情感的判断，并给予用户积极的学习交互反馈，及时调节用户情绪，促进用户以更好的状态学习。

三、万物互联时代的学习终端

学习终端是学习者进入学习空间的工具和媒介。三十多年前，以Windows为代表的视窗化操作系统发布，凭借图形化操作系统让个人计算机走进家家户户，让个人电脑时代来临，同时也开启了基于计算机的E-learning学习时代。十多年前，以Android和iOS为代表的第二代操作系统，掀起智能终端革命，实现多设备智慧化，推动了移动互联网产业蓬勃发展，开启了基于移动终端的移动学习时代。5G时代，终端将从4G时代以智能手机为主快速向泛智能终端拓展，在手机和泛智能终端合力构建万物互联的全场景生态中，手机与泛终端系统无缝衔接，实现多设备联动、相互协同，为不同场景提供服务，开启泛在化智能学习时代。智能学习终端通过内置的传感器，具有环境感知的智能性，能够自动地捕获并解析在各种泛在学习场景中学习者发出的信息，并帮助学习者与信息空间的各种资源自然交互。

为了能以高效率和高性能保持生态内的良好互动性，手机和泛智能终端需要使用跨平台操作系统，鸿蒙操作系统由此应运而生。华为公司从2012年开始规划自有操作系统"鸿蒙"，但起初并不是为了手机使用，而是为了切入物联网市场，比如自动驾驶、工业自动化，华为宣称其精确控制时延可以控制在五毫秒以下，甚至达到毫秒级到亚毫秒级。2019年8月9日，华为公司在开发者大会发布基于微内核的全场景分布式鸿蒙操作系统，同时宣布方舟编译器开源，以此解决物联网应用三大痛点问题：一是低成本、低功耗，海量小型化、可移动终端接入，支持对续航能力与单位成本有较高要求的场景；二是连接多样，能够支持物联终端在不同场景下需要不同形式的网络连接；三是安全，基于"云"+"端"协同、互联互通后更好地保证数据安全。

2021年6月2日，华为正式发布鸿蒙2.0操作系统（HarmonyOS 2），相比于鸿蒙1.0版本，鸿蒙2.0在分布式软总线、分布式数据管理、分布式安全三方面有所突破。分布式软总线使得设备之间的连接更为简化、快速，可以实现设备之间WiFi和蓝牙的混合联网、自发现自组网。分布式数据管理让跨设备数据处理如同本地处理一样方便快捷，读写性能比现有文件系统更优。分布式安全构建了分布式可信互联能力，根据业务场景提供最佳安全认证策略，使得设备具有内核级安全能力，确保正确的人、用正确的设备、正确地使用数据。鸿蒙系统发展历史见图6-14。

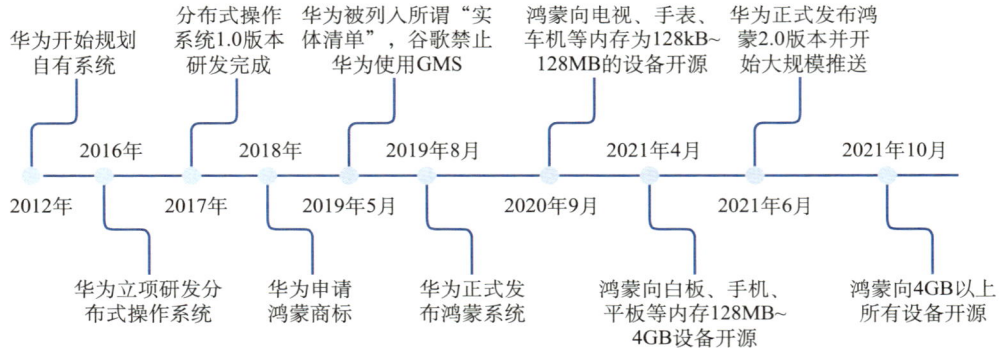

图6-14 鸿蒙系统发展历史

1. 鸿蒙系统的技术特点

（1）鸿蒙系统能够自适应多种终端设备

基于微内核的技术架构，鸿蒙系统可以运行在手机、电视、手表、汽车、智能家居、灯具等各种终端上。相比安卓只是手机操作系统，鸿蒙系统可以实现多终端操控。像"活字印刷术"一样，鸿蒙系统被解耦成上万个模块，一个个模块就相当于一个单字字模，这些模块可以根据需求排列组合，鸿蒙系统也就可大可小，既可以组成大系统，进入复杂设备，也可以形成小系统，运行在简单设备上。

（2）支持鸿蒙系统的设备成本更低

相比安卓，鸿蒙系统是一个更"轻量"的选择。"系统装安卓，至少需要1G内存，鸿蒙最小只需要128kB内存。安卓需要4个核的CPU，鸿蒙1个就够了。"这使支持鸿蒙的设备成本更低。一个同样的设备，鸿蒙可能比安卓的成本要少一半甚至更多。

（3）鸿蒙系统将逐步向设备厂商开放

鸿蒙系统已经开始支持第三方设备，向下开源给硬件生产厂商，向上开放给应用厂家做创新。从2020年9月10日起，鸿蒙系统面向大屏、手表、车机等内存为128kB～128MB的终端设备开源，2021年4月面向电子白板、智能手机、平板电脑等内存128MB～4GB终端设备开源，2021年10月以后面向4GB以上所有设备开源。目前华为已经把鸿蒙（HarmonyOS）最核心的基础架构部分全部捐赠给了"开放原子开源基金会"，各个厂家都可以平等地在"开放原子开源基金会"获得代码，根据不同的业务诉求来做产品。

（4）鸿蒙系统通过开源方式支持开发者创新

鸿蒙系统将正式开源，开发者将获得模拟器、SDK（软件开发工具包）、IDE（集成开发环境）工具，以及自适应的UX（用户体验）框架，分布式软总线、数据管理、安全等功能，让开发者能够直接触达千万级设备和用户。2020年底华为首先对国内开发者发布针对智能手机的鸿蒙OS beta版本。对开发者而言，基于方舟编译器的鸿蒙系统让应用有机会脱离单手机硬件的限制，为新一轮的创新爆发铺平道路。

鸿蒙构建"1+8+N"全场景互联生态如图6-15所示。

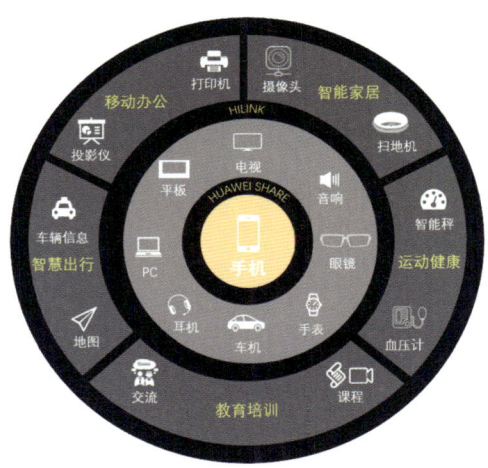

图6-15　鸿蒙构建"1+8+N"全场景互联生态

（资料来源：华为鸿蒙网站）

2. 鸿蒙系统在数字化学习领域的应用前瞻

（1）无缝衔接的跨屏学习将进一步拓展泛在学习的边界

以往泛在学习只是局限在台式计算机、便携式计算机、手机、平板电脑等设备。"鸿蒙"作为一款开源的跨平台的操作系统，可覆盖手机、桌面、平板、电视及可穿戴设备。"鸿蒙"吸收了华为自研的优质部件：方舟编译器、EMUI9.1 界面配置、EROFS 超级文件系统，以及优化的安全模块。鸿蒙OS的诞生，让人、设备、场景不再是孤立的存在，而是以人为中心，以场景定义设备，满足从个性化应用升级到个性化设备的用户需求。过去，功能手机时代，同一款手机的硬件和软件永远固定不变；智能手机时代，硬件依然固化，但用户可以通过下载新应用获得个性化体验；现在，鸿蒙操作系统革命性的分布式技术不但让软件解耦，还让硬件能力脱离物理实体的限制，让多个物理上分离的终端融合成一个"超级终端"，按需调用、组合不同设备。可以想象今后的学习场景，学习者在办公室可以用计算机学习、在地铁或公交车上可以用手机学习，在汽车上可以用车载屏学习、在家可以通过电视等设备学习，而且通过物联网相关技术，设备之间直接通过碰一碰、扫一扫、连一连等方式无缝迁移学习位置、学习进度等信息，从而真正实现泛在学习提出的无处不在学习的理念。

（2）开发的智能学习产品和学习应用场景更加丰富

对应用开发者而言，鸿蒙系统可以实现应用的一次开发、多端部署，从而提升了跨设备应用的开发效率。对设备开发者而言，鸿蒙系统采用了组件化的设计方案，可以实现统一OS、弹性部署，能够支撑产品系统的便捷开发，降低硬件设备的开发门槛。应用和设备开发者开发效率的提高，一方面可以极大提高智能学习产品数量，另一方面学习场景也更加丰富，鸿蒙系统将学习场景中的各类终端进行能力整合，形成一个"超级虚拟终端"，实现不同的终端设备之间的快速连接、能力互助、资源共享，匹配合适的设备，从而提供流畅的全场景体验。

（3）提供更优质的学习服务

在数字时代，学习者通过多种智能终端获取学习服务的同时，也在智能终端上留下了各种行为痕迹。未来，智能终端可以在获得授权的前提下收集这些痕迹数据：眼球的运动、表情的变化、操作行为频次等，通过对这些离散的、非结构化的数据进行分析，智能终端能够更好地了解学习者，进一步为学习者提供更好的学习服务。

（4）让智能学习更加安全和重视隐私保护

学习越智能，对学习者信息的采集更细致全面，对数据安全和隐私保护的要求更高。鸿蒙系统采用分布式安全和数据保护机制，通过"分布式多端协同身份认证"来保证"正确的人"，通过"在分布式终端上构筑可信运行环境"来保证"正确的设备"，通过"分布式数据在跨终端流动的过程中，对数据进行分类分级管理"来保证"正确地使用数据"，从而保证个人数据与隐私、系统的敏感数据不泄露。

第七章　知识体系建设的嬗变：群智涌现，能者为师

题首语：数字时代，多样化的知识需求与知识的供应速度矛盾突出，知识数量的显著增长与知识价值密度的显著降低同时存在，只有激发群体智慧，采用知识中台、知识图谱等先进技术，才能解决知识的供需矛盾。

一方面，金融行业每天都在发生日新月异的变化，数字化转型如火如荼地开展。数字时代对金融行业人员来说，除了需要具备金融领域的专业知识以外，还要能掌握一些数字化技术和工具。10年前，也许很难想象，金融行业人员还需要掌握Python这样的计算机编程知识，但现在却已司空见惯。学习正在发生显著变化，但企业知识更新的速度并没有跟上数字化转型速度，一边是知识的折旧速度在加快，另一边是新的知识还没有及时生产出来满足需要，金融行业的知识供需矛盾日益凸显。

另一方面，数字化技术正成为知识体系重构的重要推动力。随着信息交互技术的发展，直播、短视频这类交互工具的出现，让知识的生产、分享与传播，以及用户之间的协作更为便捷，知识网红、直播培训师等新的知识业态兴起。从知识生产的角度看，信息技术在实现知识网络化的同时，更通过用户的评价、分享将知识有机组织起来，实现知识的深化与创新，从而产生新的内容，用户在网络中的作用越来越大，实现了从浏览信息与单向接受转向了贡献知识与传播内容。

矛盾与机遇并存，是数字时代最显著的特征。在这个虚实结合的学习空间中，学习内容的生产、学习方式正在发生根本性变革，每个人既是知识的生产者，也是知识的消费者。更为重要的是，知识的扩散模型不再是首席经济学家这类权威专家或讲师通过教材作为中介的单点对多点的传播，而是同层级甚至是跨层级群体之间、多点对多点的交流互动，更多体现出知识链接、知识重新建构，

让群智涌现。同时，数字时代每个个体也充分参与到教和学的过程中，建立同伴互助的模式，让一切人的有益知识和服务都能进入学习生态体系，能者为师。

第一节 重新定义学习资源

目前，大部分企业都拥有庞大的知识库，知识库中存放了大量的学习资源，资源类型包括多媒体课件、电子书，线上考题等，资源数量往往可以达到几百或几千门课程、几千或几万本电子书，可谓现代版的汗牛充栋。但企业却要面对的一个残酷现实是，这些耗费了大量财力构建的丰富资源的实际利用率极低，因此仅仅提供学习内容并不能保证有效学习的发生，也不能保证让员工找到自己希望学习的知识，并把知识转化为能力。在数字化环境中，学习内容是在不同时间和空间被异步消费的，对学习内容的消费反馈也是异步的。传统面授教学，教和学发生在同一时空，学习内容被同步消费，学习反馈和效果更加及时可见，这也是很多人认为线上化学习效果不及线下教学的根本原因所在。同时，另外一类通过人与人之间交互产生的知识可能并没有被很好地记录和保存到知识库中。回忆一下我们在工作中是如何学习知识的？除了从互联网搜索、从企业内部知识库检索，还会问身边的同事、业务领域的专家，请教在这个领域有成功实践的典范案例贡献者，或者是面临同样业务问题的其他员工。围绕工作中遇到的问题，人与人交互产生的知识经验也是十分重要的学习资源。

数字化时代，在企业中真正有意义的学习发生的充分必要条件包括：以真实的业务问题为起点、以解决问题为导向，以学习的兴趣为动力、以学习活动的体验为外在形式、以分析性的思考为内化形式、以指导反馈为外部催化。为了促进企业内线上学习的真正发生，需要以学习者为中心，以促进知识转化为商业结果为最终目标，重新定义学习资源的内在结构，要有机地融合学习内容、学习运营活动、学习平台以及学习社交网络的资源共同体，支持完整的学习流程（见图7-1）。

在数字化学习时代，作为企业学习核心生产要素的学习资源被高效共创生产、分享，这是企业数字化学习发展的重要保障。未来，学习资源的生成方式将会发生颠覆式变化。

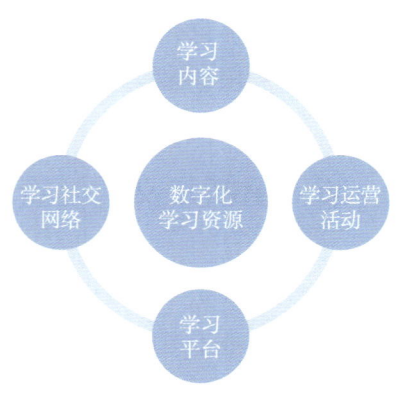

图7-1 数字化学习资源共同体架构

第二节 数字时代的知识网红

随着网红经济的兴起,在市场的各个细分领域都产生了各种类型"网红",学习领域也不例外,一般称之为"知识网红"。"知识网红"顺应了数字时代社会公众对知识服务的更高需求,其新颖特别的观点、简洁高效的语言、生动活泼的表现形式,为数字时代的人们提供了听得懂、学得会、多元化、碎片化的知识快餐。可以肯定的是,"知识网红"推动了知识的传播,强化了学习的社交属性,构建了良性的知识变现体系,使知识生产者和消费者共同受益。

企业要想实现知识和经验的高效传递和沉淀,打造企业内部的知识网红,是一个很好的实现路径。企业知识网红是企业中具备某领域专业知识的内部人员,可以是业务骨干、领域专家、内训师等,他们借助内外部平台的传播力量,将自身知识或经验分享给企业内部人员,并通过个人不断提升的影响力,获得企业内一定数量人员的关注和拥护。对于想成为企业知识网红的讲师来说,开发优质的内容、打造讲师个人魅力、形成有传播度的学习话题,是内部讲师转型知识网红的基础,而打造贴近业务场景的课程、讲授互动式直播课程、与学习者进行高频次互动等都是内部讲师转型知识网红所要面对的挑战。

对于企业数字化学习运营者来说,打造知识网红需要在内容、平台和运营三个方面发力,打造和运营好知识共享的平台,激励更多人成为知识分享者,挖掘有潜力的分享者对其进行培养,挖掘学习需求,梳理内容话题体系,打造知识网红的个人IP，并做好运营推广，才能吸引更多学员参与学习互动。

◎ **中国光大银行案例**

为贯彻落实建设一流财富管理银行的战略要求，搭建以岗位工作任务为核心的专业类课程体系，切实解决岗位任务中的常见问题，光大银行总行人力资源部联合各业务部门举办了"星耀杯"创课大赛，大赛海报见图7-2。通过"星耀杯"创课大赛发掘创课明星，鼓励全行员工突出自身优势、结合业务需要、持续丰富数字化学习平台资源。依托光大银行学习平台上的"抖课"功能，以流行的短视频方式打造明星"知识主播"，以"明星"荐"好课"，满足碎片化学习需要，激发课程学习兴趣，提升线上学习趣味性。"星耀杯"创课大赛通过云赋能培训模式，打破了时间和空间的限制，在确保培训质量的同时大幅度降低了培训成本，为员工自赋能课程开发提供了可能，同时也培养了一批具有内容萃取、课程设计、课程开发全流程经验的课程开发人才队伍，为培训学习生态圈建设提供了专业人才保障。图7-3为光大银行"星耀杯"创课大赛取得的收益。

图7-2　光大银行"星耀杯"创课大赛海报

图7-3 光大银行"星耀杯"创课大赛取得的收益

第三节 人机协同的学习资源生产

学习空间的扩展有效支持金融企业学习泛在化演进,泛在化的学习对学习资源的形态和生成模式提出新的要求,主要表现为以下几个方面。

泛在学习需要众创的学习资源。金融行业的业务在不断探索创新,这个过程需要发挥用户群体的集体智慧和力量,共享学习资源,每个学习者可以贡献学习内容,共享的学习内容汇聚形成一个可以无限扩展的资源供应链,满足未来学习资源无限扩展的需要,满足巨大群体的个性化学习需求。

泛在学习需要无处不在的情境化学习资源。金融行业尤其重视强调学习的场景性,学习与工作融为一体,学习就是工作,工作就是学习。学习的内容与工作中场景问题的解决是一致的,需要以场景问题为核心组织知识,根据不同的学习场景提供不同的问题解决方案与学习服务。

泛在学习需要按需提供的学习资源。在金融企业中,即使在相同的岗位,不同的人的学习需求也会存在很大的个体差异,企业需要为员工的个性化学习需求提供支持,根据不同的需求提供随需应变的学习资源服务。因此泛在学习要求更为适应性的学习资源,能够适应员工动态变化的需求,适应多样化的学习终端,能够支持资源结构的灵活组织和重用,满足个性化的学习需求。

泛在学习需要可进化的学习资源。金融企业中的员工,往往是带着真实场景下的问题参与学习过程,要求学习资源能够实时反映相关业务领域的进展,符合员工的实际工作需要，员工在学习过程中会创造各种有价值的生成性信息。将当前学习者的经验积累汇聚成可演进的典范案例，往往能给后来的学习者提供最直接的帮助。因此泛在学习环境下的学习资源，需要体现资源的成长性和生成性。学习资源能在使用过程中吸纳使用者的集体智慧，需要将传统的静态化结构、封闭内容和更新不及时的学习资源，变为动态生成、持续进化发展、结构开放的学习资源，同时保留使用过程中产生的生成性信息，作为资源进化的养料，体现资源进化和知识建构的历史路径，满足资源自身迭代进化的需求。

泛在学习需要整合学习运营活动的学习资源。学习的最终目标是知识能够内化从而产生价值，真正有意义的学习离不开学习运营。通过一系列运营活动让学习者参与学习活动，激发学习者的信息搜索和综合分析、人际交流和协作等高水平思维活动，促进学习者知识内化或认知中产生有意义的连接，学习资源从知识的载体变成有意义互联活动的载体。

泛在化学习需要开源多渠道生成学习资源。金融企业员工非正式学习的比例在逐渐增加。在非正式学习环境下，员工的学习动机往往来自及时解决工作中遇到的问题，因此学习内容的时效性也非常重要，要能反映相关业务领域的最新变化和相关群体的最新需求。仅仅依靠外部培训机构、兼职内训师、专家等生产传递学习资源的模式，已无法满足企业员工学习的要求。企业需要为员工提供低门槛、简单易用的工具，帮助不同层级的员工快速萃取来自实际工作场景的经验，并生成学习资源。

鉴于此，数字化学习资源的建设，首先要打破当前静态资源建设的局限，实现资源的广泛汇聚共享与实时更新，满足用户不断变化的学习需求。随着以学员为中心的学习导向深化，数字化学习资源建设也从封闭向开放转型。以前的学习内容建设采用的是"专家生产、学员消费"的单向模式，内容一旦生成，只允许专家或者培训管理者对资源进行修改，只能单纯地向学习者呈现学习内容，没有与学习的过程或学习运营活动建立联系，无法跟踪学员在学习过程中产生的过程性信息。随着金融企业数字化转型理念的深入，信息的产生和传递方式发生质的改变，由单一的专家生产并发布信息变成用户既是数字化学习资源的消费者也是生产者，即从单向信息来源的传递模式向多方并行生产的模式转变。这种开放式的生产方式充分尊重和挖掘用户的群体智慧，依靠用户共同生产和更新学习资源，利用群体的智慧使资源得到持续性的迭代进化，群体的智慧成为学习资源进化的重要动力。与以往单一来源的生产方式相比，不仅提高了学习资源的生产和更新速度，增加了资源的数量，促进了资源的进化生长，而且也更加贴近企业员工自身的需求。在金融企业中，学习资源的建设将呈现多元化生产模式并行的格局，常见的有PGC、UGC和RGC模式。

PGC模式：是由指定的权威人士根据预先确定的要求开发出来的专业性资源的PGC（Professionally-generated Content）模式。

UGC模式：是由Web2.0理念与技术助推下，产生的用户共同参与开发学习资源的UGC（User-generated Content）模式，呈现群智协同的状态。随着新生代员工在金融企业中比例的增加，新生代员工有着强烈的社交性动机、自我满足性动机和娱乐性动机，他们将自身优秀的业务实践转化为高质量的学习资源，将严肃的业务知识以娱乐化的形式呈现，在分享知识的社交过程中享受来自同事的认同。

RGC模式：在人工智能技术助推下，出现人机协同工作，实现个性化学习资源的半自动或全自动生产，即RGC（Robot-generated Content）模式。基于语义聚合技术，相同或相似的学习内容自动建立显性的语义关联联结，再利用数据挖掘领域的关联规则挖掘技术，基于学习内容在被学习过程中产生的各种交互数据，动态发现内容之间的隐性关联。围绕学习者的需求，不断完善进化，形成一条条动态进化的知识链。甚至还可以整合外部关联资源以及用户在使用学习内容过程中的生成信息和语义相关度自动聚合生成的主题资源圈。这些知识链、资源圈也不是永久存在，而是存在竞争关系。基于学习者对资源的使用率和评价，优胜劣汰，有序生长，不断进化。

◎ **中国工商银行长春金融研修院案例**[①]

线上课件是开展线上学习的重要资源，其内容质量直接关系到线上学习的效果。据调研，最受欢迎的课件是能够帮助人们解决工作中的困难、丰富其自身业务知识、形式为5~10分钟的微课。为此，中国工商银行长春金

---

① 中国工商银行长春金融研修院学习研发课题组. 玩转PGC和UGC，提升线上课件使用效果[J]. 现代商业银行，2020（7）：42-44.

融研修学院（以下简称长院）学习资源研发部基于PGC（专家产生内容）和UGC（用户产生内容）开发理念，在有效提升线上课件使用效果，保证线上学习质量方面对微课制作进行了有益探索。

基于PGC，自上而下贴近需求

为不断增强线上课件的体系化、实用化、轻型化，使课件更加贴近员工需求、贴近业务需要，可基于PGC（专家产生内容）理念，运用线下微课开发工作坊，自上而下地开展微课学习资源的开发。

线下微课开发工作坊主要包括以下三个方面。

首先，按照相关业务条线核心岗位的能力要求，精选并组建业务专家团队来参加现场培训班。

其次，运用线下微课开发工作坊，微课开发专家主动与业务专家交流合作，通过微课萃取工具，引导业务专家将其隐性知识显性化，即利用三天至四天时间，完成以下内容：（1）构建相关业务条线微课课程体系；（2）提炼课程体系中每个业务知识点内容；（3）设计每个微课的脚本。

最后，将设计好的微课脚本发送至专业化的制作团队统一精细化制作，这种设计和制作分离的模式，一是可以最大限度地发挥业务专家的专业优势，利用现场有限的时间专注完成课程体系的搭建和脚本内容的设计；二是统一制作有利于微课呈现标准的规范性，确保微课成品的质量。

目前，长院线下微课开发工作坊已经升级到4.0版本，其中内容萃取和脚本设计两大核心工具通过汲取外部经验，同时结合自身工作实际，进行了多次的升级与完善，降低了工具的使用难度，提高了工具的使用效率，在实际应用中效果较好。

FT账户绩效支持微课项目利用线下微课开发工作坊，通过引导，微课开发专家与一线业务专家一起构建了课程体系，萃取和提炼了相关业务知识和经验，为"FT账户"业务量身打造了十余门绩效支持长图微课，微课可通过内网邮件、打印等方式提供至一线，支撑网点进行全流程"FT账户"开户业务操作任务，提高了"FT账户"开户效率、规范相关开户业务流程及操作，进一步提升了员工工作绩效。

客服经理系列微课项目利用线下微课开发工作坊，通过引导，微课开发专家与一线业务专家一起基于客服经理学习地图构建了课程体系，完成了业务知识的萃取和脚本的设计，共开发出100余门系列微课，保障了微课知识结构的合理性与体系的完整性。这样一方面使内容更加专业与聚焦；另一方面又避免了员工在学习的过程中出现"看了上篇没下篇"的尴尬情况。

长院学习资源研发部基于PGC（专家产生内容）理念，利用线下微课开发工作坊，采用来院或送教的现场形式，将一线业务专家的经验、技能和知识开发制作成体系化微课，不断增强线上课件的体系化、实用化、轻型化。

基于UGC，自下而上亲切可人

俗话说得好，"高手在民间"。线下微课开发工作坊虽好，却受到时间和空间的限制。因此，基于UGC（用户产生内容）理念，自下而上地开展微课学习资源的开发应运而生。UGC主要是将微课开发的相关知识通过线上向员工普及，让每名员工都可以将自己掌握的专业知识、工作中解决问题的方法和经验、经历的故事和案例等制作成微课。不仅可以快速丰富微课的内容，展现员工个人经验与智慧，还可以吸引其他员工观看与交流，从而不断增强全体员工参与学习的兴趣。

微课虽然有如此多的优点，但目前大部分员工对微课还缺乏系统的了解，对其认知存在局限性。例如，微课很聚焦，是对单一知识点进行讲解的学习资源；微课长度一般在10分钟之内；碎片化的学习资源等。对微课的类型、微课开发工具等缺乏更深入的认识，往往一提到微课，很多员工想做但却感觉无从下手。而有一些开始尝试制作微课的员工也遇到了很多问题，一是把"微"当成了"切"，将一门大课切割成零碎的片段，虽能达到利用碎片化时间学习的目的，但简单切割的课程没有进行学习设计，学习效果堪忧；二是把"微"当成了"专"，认为制作微课需要使用专业化的工具软件，从而占用大量业余时间花钱去学习专业化软件的使用，由于不是科班出身，学习后的使用效果不太理想。为解决大家在微课制作上的难题，长院学习资源研发部通过调查研究，总结形成了一套可在线上推广的微课快速开发方法，旨在帮助员工将自己的知识内容快速落地成微课，不断提升线上课件的使用效果，实现对员工绩效的支持。

微课快速开发方法主要包括以下三个方面。

首先，确定微课类型。微课虽然是碎片化的学习资源，但其微而不散，每门微课都是有学习目标且相对独立的学习资源。通过对微课类型的研究，员工可将微课制作成知识型、任务型、问题型、故事型四类。

其次，套用微课类型对应的结构，写入内容形成脚本。为满足微课快学快用的特点，其结构应简单、完整、清晰。因此，如果不同类型的微课有固定的结构可以套用，那么员工就能轻松地将选取出来的素材内容放置在相关结构下，快速高质地完成微课脚本的设计。

最后，使用简单常用的开发制作工具进行呈现。微课主要以内容为主，形式为辅，制作微课并不是非要使用会声会影、FLASH等专业化的工具，基于手边最常用的PPT、易企秀、MAKA等工具即可完成微课的制作。未来，在工银大学平台层面，应考虑打造线上知识众创功能，即平台功能要满足UGC（用户产生内容）理念应用的需求，一是在技术层面上支持用户原创微课的上传；二是平台嵌入微课开发工具，工具中内含模板与素材，可帮助、支持员工个人直接在平台上根据自己的需要快速完成视频、长图、H5等类型微课的制作与上传。

基于微课快速开发方法，长院利用工银大学移动学习平台，举办了线上"微课开发制作能力提升网络培训项目"。这一项目主要是利用体系化的课程，课程涵盖微课类型、对应结构、简单常用的开发制作工具使用等，同时，通过微信等渠道与员工互动，解答员工在制作微课过程中遇到的问题，不断增加员工对微课相关知识的了解，将微课理念逐步渗入员工日常工作当中，更好地帮助员工将自己工作学习的经验、方法、案例等快速落地制作成微课。

只有抓准时代发展脉搏才能更好地促进教育和学习效果的融合。目前，微课已经成为企业教育培训中的重要学习资源，长院学习资源研发部基于PGC和UGC理念，将充分利用微课开发工作坊和微课快速开发方法，通过自上而下和自下而上相结合的模式，强化线上课件结构体系化、内容实用化、体积轻型化理念，为员工打造更多精品线上课件，更好地满足员工个性化学习需要，不断提升线上课件的使用效果，保证线上学习的质量，促进工行培训事业的发展与进步。

第四节　知识图谱重塑知识关系架构

当前金融领域知识呈爆炸状态生成，社会化多渠道获取、全员微创新开发，碎片化的特征越来越明显，这些也为学习资源在实际使用过程中带来一些难题。

学习资源多源异构，难以集成。金融企业员工需要学习的知识往往分布在企业内外部多个平台、系统，学习资源格式多样化，系统接口标准不统一都造成数据集成困难，带来知识消费的鸿沟。

非结构化数据关联处理难。当前很多金融企业紧跟潮流，发动员工产出了大量形式生动活泼，喜闻乐见的短视频。同时直播也作为低成本快速覆盖大面积人群的重要学习手段大行其道。短视频、直播为代表的视频类学习资源以及传统课程供应商生产的图文类课程资源都是非结构化的数据。受限于当前技术手段，对非结构化的数据抽取、挖掘程度还不高，资源的利用率也有待于提升。

培训经理使用数据的专业能力不足。传统数据在使用的时候往往需要专业的程序员编写程序才能使用，当前绝大多数普通的培训经理不具备这种能力，因此难以对数据做深度整合。

学习资源搬迁困难。随着金融企业员工学习场景不断丰富，学习渠道多样化，旧的系统平台升级时，之前的学习资源数据需要动态变迁、自由扩展，其中涉及修改数据结构及逻辑，又是极其困难的。

知识图谱技术的出现，可以很好地解决上述知识消费的困难。知识图谱是辅助组织构建完整知识体系的重要技术，与知识地图呈现的静态知识结构相比，知识图谱是"活"的、动态生长的知识体系，能够抽取和挖掘知识，构建知识的结构关系和开展知识推理。

一、知识图谱是知识工程的最新发展

1977年美国斯坦福大学计算机科学家费根鲍姆教授在第五届国际人工智能会议上提出的"知识工程"。他给出"知识工程"的定义是将知识集成到计算机系统从而完成只有特定领域专家才能完成的复杂任务。知识工程是以知识为处理对象，借用工程化的思想，利用人工智能的原理、方法和技术，设计、构造和维护的知识系统。了解知识工程的概念，可以从知识管理与知识工程的对比说起，它

们两者有着本质的区别。知识管理注重人与人之间的知识传递，而知识工程更注重知识本身的操作。知识管理的目标是建立供人使用的知识库，而知识工程的目标是建立供计算机使用的知识库。知识管理的核心是无序知识有序化、隐性知识显性化、泛化知识本体化。知识工程主要涉及知识获取、知识表示与知识利用三大过程。知识管理主要从管理学的角度出发，重点关注隐性知识显性化，技术性不强，管理的结果主要是人用。知识工程是从工程学的角度出发，重点关注知识获取与知识表示，技术性强，结果既可以人用，也可以机用，主要是机用。

随着数字化时代的到来，知识工程已经从单纯的搜集信息获取知识，转变为提供智能知识服务。由于知识工程可以为大数据添加语义或知识，使得数据产生智慧，最终实现从数据到信息再到知识，最终到智能的转变过程。数据有了智能，就可以实现大数据洞察、提供用户关心问题的答案、为决策提供支持、改进用户体验等目标。

知识图谱是知识工程的最新发展。知识图谱是由谷歌公司首先提出[①]，主要是用来优化基于关键词搜索的搜索引擎。不同于基于关键词搜索的传统搜索引擎，知识图谱从语义角度组织网络数据，将索引的所有事物、人物、地点，例如地标建筑、名人、城市、电影、艺术品等实体构建关系网络，建立大型知识库，并从语义层面理解用户意图，查询复杂的关联信息，从而改进搜索质量。

随着知识图谱研究的不断深入，知识图谱的概念逐渐扩展，现在通常所说的知识图谱是指用图数据结构表示的知识载体，用于描述客观世界的事物及其关系。从本质上讲，知识图谱是语义网络，是一种基于图的数据结构，由节点和边组成，每个点代表客观存在的实体，每条边代表实体与实体之间的关系。通俗地讲，知识图谱就是把所有不同种类的信息连接起来而得到的一个关系网络（见图7-4）。

由于知识图谱中包含了大量的概念、属性、实体之间关系，使其具有了丰富的语义信息和知识关联信息，使机器具有能够从"关系"的角度去分析问题的能力，因此知识图谱是机器获得认知智能的最重要因素之一，在许多智能应用中发挥了越来越重要的作用。

---

① 赵军. 知识图谱[M]. 北京：高等教育出版社，2018.

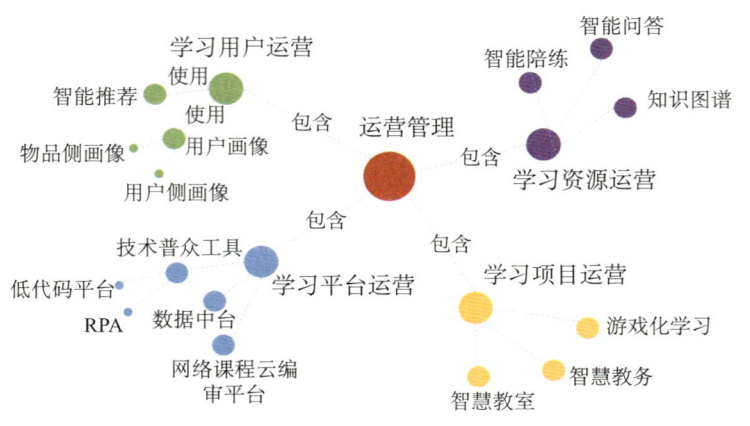

图7-4　知识图谱示例

二、知识图谱的价值

如果按照"边际效益递减"的经济学规律，有理由预测数据产生的巨大红利将在未来逐渐减少，以深度学习为代表的感知智能会遭遇天花板，而认知智能被认为是未来一段时期人工智能发展的突破点，也是进一步释放人工智能发展潜力的关键。认知智能可以认为是比感知智能更高层次的智能，而让机器具备认知智能就是指让机器能够像人一样思考。这种思考能力具体体现在机器能够理解数据、理解语言进而理解现实世界的能力，体现在机器能够解释数据、解释过程进而解释现象的能力，体现在推理、规划、决策等一系列人类所独有的认知能力上。而机器认知智能的实现依赖的就是以知识图谱为代表的知识工程相关技术，其在认知智能的实现中起到非常关键的作用。

当前自动构建的知识库已成为语义搜索、大数据分析、智能推荐和数据集成的强大资产，在各行业和领域中正得到广泛使用。典型的例子是谷歌收购Freebase后在2012年推出的知识图谱Knowledge Graph，Facebook的图谱搜索，Microsoft Satori。这些知识图谱遵循统一的数据模型，包含数以千万级或者亿级规模的实体，以及数十亿或百亿事实（即属性值和与其他实体的关系），并且这些实体被组织在成千上万的由语义体现的客观世界的概念结构中。

目前知识图谱的发展和应用状况，除了通用的大规模知识图谱，各行业也在建立行业和领域的知识图谱，当前知识图谱的应用包括语义搜索和推荐、问答系统与聊天、大数据语义分析以及智能知识服务等，在智能客服、商业智能等真实场景体现出广泛的应用价值，而更多知识图谱的创新应用还有待开发。

语义搜索和推荐。通过知识图谱可以让机器能更好地去理解自然语言，进一步更好地理解用户的意图、文本的含义，在用户画像、搜索、推荐等系统级应用中都发挥了重要作用。例如，知识图谱可以将用户搜索输入的关键词，映射为知识图谱中客观世界的概念和实体，搜索结果直接显示出满足用户需求的结构化信息内容，而不是互联网网页。将知识图谱作为辅助信息引入推荐系统中可以有效地解决传统推荐系统存在的稀疏性和冷启动问题。

问答和对话系统。知识图谱是一个大规模知识库，可以提供行业背景知识，通过理解将用户的问题转化为对知识图谱的查询，引导用户深入了解知识，得到用户关心问题的答案。比如智能客服、智能问答、智能对话系统利用知识图谱可以精准地回答用户的问题，可以进行复杂问题的回答。

大数据分析与决策。当前某个领域内数据大都分散在多个系统，数据多样、复杂、孤岛化，单一数据价值不高，通过知识图谱可以对这些数据资源进行语义标注和链接，建立以知识为中心的资源语义集成服务，使得领域知识做了显性化沉淀和结构化关联，获得对大数据的洞察，支撑数据的挖掘、关联分析、社群发现、源头追溯等应用。

可解释的人工智能。可解释是强人工智能的一个重要特征。当前以深度学习模型为主的人工智能应用，虽然从结果上看效果还不错。但是模型本身就是一个黑盒，不具备可解释性，这就导致在很多需要有解释性的行业，没法使用复杂的深度学习模型。比如在教育领域、司法领域、医疗诊断领域和金融领域某些场景。可解释性的应用也会很好地提升用户对系统的信任感，提升用户满意度。问答场景下，推荐场景下都可以加入解释功能。

三、知识图谱在数字化学习领域的应用

学习本质上就是知识流动的过程，学习中知识的生成、传递、存储、加工和使用，与知识图谱的创建、推理和应用具有天然的联系，知识图谱在数字化学习领域的应用具有十分广阔的前景。数字化学习中的知识图谱，是以专业知识点为核心，通过建立知识点概念的层级关系、知识点之间的关联关系、知识点之间

的前后序关系等，构成的适合数字化学习使用的行业领域知识库。通过构建知识图谱可以把数字化学习中分散在各个系统里的数据进行整合，通过一系列知识提取技术得到专业知识，并以一种友好的方式，沉淀到知识库，建立起各种知识、教学资源之间的关联关系。在数字化学习领域，知识图谱结合自然语言处理、机器学习、数据挖掘技术，可以用来提供语义搜索、智能推荐、用户画像、智能问答、学习行为预测、精准项目实施、培训决策支持等应用服务。知识图谱在数字化学习中主要有以下几类应用场景。

精准用户画像。由于系统不具备相关领域的专业知识去支撑其认知用户画像标签背后的概念含义，导致系统对用户画像的准确理解容易出现偏差。基于知识图谱的用户画像可以增强系统认知用户画像数据，从而使得系统对用户画像的刻画更加全面精准。

可视化知识点关系。知识图谱较为全面地汇聚了该专业领域的知识点以及知识点间的关系，通过可视化的形式展示给用户，一目了然，可以用来帮助用户构建知识体系，查阅知识要点，发现知识点之间的关联，帮助用户做总结沉淀，消除知识盲区。

分析学习情况。知识图谱也能帮助运营管理人员更好地了解学情，优化教学方法和调整培训策略。对于未能达成的学习目标，利用知识图谱可以做原因分析，发现薄弱点和关联依赖的知识点，能有效地查漏补缺，使得诊断过程具备更好的自适应性和个性化。

知识推荐和路径规划。知识图谱结合数据分析技术，可以快速检测用户的学习状况、定位知识掌握的薄弱点，利用知识点之间关联关系，包括知识的前后序关系，可以合理地为用户做针对性的知识推荐，制订适应性的学习策略，规划个性化学习路径。将精准检测、学习分析、内容推送、路径规划、结果反馈的推荐流程形成闭环，动态优化推荐结果精度和准确度，稳步提升用户知识掌握程度。基于知识图谱的推荐还可以从概念、前后序、属性等维度给予推荐结果解释。

精准的学习资源搜索。利用知识图谱可以对学习资源进行标签化、知识化和语义化，使系统理解学习资源所涉及的知识点。同时，知识图谱可以帮助系统深度理解用户输入搜索内容，可以很好地实现语义搜索，精准搜索到需要的资源。另外，利用知识图谱可以在用户进行相关知识搜索时，展示与搜索知识相关的知识点，帮助用户进行知识的关联和发散学习。

智能问答和对话。以问答系统为核心的智能系统或者智能机器人已经成为数字化学习领域的一个重要应用。基于知识图谱的智能问答系统，已经在很多学习培训场景中有了落地应用。在问答场景中，学习者可能基于一个问题向系统提问，获得的不再是模棱两可的回答，而是经过后台知识加工处理后的确切回答，不再需要学习者甄别系统给出的多个回答中哪个是适合的、准确的。例如，在语音话术陪练场景中，知识图谱可以将关联知识点通过递进方式以文本、语音方式呈现给学习者。

四、数字化学习领域专业知识图谱构建

在构建知识图谱前，要以终为始，先要清楚知识图谱是要解决什么问题，在哪个应用场景中使用，然后梳理解决这些问题需要哪些知识，构成这些知识的数据是否能从现有系统中或外部获取。上述问题想清楚后再去构建知识图谱，才能有的放矢。

（一）知识图谱构建的整体流程

在创建知识图谱之前，先要了解知识图谱中常用的实体、概念、概念间关系、本体这些基本概念。

实体：是有可区别性且独立存在的某种事物。如图7-5所示，某一具体的课程（或授课教师或关系），如课程"区块链课程"，可称为实体。

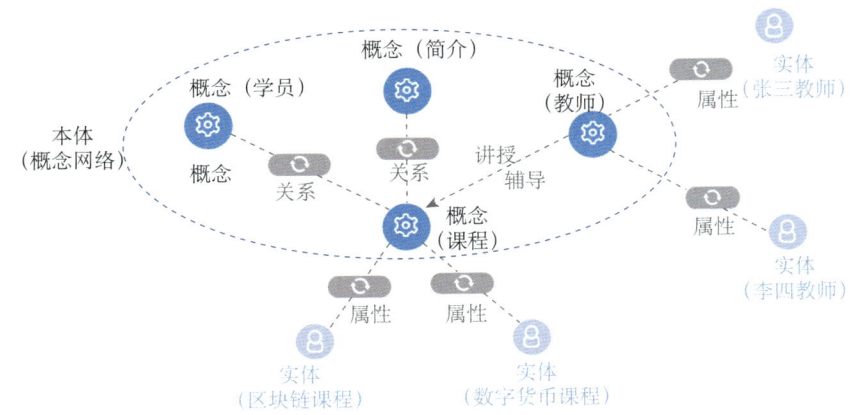

图7-5 知识图谱基本概念示意

概念：指的是抽象的、普遍的想法，是充当指明实体、事件或关系的范畴或类的实体。如图7-5所示，"课程""教师"可称为概念。

概念间关系：是概念之间的相关联系。如图7-5所示，"课程""教师"两者之间的关系"授课""辅导"均可称为概念间关系。关系名称不能重复。

本体：是某个领域中抽象概念的集合，能够描述某个范围内一切事物的共有特征以及事物间的关系。如图7-5所示，概念和概念关系组成的概念网络可以称为一个本体。

领域专业知识图谱的构建，一般需要经过本体设计、知识抽取、知识映射和融合等过程。具体流程如下（见图7-6）：

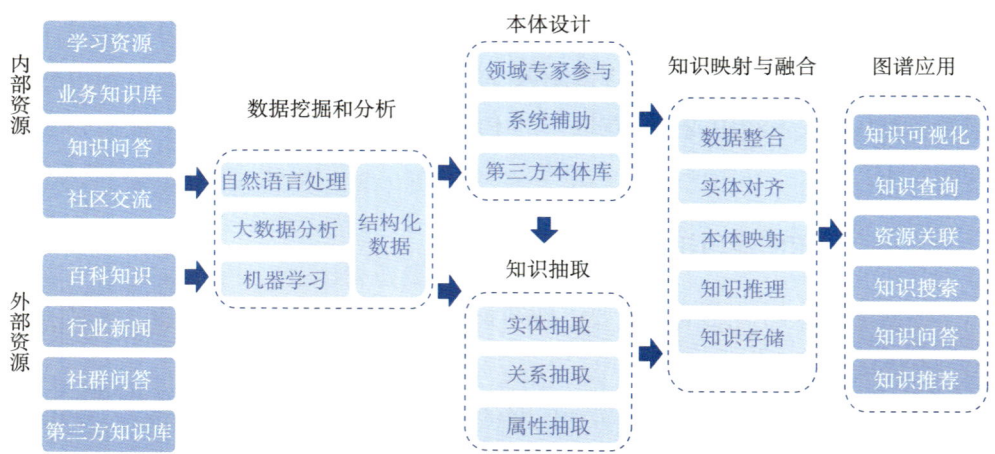

图7-6 知识图谱构建流程

1. 收集内外部资源：从课程资源、业务知识库、知识问答库、社区交流中采集内部资源，从百科知识、行业新闻、社群问答（如豆瓣、知乎）收集外部资源。内外部资源是本体构建、知识抽取最重要的数据来源。

2. 数据挖掘和分析：将采集的资源信息进行数据挖掘和分析，形成结构化数据，供本体设计和知识抽取使用。数据挖掘和分析方法主要有自然语言处理、大数据分析、机器学习等。

3. 本体设计：本体是用于组织知识图谱信息结构，可以通过领域专家参与、众包、引入第三方本体库的方式，构建领域专业知识图谱的本体。

4. 知识抽取：基于知识本体，可以将采集到的结构化数据转换成三元组（对象—属性—值），从非结构化数据中利用多种算法模型抽取三元组。

5. 知识融合：将不同数据来源、不同方法抽取的三元组进行实体对齐、属性对齐等知识融合操作。经过融合验证和知识推理，多次优化迭代得到最终的知识图谱，并根据实际需要选择适当的数据库进行存储。通过知识关联和推理，建立知识点与不同形式的讲义、视频、试题等各种学习资源之间的关联。

（二）知识图谱的本体设计

知识图谱的本体构建，主要是对领域内相关概念的梳理，是对关系、属性以及相关约束的定义，重点是知识点组织结构的定义。由于这些都需要对领域内的业务知识有深度理解，所以本体设计工作当前还主要以业务专家梳理为主，以一定的技术手段作为辅助。业务专家梳理知识体系，可以参考课程和标准教材，梳理出覆盖核心语义的概念及其基本关系，构建出的本领域知识的一个大体框架。知识工程师（也可以是运营管理人员），需要根据知识图谱的建模原则，给业务专家一套梳理知识体系的工具模板，让其按照规范的要求构建本体。提供的工具可以是本体建模工具或Excel都可以。必要时，知识工程师可以根据业务专家的梳理，对照知识图谱的建模原则对知识组织结构进行调整。这样经过双方几次迭代优化，可以很好地构建出一套基本符合要求的知识本体。在构建时也可以通过分析实际应用场景的问题，来反推需要什么样的知识。

业务专家梳理知识组织机构的方式是自上而下，主要依赖业务专家大脑中的知识体系。这种方式在实际过程中会出一些问题：一是业务专家梳理会有较大工作量，在领域知识较多情况下，会出现知识遗漏现象；二是业务专家对知识体系的理解可能不一样，实际语料中的概念、关系描述跟专家定义的可能会不一致。如果有多个专家参与，区别更大，可能导致后续知识抽取不准确。基于这些问题，知识工程师可以使用自下而上方法协助业务专家构建知识体系，即从已有的资源库中提取语料信息（如课程关键字、课程章节目录等），主动从这些语料中挖掘出候选的概念和关系，把候选概念、关系给到业务专家做参考，让业务专家去做"判断题"和"选择题"，通过这样的辅助可以极大地提高建模效率，而且还可以挖掘出同一概念、同一属性、同一关系在语料中的不同表述。

用于数字化学习的领域专业知识图谱中，描述知识的概念性内容比较多，这些概念内容组织的网络通常被称为概念图谱，概念图谱表达领域知识点之间的关系，这些概念间关系构成了领域整个知识的脉络。概念图谱中知识点之间的关系主要包括：上下关系，主要是父子概念之间的关系；包含关系，表示的是知识点包含几个具体的小知识点，是整体与部分的关系；先后关系，是知识点的先后顺序关系，可以用来做学习规划；在不同的领域还有一些特殊关系，比如互斥关系、因果关系等，这些是在实际做图谱建设时，需要领域专家与知识工程师一起去梳理细化（见图7-7）。

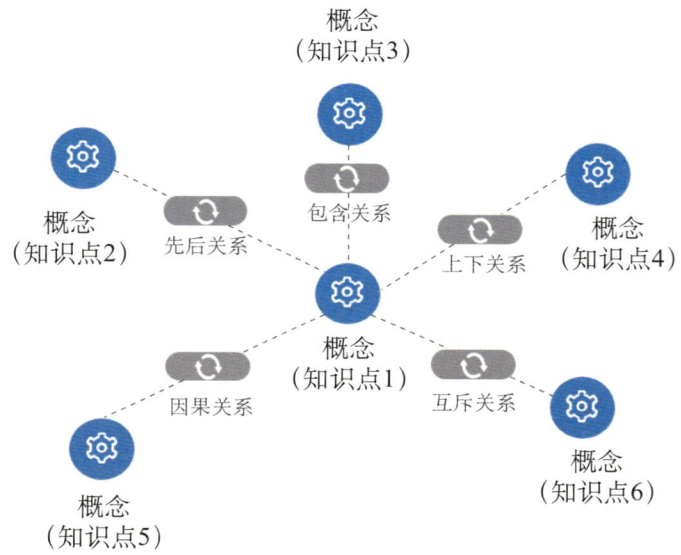

图7-7 概念层知识图谱示意

（三）知识提取

当本体构建完成后，基于本体进行知识抽取是接下来要做的工作。由于专业领域数据与互联网等通用领域相比要小得多，需要标注的数据相比较而言较少，这就导致如果使用通常的监督学习模型，得到的结果会比较差。所以实际操作时会采用多种方法、多种策略的组合来解决数据量较少的问题。首先在数据源上，优先选择结构化和半结构化这种良构数据，去快速构建初步版本的知识库。然后再逐步使用众包标注、系统辅助提取的方法，从非结构化数据提取知识，充实到初始版本的知识库中。知识抽取主要包括领域实体识别和关系抽取两部分。

一是实体识别。在互联网等开放领域常用的实体识别方法有基于规则的方法，基于无监督学习的方法，基于特征的有监督学习方法，以及深度学习的方法。但由于专业领域内知识大都是专业专有名词，且可供标注的数据稀少，决定了在成本约束的情况下，在不少情况下都没法直接用在开放领域应用较为成熟的模型。但是领域知识图谱的优势在于，一般组织都会积累该领域内的词库或知识库，垂直领域的第三方知识库逐步出现，可以利用这些词库，加上基于规则的方法、无监督学习方法和抽取策略综合去解决问题。

二是关系抽取。在关系抽取时，优先使用结构化、半结构数据源。对于非结构化数据，主要利用基于规则的方法、预训练模型、众包等方法综合解决。对于知识点间的关系，可以利用数据挖掘算法，从不同版本教材或课程讲义的目录安排、课程章节安排、试卷知识点分布，用户行为日志等数据中，挖掘知识点之间的关系。

（四）知识融合

知识融合是指融合来自多个数据来源的关于同一个实体或概念的描述信息，对来自不同数据源的知识在统一规范下进行异构数据整合、消歧。例如，从两个系统中获得的两条实体数据"知识图谱"和"Knowledge Graph"，这两条数据实际上指的是同一个实体，因此需要对这两条数据进行融合。

知识融合一般操作步骤包括：初步筛选融合标识符相同的实体数据。根据相似属性和相似度函数，判断数据之间的属性相似度。对属性相似度均达到阈值条件的数据进行融合。最后通过融合验证，验证当前知识融合的配置产生的结果是否符合预期。

由于用于数字化学习的知识图谱对质量的要求非常高，所以在质量控制环节，对于知识执行度相对较低的知识，需要由业务专家进行人工审核，来保证正确率。知识资源的构建过程是一个长期的发展过程，需要运营团队、工程团队配合，迭代完善。

五、知识图谱的应用：智能问答

智能问答通过自然语言对话的形式帮助学习者从知识库中获取知识，它不但是知识图谱的核心应用之一,也是自然语言处理的重要研究方向。智能问答系统是一个拟人化的知识问答系统,它接收使用自然语言表达的问题,理解用户的意图,获取相关的知识,最终通过推理计算形成自然语言表达的答案并反馈给用户。

(一)智能问答的基本要素

智能问答是人机对话的一种形态,它强调以自然语言问答为交互形式从智能系统获取知识,不但要求智能系统能够理解问题的语义,还要求基于自身掌握的知识和推理计算能力形成答案。问答是一种典型的智能行为,例如著名的图灵测试就是考验能否通过自然语言对话的方式判断答题者是人还是机器。

智能问答系统一般具备四大要素:一是问题,是问答系统的输入,通常以问句(问答题),也会采用选择题、多选题、列举答案题和填空题等形式出现;二是答案,是问答系统的输出,除了文本表示的答案,有时也需要输出一组候选答案,甚至是多媒体信息组成的答案;三是智能体,是问答系统的执行者,需要理解问题的语义,掌握并使用知识库解答问题,并最终生成人类可以理解的答案;四是知识库,存储了问答系统的知识,其形态可以是文本、数据库或知识图谱。

(二)智能问答的应用场景

2011年,IBM研发的超级计算机"沃森"在美国知识竞赛节目《危险边缘》中上演了"人机问答大战",并一举战胜了两位顶尖的人类选手,成为人工智能发展史上又一标志性事件。伴随搜索引擎和网络社区而生的社区问答(如百度知道),以及伴随电子商务、互联网金融而生的产品购买问答(如淘宝机器人客服),都是智能问答的重要应用场景。

智能问答可以直接嵌入搜索引擎的结果页面,将问答的答案与搜索的结果列表同时展示。智能问答可以作为智能客服或智能助理等智能机器人的底层技术应用,除了帮助人们获取知识,还可以跟人聊天,帮助人类执行任务,将用户问题转化为结构化查询,利用多轮对话补全用户的意图等。智能问答还可以应用于阅读理解,各种答题机器人和对话机器人也是智能问答的一个重要方向。

（三）智能问答在数字化学习领域的应用

在数字化学习中，智能问答提供了工作业务场景下的及时问题解答。以往员工主要通过向专家咨询和外部搜索方式寻求工作遇到问题的答案，而通过网络搜索到的内容对员工本身辨别能力提出了较高的要求，且内容不一定适合本组织实际工作需要，不能拿来直接使用。智能问答为员工提供了一个即时快速准确的回应方式。智能问答是基于问题的语义解析和知识图谱检索，快速地给出标准陈述性回答。除了文本类型的回答以外，还可以精准定位一段课程视频片段的回答，学员无须从头到尾听一遍课程才能获得答案。

无法通过智能回答得到解决的问题，可以进一步反馈至专家，由专家给出答案。该问题和专家解答又被吸收进入知识库，机器得以训练，今后回答类似问题将更加准确。随着学员使用越多，能够精准回答的问题就越多，机器将变得更加智能，需要专家答疑解惑的情况会越来越少。

要想问答真正达到智能水平，需要重点关注影响回答精准度的两个底层技术。一是语义解析技术，如何准确理解学员提问问题，是做智能问答首先面临的问题。学员对同一提问问题可能有不同表述，如何精准识别？首先需要考虑有哪些表述的可能性，哪些表述可以根据规则归结为同一个问题，一般需要构建专业的提问问题语料库和提问规则匹配库。目前供垂直领域使用的语料库还很少，第三方平台提供的语料库大都集中在生活场景，而垂直领域的语料相对缺乏，因此需要组织采用多种方式积累更多行业专业语料，提高语义解析的准确性。二是知识图谱技术，在之前已经介绍了知识图谱的构建方法，这里需要注意的是，应用于智能问答的知识图谱，对知识点的关联关系、知识点与学习资源的关系要求更高，有时需要系统自动生成和人工确认相结合的方式来确保知识的准确性。

第五节　知识中台改变知识管理模式

知识是企业智能化升级的重要基础，企业希望通过构建知识体系，帮助企业探索和发现前所未有的商业洞察，强化企业业务运营与服务能力，支撑商业模式转型和智能化应用创新。做好知识管理在金融企业中具有深远的商业价值。然而企业依靠传统的方式进行知识管理，已无法满足日益迫切的知识应用需求。在数字化时代，在拥有海量合法的数据资产的情况下，借助人工智能，各行业正在以全新的、合规的方法推进知识的收集、组织、检索、应用。鉴于此，能够为企业提供全生命周期、一站式服务、定制化知识解决方案的知识中台应运而生。

德勤和百度在《知识中台白皮书》[①]提出，知识中台是基于人工智能技术形成的智能化知识解决和方案，它具有全链路的知识管理能力，覆盖知识的高效生产、灵活组织和智能应用。以数据为基础，知识中台能够自动化地从数据中提取知识，在业务场景的人机互动中主动推荐知识，帮助业务人员高效、精准、智能地制定决策，提升企业的经营效率与业务创新能力。通俗的理解是，知识中台可以将知识图谱、自然语言处理和机器学习能力以PaaS（平台即服务）方式输出，为其他上层应用平台提供知识服务，使得组织无须从头构建智能化知识管理系统，就能具备较为专业的知识管理能力。

一、知识中台的技术原理

知识中台的基础技术包括知识图谱、自然语言处理和多模态信息综合理解。这些技术能够以PaaS调用方式对外提供服务，支撑知识中台的高级产品形态和外部系统应用。

知识图谱：机器认知世界的基础。机器认知能力的突破，高度依赖大规模知识图谱的运用。知识图谱通过整合组织内外数据和信息，挖掘非结构化、半结构化及结构化数据，运用多种智能分析算法，生成全方位洞察，帮助组织打造智能应用。

自然语言处理：在知识的加持下，语言理解相关技术能力不断增强，机器也可以逐渐像人一样思考。通过建立知识增强的语义理解框架，在深度学习的基础上融入知识，机器可以具备人类一样的持续学习能力。通过进一步融入知识、语义理解以及增强小样本学习能力，机器的阅读理解和对话能力也在迅速增强。

图像、语音、视频等多模态信息的综合理解：与人类认知世界的形式类似，机器认知世界时，不仅使用自然语言，也需要综合运用图像、语音、视频等多模态信息处理手段。知识增强的跨模态深度语义理解方法，是通过知识关联跨模态

---

① 德勤&百度. 知识中台白皮书：从数据到知识，知识中台赋能企业智能化升级 [R]. 2020.

信息，运用语言描述不同模态信息的语义，进而让机器实现从"看清"到"看懂"、从"听清"到"听懂"，即图像和语言、语音和语言的一体化理解。融合场景图知识的跨模态语义理解预训练技术，大幅提升了跨模态推理能力。

知识中台技术架构如图7-8所示。

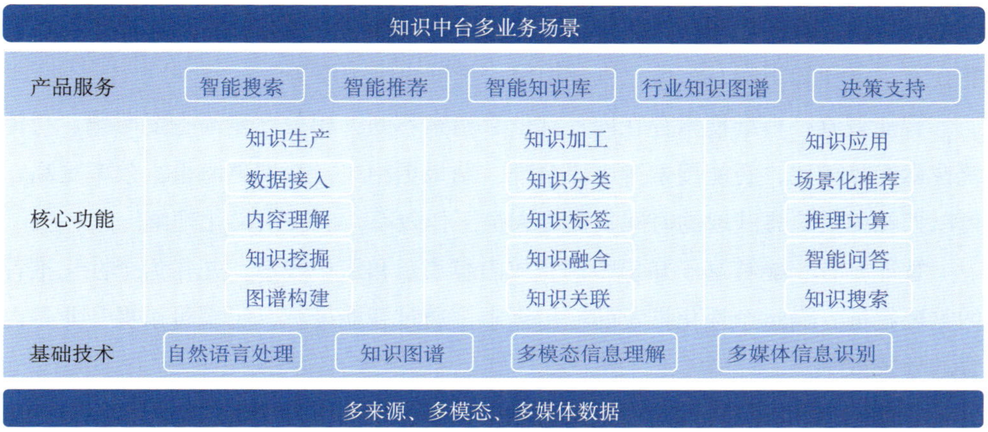

知识中台多业务场景				
产品服务	智能搜索	智能推荐	智能知识库	行业知识图谱	决策支持
核心功能	知识生产		知识加工		知识应用
	数据接入		知识分类		场景化推荐
	内容理解		知识标签		推理计算
	知识挖掘		知识融合		智能问答
	图谱构建		知识关联		知识搜索
基础技术	自然语言处理	知识图谱	多模态信息理解	多媒体信息识别
多来源、多模态、多媒体数据				

图7-8 知识中台技术架构

二、知识中台的应用

知识中台可以提供平台层技术产品和应用层场景产品。

（一）平台层技术产品

平台层技术产品是将知识中台蕴含的大量技术能力，通过PaaS调用方式对外输出，为其他平台提供服务，帮助企业打造知识在业务场景中的应用。平台层技术产品可以满足具备一定技术能力的合作伙伴、集成商、客户的二次开发需求，对应用层场景产品和行业解决方案产品形成良好支撑，更加贴近组织的具体场景、行业需求。

以知识图谱平台为例，知识定义、图谱构建、图谱应用等核心能力被服务化封装，形成一套完整的图谱构建与应用平台产品。该产品能够较好地解决多类型数据构建图谱的难点，内置完善的图谱构建方法论，可帮助企业显著减少知识图谱构建成本，并对各类上层业务场景应用提供良好支撑。此外，知识中台含有大量AI认知能力，同样可以作为工具化服务对外输出，大幅缩短图谱应用开发建设周期，并拓展应用领域和范畴。

（二）应用层场景产品

应用层场景产品，是基于企业对知识管理和应用的典型场景需求，将流程、运营、管理、技术等组合封装，形成满足企业具体任务需求的产品。具体包括智能搜索、智能知识库、个性化推荐引擎、推理决策引擎等。

智能搜索：传统搜索存在内外部信息检索不到、相关性差等主要问题。与传统搜索产品相比，智能搜索排序更合理、结果更相关，数据更海量、效率更高，可以大幅缩短信息获取的时间，提高人员工作效率，实现语义化理解。

智能推荐：能够基于知识图谱完成内容表示和用户表示，并作为个性化推荐的重要特征，满足个性化推荐的应用需求。通过智能推荐，组织可以提升业务内容的分发效率。

智能知识库：依托知识中台的智能知识库，集成中台丰富的知识组织与应用能力，具备多模态内容生产能力和应用方式，具备自动化沉淀知识的能力。通过业务化、专业化的知识沉淀，可在业务中深度满足专业场景需求，最终服务各垂直业务场景。

推理决策引擎：基于知识图谱的图计算和解释推理能力，推理决策引擎代表组织智能化水平较高的场景型产品。依据丰富的知识类型驱动推理，运用知识来辅助业务场景分析。推理决策引擎可根据具体业务，满足场景化知识复杂应用的需求。例如，在金融领域反欺诈场景，不仅可以整合借款人的基本信息（如申请时填写的信息），还可以把借款人的消费记录、行为记录、网上的浏览记录等整合到整个知识图谱里，从而进行分析和预测。利用图谱推理技术和深度学习推理技术，为从业者识别出欺诈案件（身份造假、团体欺诈、代办包装），从而提升金融机构风险管理能力，是推理决策应用场景之一。

三、知识中台在数字化学习中的应用

（一）知识中台助力构建知识体系

传统课程因内容章节组织、知识点分散，学习者难以发现相互之间的关联，基于知识中台的图谱构建能力，可以帮助老师将课程内容数字化，并为每门课程设置知识标签，构建知识点关联关系，从而形成完整的知识服务体系。各门课程的目标、学习路径、知识点的关联性和逻辑性等信息系统性展现给学习者，帮助学习者明晰学习过程和结果，帮助学习者更好地掌握课程知识。另外，知识中台也能够帮助老师完善教学动作，如提供可检索的课件模板、动态补充教学参考资料等，提升教学的效率和质量。

（二）知识中台满足个性化学习需求

当前，企业制订项目培训方案主要依据特定群体制订课程计划，难以按照学习者个体的知识储备定制，无法实现因材施教。借助知识中台的图谱能力，数字化学习平台能够改变课程的底层逻辑框架、重组知识结构，将课程要点按照学习者个体的掌握程度、酌情、适度推送给学习者，提升学习者的学习效果，实现真正的因材施教。目前，已经有金融企业的学习平台，能够基于每个学习者独立的历史行为数据，如学习阶段、学习时长、测试成绩等，构建专有用户画像，结合知识图谱设定个性化学习方案。在学习过程中，针对学习者的表现动态调整，推送丰富的学习内容，以提升学员的学习兴趣、学习效果。

第六节 云编审平台提高资源生产效率

网络课程的制作与审定，是数字化学习资源建设的重要组成部分。课程的编审效率、编审质量、审查合规要求对学习资源和学习项目运营有着直接影响。当前课程编辑和审定面临多重挑战。

课程内容来源日益丰富要求提高课程编审效率。在"互联网+"时代，用户创造内容（UGC）模式产生了大量丰富的网络课程资源，这些资源最典型的课程形式就是微课，组织中每年生产的微课数量从几百门到几千门不等，这与专家创造内容（PGC）产生的课程数量相比，有了数量级上的提升。课程数量的大幅提升，对网络课程的制作、编辑、审定、分发和使用提出了更高要求。

知识的载体和传递方式的演进过程如图7-9所示。

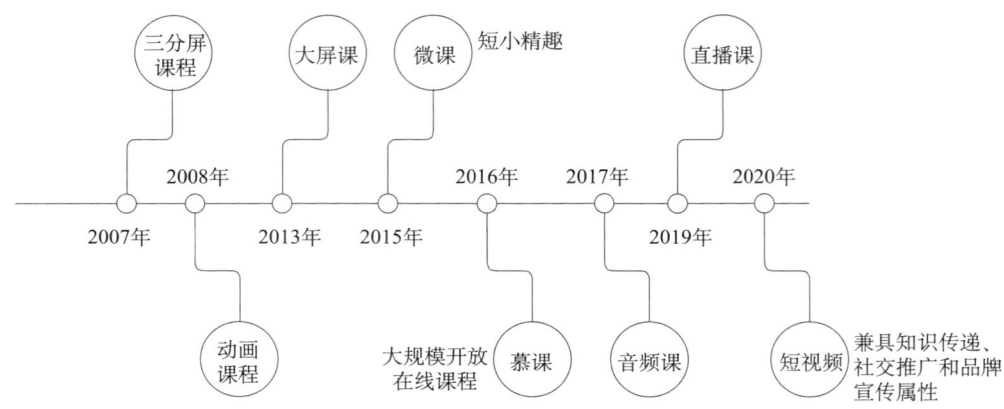

图7-9 知识的载体和传递方式的演进过程

自建课程编审系统存在资源和技术的双重门槛。由于课程编审系统对资源和技术具有双重要求，搭建系统首先需要投入高昂的资金购置基础设施，其次，音视频技术领域研发过程复杂，涉及多样的技术栈，组织需根据实际应用场景和业务需要进行高难度的二次开发，无论人力成本或时间成本考虑都是一笔不小的投入。由于企业独享整台服务器的资源和性能，但在实际应用中很少能够满载运行，导致服务器的大量资源长期处于闲置状态，资源浪费的现象普遍存在。

越发重要的意识形态工作和知识产权保护对课程审查提出更高要求。如何加强选题管控、内容监督、版权保护，确保上线网络课程不出现违背主流意识形态内容，不出现知识产权问题，是当前网络课程审查面临的一项重要内容。单纯依靠人工来发现上述问题，容易出现错漏。急需利用技术手段解决上述问题，在技术辅助下，一些涉及意识形态、侵权、色情、暴恐、违禁、广告等维度的图像、语音和文字可以被机器识别出来，可疑内容再进行人工二次审核，对提高网络课程审查效率、节约人力成本。

综上所述，网络课程的音视频编辑和转码效率、技术审查和内容审定时间周期是影响网络课程快速交付使用的瓶颈问题。据初步统计，网络课程的编审时间一般是课程本身时长的3~5倍，如果再计算将课程素材送交相关部门审定的在途时间，平均单门课程的编审时间跨度为1~2周。同时，网络课程的编审质量，也直接影响学习者学习课程体验，内容合规性和准确性，网络课程的转码效率高低也对视频文件存储、视频播放带宽流量等费用成本产生较大影响。

可以利用云计算、人工智能在多媒体领域的成熟技术，解决上述问题。在利用先进的视频云服务，如云转码压缩、智能视频审核、音视频转文本等底层技术的基础上，构建多渠道课程汇聚、多人协同课程编审、多种类课程分发的云课程管理系统，从而实现网络课程资源的全流程管理、编审辅助工具支持和课程内容管控等功能，从而提高课程编审效率和质量，节约云资源成本（见图7-10）。

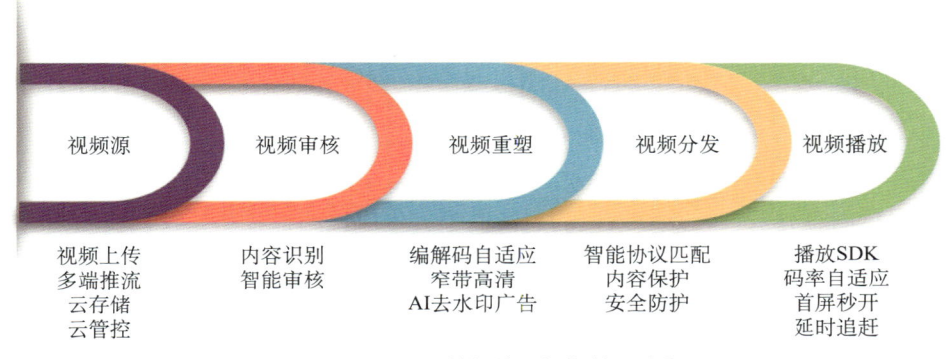

图7-10　端到端的智能云视频管理流程

一、云转码

云转码服务，又称媒体处理，为海量多媒体数据提供经济、高效、弹性的转码和音视频处理服务，支持丰富的转码格式，适合在PC、TV以及移动终端上播放。云转码服务有高清低码、倍速转码、可扩展性、高可定制、智能检测、视频修复等特点。

云转码可以大幅压缩视频文件容量，从而节省学习视频流量费用。云转码方式与软件转码方式比较，在相同分辨率下压缩比率更高，压缩文件容量更小。通过实际转码测试，采用云转码方式处理视频，可以将视频压缩到只有原视频文件大小的15%～30%。如果1G大小的课程视频文件被上传到远程培训系统供学员学习，假设有1万人学习，原本需要花费服务器流量费用2400元。如果使用云转码技术将上述文件转码后，视频文件被压缩到200M，同样人数学习花费的服务器流量费用为480元，费用成本下降80%（见图7-11）。如果学员使用4G或5G手机学习课程视频，则同样也会同比例节省学员自身手机流量费用。

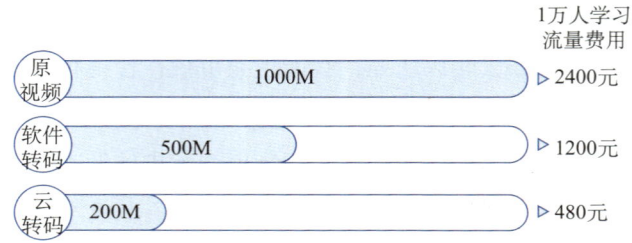

注：图中数据为选取的单个视频样本测试得出，不同视频转码后的视频大小会有所不同。

图7-11 云转码节省流量费用分析

二、视频内容分析和检索

视频内容分析，可以有效检测视频内容，生成视频标签和指纹。视频内容分析服务提供多维度的视频分析算法，具有对视频中人、车、物、行为的多目标检测、识别、分析等能力，在多种场景下准确高效地输出视频结构化信息，具有为用户构建强大、全面、便捷的视频内容分析能力。该服务包括视频编辑服务、视频标签（简称VCT）、视频指纹等内容。

媒体资源检索，能便利课程编辑人员和审核人员快速查询课程素材信息。通过准确丰富的视频标签体系，对视频、图像、文本等媒体文件进行内容编目，支持通过关键词或标签文本，对素材库中的内容进行快速检索，提升视频资源检索效率与准确性。其中智能视频标签是通过对视频中视觉、文字、语音、行为等信息进行分析，结合多模态信息融合及对齐技术，实现高准确率内容识别，自动输出视频的多维度内容标签，将非结构化信息转化为结构化信息。可应用于视频智能分析、视频审核、视频搜索、视频个性化推荐，助力视频智能生产。

三、视频云剪辑

视频云剪辑提供多人协同编辑课程。云剪辑提供云端视频剪辑制作服务，提供在线可视化剪辑平台，帮助编辑人员高效处理、制作视频内容。除基础的剪切拼接、混音、遮标、特效、合成等一系列功能外，依托云剪辑及点播一体化服务还可实现标准化、智能化剪辑生产，大大降低视频制作门槛，缩短制作时间，提升内容生产效率（见图7-12）。

图7-12 视频云剪辑

(资料来源：阿里云网站)

四、语音识别和转换

语音识别和转换可以生成替代课程教师授课的语音。短语音识别可以将口述音频转换为文本，通过API调用识别不超过1分钟的不同音频源发来的音频流或音频文件。识别的语言为中文普通话。实时语音转写，将连续的音频流实时转换成文本，语音识别更快。可应用于直播实时字幕、会议实时记录、即时文本生成等场景。

定制语音合成，使用深度学习算法，将文本转换为自然流畅的语音，可以支持中英双语以及多种音色，可调节语调、语速、音量，适用于智能客服、有声阅读、语音导航、智能教育等场景。

五、内容智能审核

内容智能审核，能为课程内容审核人员提供有效支持，从而提高审课效率。视频质量审核功能，可以对媒体文件的标题、简介、内容、封面等媒资全维度内容进行审核，最大概率地帮助识别语音、文字、画面中可能违规的信息或内容，包括色情、暴恐、广告、不良场景识别，并及时告警提示违规风险，还具有视频去字幕、字幕提取、绿幕抠图、音频检测等功能，满足多维度媒体智能处理需求。

◎ 示例：云课程编审管理平台

云课程编审管理平台是在先进的视频云服务，如云转码压缩、智能视频审核、音视频转文本等底层技术的基础上，构建多渠道课程汇聚、多人协同课程编审、多种类课程分发的云课程编审管理系统，从而实现网络课程资源的全流程管理、编审辅助工具支持和课程内容管控等功能，从而大幅提高课程编审效率和质量。

云课程编审管理系统由课程微门户、编审平台、管理平台、支撑工具和云服务5个模块构成。各部分功能架构如图7-13所示。

（一）课程微门户

可以根据需要将多个课程文件以专题的形式集合至一个页面展现，实现内容有序归置、有限共享、多人浏览。可以将专题链接分享至微信公众号、微信群、朋友圈等。也可以将微门户灵活集成至APP、小程序、公众号、网站等固定展示位。

（二）编审平台

课程汇聚：可以上传多种音视频、图文、文档格式课程文件，并根据需要利用云转码等转换技术，将不同格式文件进行格式转化、文件压缩、视频修复等功能，在汇聚的同时可以利用智能审核云服务实现对上传文件的快速筛查，避免出现涉及非法、盗版、意识形态方面的问题。

课程生产：视频播拆一体，单段、整档灵活拆，节目单切片、平均切片自由拆，打点、提交协同拆。支持从视频中提取封面、摘要等。支持视频多版本比对、一键音视频分离、多人协同审评、超高清视频制作、基于帧的多轨视频编辑。

课程审查：实现多人按照流程对课程进行技术和内容审查。

课程发布：支持课程独立发布分享，或者多个课程组成专题发布。

用户注册登录：提供课程上传者、课程审查者、总行和分支行管理员等多种角色用户的注册和登录。

协同编辑：支持多人实时和非实时在线浏览、编辑、评论同一篇文档。支持同时在线编辑文档的人数上限为50人，多人在线浏览同一文档无人数限制。

多人审评：可以为团队和项目快速创建分享文件夹，并为团队成员设置访问与编辑权限，让团队一起审核评论课程。文件和文件夹支持重命名、移动、快速访问、收藏等操作，让文件管理更高效。支持按文件类型、文件所有者、浏览时间等条件进行高级搜索，更便捷地查找与使用文档和文件。

联动运营：各级管理员可以共享课程素材和评审流程，查看课程浏览评论评审结果数据。

（三）管理平台

用户权限管理：可以按照不同角色对用户权限进行管理，主要角色包括课程上传、课程评审、课程评论、课程管理等角色，每个角色根据组织机构层级进行管理权限范围划定。

课程资源管理：管理课程相关的各类型资源，对资源进行分类管理。通过对视频进行加密，杜绝被破解下载，同时搭配防翻录、防盗播、防篡改，实现从视频源、传播途径、播放终端的全方位技术防御，覆盖电脑/网页/APP/小程序全终端；辅以盗版监测、安全升级服务等措施。

审核流程管理：对课程的审核流程进行流水化设置，可以根据不同类型课程制订对应流程。

课程发布管理：对分享和发布的课程进行管理，维护查看课程人员范围和共享评论权限。

数据统计分析：对课程、用户、流程等进行数据统计和分析。

课程专题管理：支持将多个课程文件进行组合，形成专题，分门别类展示。

账户资源计费：对各个用户使用存储空间、媒体处理、带宽流量等云资源情况进行统计和计费。

云资源管理：对接入的云资源服务商和相应云服务进行管理。按需扩展云资源。

（四）支撑工具

音视频播放工具：支持一键观看，支持H5和Flash插件播放，多端适配观看视频，支持倍数播放、断点续播、可自定义风格、精美的动画效果和增强视觉效果。

文档和音视频编辑工具：支持多人实时和非实时在线浏览、编辑、评论同一篇文档。对音视频文件进行编辑，如美容滤镜、抖音特效、转场特效、视频水印和滑动切换等。

分享和展示工具或接口：与微信、QQ、钉钉平台进行接口对接，支持分享到相应平台展示。

（五）云服务

实现课程文件云端存储和云转码，对视频进行分析和剪辑，对语音进行识别和转换，对内容进行智能审核和版权保护，利用CDN对流媒体进行加速访问，并使用云服务提供的安全审计保护。

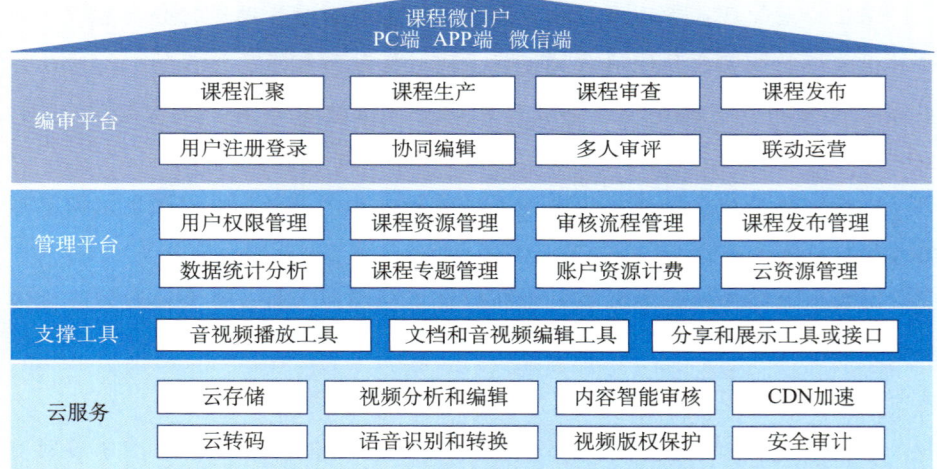

图7-13 云课程编审管理平台功能架构

第八章　人与知识的精准匹配：学以类聚，人以群分

题首语： 千百年来"因材施教"的教育理念，因大数据和人工智能技术的发展，有望在个性化学习实践中落地生根。数据智能刻画了学习者个体和群体特征，让人与知识精准匹配。

第一节　从"人找课"到"课找人"

"我要学习的知识在哪里？"每个经历过线上学习的学习者都会走过这样一个心路历程：当学习者带着明确的学习目标、满怀学习热情登录学习系统，系统呈现在学习者面前的是分类整齐的课程目录和多到数不清的资源列表，虽然学习者知道自己想学什么，但好像系统并不知道。于是学习者只好逐个寻找，看课程标题、看课程简介，搜索关键字，也许学习者能很快找到要学习的知识，但也有可能是找了半天没有找到合适的学习课程，或者发现课程里提到的知识点都已经知道了。学习的挫败感油然而生，算了，还是去问师傅吧！

还有一种情况是，学习者并没有明确的学习目标，自己也很困惑自己哪里不会、应该学些什么，登录系统看到琳琅满目的课程，觉得都应该学一下，但是学过以后又感觉没有什么收获，徒增焦虑感。这时，学习者特别期望系统能给出清晰的学习指引。

目前，大部分数字化学习系统还无法照顾到每位学习者的个性和差异，人们已经习惯在浏览新闻、购物等场景中享受智能推送带来的便利，但是在数字化学习领域这种智能化推送还未真正普及。值得欣慰的是，数字化学习的用户规模和学习行为数据正以史无前例的规模生产和积累，这些数据已经成为解开问题的关

键钥匙，通过合规方式可以获得用户方方面面的学习行为数据，丰富的数据来源可以更为精准地勾勒用户，聪明地归纳每个学习者不同的学习习惯、兴趣偏好，构建千人千面的用户画像，从而为不同学习者智能推送精准的学习内容，满足学习者个体的个性化学习需求。

系统提供给学习者的是多元与个性化的学习历程，而不是以往齐头并进式的课程规划，最终实现从"人找课"到"课找人"的目标。

第二节　从"千人一面"到"千人千面"

早在2000多年前，孔子就提出了因材施教、有教无类的思想，其本质就是提供适合的优质的个性化教育。然而，受限于教师资源的限制，个性化教育一直难以落地。科大讯飞轮值总裁、人工智能专家吴晓如曾说，教育资源不均的本质是优秀教师资源的不均衡，而教育大数据就是解决这一问题的钥匙。

金融行业员工工作负荷高，知识更新迭代快，监管部门要求必须参加的各种学习、考试也很多。面对海量的学习资源，甚至可能出现"认知负荷过载、学习焦虑"等问题。能否根据员工自身的学习过程，进行智能化分析，得出其学习行为规律及认知特点，并提供个性化的学习资源推荐，员工据此开展精准学习，即学即用呢？随着人工智能技术的发展，深度学习、智能推荐算法的发展，根据员工能力短板标签，精准化地进行学习资源推送已经成为现实（见图8-1）。

为此，金融企业构建员工全景档案和员工所在岗位画像，将岗位要求和员工的绩效情况、能力标签进行智能比对，从而找到员工的职涯周期中入职、在职、转岗、晋升等职业发展和现实工作各场景存在问题，根据问题标签与课程标签映射，形成全职涯的学习全景图，再利用个性化推荐引擎，开展人课匹配，智能推课。通过智能化的自适应学习模式，精准推荐课程，可以帮助员工减少50%的冗余学习。

此外，还可以将学习平台与绩效管理系统打通，从员工的年度计划、工作总结中发现员工当前能力与按年度计划有效完成工作之间的绩效差距，依据差距精准地推课。

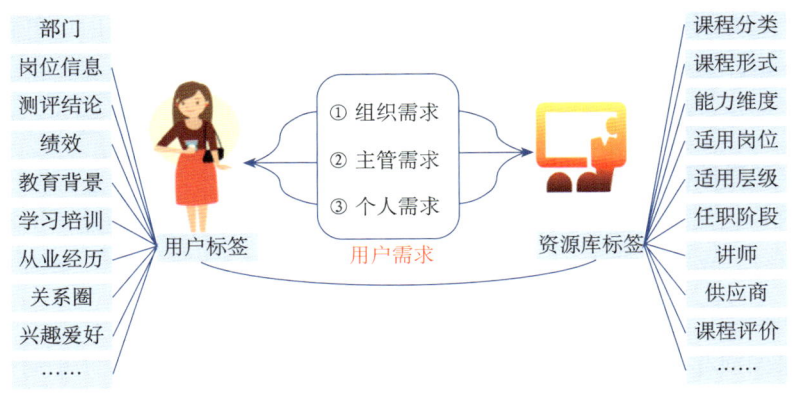

图8-1 智能化学习资源推荐

第三节 用户画像:分析和理解学习者

一个学习型组织需要用更为有效的方式去挖掘其潜在的学习用户的需求。在数字化时代,运营手段多种多样,但不管有多少种方式,都离不开一个核心——分析用户和理解用户。用户画像是分析用户和理解用户最好的工具之一。

一、用户画像的概念和作用

用户画像所做的工作其实是"管中窥豹""盲人摸象":通过从不同角度、不同维度对用户侧面的刻画描述,以期得到对用户尽量全面的认识。例如,从客户的账户资金往来记录和历史贷款记录分析银行客户的信用水平,从用户的网络购买行为分析买家的消费水平,从用户浏览、搜索、收藏、评价等行为中挖掘用户对商品类别、品牌的喜好等。

在数字化学习领域,用户画像是通过对海量的学习者学习行为数据,结合用户属性、行为习惯、兴趣偏好、学习轨迹等数据进行深入的分析和挖掘,形成学习者各个维度的学习属性信息,勾勒出学习者个体或学习群体的轮廓概貌,帮助系统更好地了解学习者,从而更精准预测学习者学习兴趣和个性化学习需求。

如果希望根据用户特点提供个性化的学习服务,都可以使用用户画像的思路解决。用户画像可以应用在下面几种场景中。

1. 用户细分：根据用户画像中各类用户统计数据，可以对用户群体进行区分，如分析在线学习系统中活跃用户群体具有哪些明显特征，是刚入职场的新员工还是有工作经验的老员工，是"90后"还是"80后"居多等。细分用户可以为后续开展针对性的培训和活动提供数据支持。

2. 内容优化：根据用户学习课程的行为轨迹数据，可以知道用户对哪些主题的课程内容感兴趣，课程中哪部分内容停留学习时间较长等信息，后续培训部门可以有目的地开发特定主题的课程内容，对已有课程内容进行重新梳理和编排。

3. 课程推荐：用户画像的核心应用是个性化课程推荐，系统基于用户画像，根据学员的学习行为习惯和学习经历为其推荐"定制"内容，规划个性化学习路径，最大限度地满足用户的个性化学习需求。

4. 能力模型构建：用户画像还可以为构建个人能力素质模型提供详细的数据参考。如根据用户的岗位、知识、专业和能力水平等，可以对用户能力素质进行全面的了解和评估，找出用户能力与岗位能力要求的差距，从而进行相应程度的学习支持。

二、用户画像的分类

基于用户画像是否与任何具体的系统或应用场景绑定，用户画像被分为通用用户画像和特定用户画像。

通用用户画像：希望刻画用户的方方面面，通常包括用户基本属性（如姓名、年龄、地域等）、用户社会属性（单位或职业属性、职务等）、用户行为特征（学习内容主题偏好、学习内容形式偏好、消费特征等）、用户价值属性（积分等级、活跃度等）、用户生命周期（新用户、存量用户等）。通用用户画像追求大而全，因而构建难度大，实际应用较少。

特定用户画像：是应用在特定场景中的一类用户画像。如推荐系统中用户画像，只有通用用户画像中的少部分维度，这些维度服务于具体应用场景，用户画像的有效性更强，更具有价值。

基于用户画像数据是否是独立于产品之外的属性，用户画像被分为静态用户画像和动态用户画像。静态用户画像和动态用户画像的数据是相辅相成的，缺一不可，它们共同组成了一套完整的用户画像系统。

静态用户画像：是用户独立于产品（课程）之外的属性，如性别、年龄、岗位、所属机构等学习者的基本信息。静态用户画像的数据来源于用户输入或后台导入，可以让系统对用户的情况有基本了解。许多基于岗位的课程推荐就是来源静态用户画像数据。

动态用户画像：是根据用户在系统中的行为动态生成的，常见动态用户画像数据包括学习课程轨迹、学习课程时长、位置信息、搜索信息、评分、收藏、分享、评论等。动态用户画像可以分为显式用户画像和隐式用户画像。显式用户画像是系统基于规则生成的，可读性好的画像，能准确地反映用户行为特征，如获得的学时和积分，用户对课程的评分等。而隐式用户画像是基于算法生成的，可读性较差的画像，用户行为数据需要通过一些分析和处理，才能较为准确地反映用户的喜好，例如学习者在一段时间内学习了多门相同主题的课程，系统经过分析和处理，可以了解到学习者对哪个主题课程更感兴趣。

三、用户画像的构成

具体地，如果要在数字化学习应用场景中使用用户画像，则需要建立用户和课程之间的连接，构建学习资源模型（物品侧画像）和学习者模型（用户侧画像）。

学习资源模型构建（物品侧画像）：对课程、考试、问答、案例等学习资源的多维度刻画，找到能够代表该学习资源主要属性和特点的维度，在保证数据有效性的前提下维度信息可以尽量丰富。

学习者模型构建（用户侧画像）：刻画用户的客观属性，或者通过分析计算用户对学习资源所产生的行为，形成与学习资源维度连接的用户维度画像。

一般需要首先构造出资源侧画像及其标签，这是计算用户侧画像的基础；其次通过资源侧画像计算出用户侧画像，这部分是和用户关系最紧密的画像标签；最后对用户画像进行扩展，得到关系不那么紧密，但是对丰富用户维度刻画有帮助的标签数据。

（一）学习资源模型构建（物品侧画像）

根据学习资源的特点和用户画像需要，首先对数字化学习中的物品——学习资源进行刻画，形成学习资源模型。一般学习资源模型包含资源名称、资源作者、资源简介、资源类型、资源包含知识点、资源章节、资源学习时长等信息。下面列出的是学习资源模型的一个示例，在实际物品侧画像构建时，一般使用的维度信息均包含在内。

◎ **示例：学习资源模型（物品侧画像）**[①]
　　　学习资源模型（Learning Resource Model，LRM）

LRM=（UID，Name，Auth，KWS，Media，Type，KN，Chap，Diff，Aggre，Interact，TD，State，Leavel，R&）。其中：

UID为资源对象标识：为了识别每一个学习资源，使得学习资源在不同设备与学习者之间分发、存储、共享使用，每个学习资源在系统中应该有一个唯一的标识，用UID表示。

Name为资源名称：资源的名称是对该资源的命名。

Auth为资源的作者：记录资源的创作者，根据资源的作者可以区分资源的质量，学习应具有系统性及连贯性，在给学习者学习过程的不同阶段推荐同一作者的不同资源有利于学习的连贯性，使学习者效率更高。

KWS为资源关键词集：关键词集是对资源的核心内容及主题的精确简要描述，用于快速地实现学习者对资源内容的检索及基于内容与兴趣爱好的推荐。

Media为资源媒体类型：资源的媒体类型有文本、图形、音频、视频、动画等，学习者学习风格的生理维度不同，适宜不同媒体类型的资源。学习者所处的环境不同，适宜的学习的资源类型也不同。

Type为资源类型：资源类型主要有电子教材、课件、学案、微课、教案、习题、试卷等，不同的资源类型适合不同的学习阶段及学习风格。

KN为知识点集合：每个资源对象都有其关联的知识点，资源的知识点可由领域专家设置，学习者学习是一个循序渐进的过程，学习系统要依据学习

[①] 曹重华. 多维多粒度的学习者个性模型及其处理策略研究[D]. 南昌：江西财经大学，2016.

者目前的知识水平状态，结合学习者的目标，根据知识点之间的偏序关系，确定学习者当前需要学习的知识点，给学习者推荐关联的资源。

Chap为资源关联的章节信息。

State为学习资源的状态：资源的状态用于说明资源是否可用，分为未审核、已审核、上线、下线、丢失等。

Diff为难度：学习者学习是一个由易到难的过程，在推荐资源时，对初学者推荐难度小的资源学习，再推荐难度大的资源学习，资源的难易度可根据认知维划分为6个级别，具体难易值可由领域专家设置。

Aggre为资源在功能上的粒度：资源的聚合度是知识点在功能上的粒度，资源是适合作为一个片断，还是适合一节课，还是适合一门课程学习等。

Interact为资源的交互程度：该属性说明学习者与资源的交互程度，可分1~5个级别，1表示交互级别很低，5表示交互级别很高；可根据学习者当前的学习轨迹及学习风格推荐交互级别不同的资源。

TD为资源学习时长：资源学习时长可用于根据学习者学习目标的约束时间、当前学习水平推荐相应长度的资源给学习者学习；或根据当前学习者的状态位置推荐不同时长的资源，资源的时长可以根据资源的类型、大小确定，也可由领域专家指定，或者根据大量学习者学习轨迹记录的学习者学习该资源所花的时间统计分析获得。

Leavel为学习资源的等级：用于表明资源的质量，可由领域专家对资源进行定级，也可通过学习者对资源进行评分来统计获得，实现向学习者推荐质量高的资源文件。

R&为资源属性之间的关系集合：资源的关系表示资源所涉及的知识点之间的关系，主要有包含关系、前序关系、后续关系、兄弟关系等。

学习资源模型（物品侧画像）可分为两种类型：一种是对学习资源基础属性的客观描述；另一种是基于基础属性进行进一步计算得到的深层次特征。对于第一种客观描述类型的画像，在大多数情况下是比较容易得到的，因为学习资源的发布者通常会以高度格式化的形式提供这些信息。例如课程所属类别、课程关键词等基础属性。但是一些课程信息的格式化程度较低，如课程简介、知识点之间的关系，仍然需要人工标注，或者使用一些规则、算法进行抽取。

如果使用规则算法来提取文本数据的结构化信息和非结构化信息,需要使用自然语言处理技术(NLP),涉及分词、词性标注、重要性计算等问题,因为涉及的技术内容较为专业,这里不再深入介绍。但需要知道的是,通过信息抽取,可以得到结构化信息,还可以抽取出许多有用的非结构化信息,也就是标签数据。标签的概念和生成方法这方面的内容在后面章节将专门介绍。

(二)学习者模型构建(用户侧画像)

用户画像包括静态用户画像和动态用户画像。静态用户画像指的是性别、年龄、岗位、所属机构等学员的基本信息,而动态用户画像是通过用户与物品之间的行为计算出来,如学习目标、知识水平、学习风格、兴趣爱好等维度的信息。有了物品侧画像之后,根据一套规则或算法将物品侧画像与用户进行匹配,这样才有了动态用户画像。图8-2是学习者模型的一个示例,在实际用户侧画像构建时,一般使用的是示例中的部分维度信息。

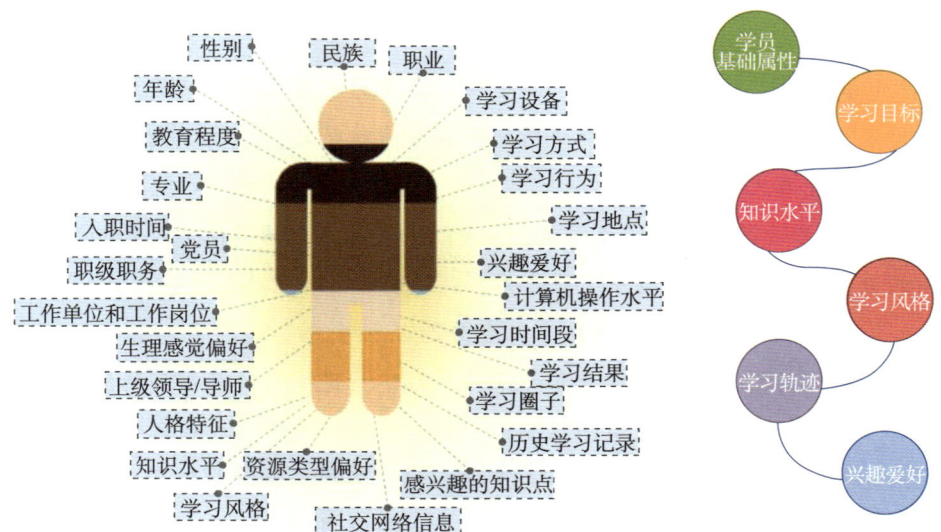

图8-2 学习者模型构建(用户侧画像)

◎ 示例：学习者模型（用户侧画像）[①]
学习者模型（Learner Model，LM）

1. 学习者的基本属性

静态信息：学习者的姓名、性别、出生日期、民族、籍贯、身份证号等。

动态信息：学习相关的教育层次、专业等，工作相关的单位、职级职务、岗位、入职时间等。这些信息是对学习者进行学习分类的基础数据，通过这些信息可以使系统理解学习者学习层次、学习范围，并识别学习者之间的关系，对学习者学习目标、知识水平的确定及交互式协作学习、课程推荐提供重要的依据。

2. 学习目标

学习目标是学习者学习的出发点和归宿，是评价学习效率与质量的重要依据。确定目标学习法是实施有效培训的主要策略之一，是学习系统为学习者推荐学习方案、策略及学习对象的重要指标。学习者在规定的时间内学习相应的知识点集，达到各知识点的认知目标，针对每个知识点，在其不同知识维度上的目标要求有可能不同。学习目标包含的维度有学习时间段、知识点集、认知目标（记忆、理解、应用、分析、评价、创造）。

3. 知识水平

知识水平反映了学习者当前知识掌握状态，包括已学习的知识点、正在学习的知识点及理解错误的知识点，是为学习者制订学习方案、策略，推荐学习对象资源的基础。根据布氏认知理论，认知过程分为记忆、理解、应用、分析、评价、创造六个等级，对一个知识点的学习是按照等级循序渐进的。学习者在每个知识点上的多维度学习水平轨迹具有时间特性。知识水平包含的维度有学习时间段、知识点集、认知目标（记忆、理解、应用、分析、评价、创造）。

4. 学习风格

学习风格是学习者在学习过程中逐渐形成的对学习方式、方法与学习资源

[①] 曹重华. 多维多粒度的学习者个性模型及其处理策略研究 [D]. 南昌：江西财经大学，2016.

对象类型的偏好方式。学习风格是学习系统为学习者提供个性化学习方案、策略、学习内容的重要依据之一。例如，感觉偏好分为视觉型、听觉型、动觉型三类。其中视觉型学习者擅长通过图表和视频轻松地记住信息；听觉型学习者通过听或大声重复朗读来记住事物；动觉型学习者通过"做"学得最好，喜欢通过实践进行学习。明确学习者的感觉偏好有利于推荐资源的媒体类型。

5. 兴趣偏好

学习者兴趣偏好从学习对象的内容上体现学习者的个性。在学习时可根据学习者兴趣推荐相关内容的资源，这样学习效率更高；另外兴趣偏好反映学习者的学习风格与学习偏好，具有相同兴趣偏好的学习者往往具有相同的学习偏好与习惯，偏好的学习方案、学习策略相似。因此兴趣爱好也是学习系统个性化推荐的依据之一。学习者的兴趣爱好值并不是直接由系统抓取的学习者行为，而是通过对学习者的高频率学习对象进行分析得到的。

例如，可以用户画像匹配算法，基于用户的学习课程历史行为计算出用户当前的兴趣偏好；基于用户喜欢学习图表视频，还是喜欢通过听或复述来学习，可以推测用户的学习风格；基于用户对课程知识点的掌握程度，推测用户的知识水平和学习目标等。

最常见的用户画像是兴趣类画像，基于用户的学习课程历史和文章阅读历史等行为，计算出用户感兴趣的知识点，从而分析出用户在课程内容方面的喜好。但是，根据历史行为计算出的当前兴趣都是在历史兴趣的范围内，并不能给出用户未曾有过行为的兴趣维度。这样的兴趣模型有着明显的局限性，这意味着基于上述用户画像所推荐的内容是局限在用户的历史兴趣中的，并且范围可能会越来越窄，进而陷入所谓的"信息茧房"。所以，除了能够基于历史兴趣给出当前兴趣，还需要一些方法对用户兴趣进行扩展，保证系统了解到的用户兴趣具有一定的新鲜度和惊喜度，达到一种"意料之外、情理之中"的用户体验。

一种扩展用户画像的方法是使用多数用户的集体行为来计算用户画像之间的关联。具体来说，给定一个兴趣特征，需要计算出有哪些兴趣与这个特征具有较强的相关性，这个问题可以使用协同过滤算法来得到兴趣点之间的相似度，从而找出兴趣点之间的关联关系。

另外一种扩展用户画像的方法是使用领域知识和业务先验知识来进行逻辑关系推理。由于行为类算法的本质是在记忆发生过的事实，但并没有学习到事实背后的根本原因，所以无法有效加入业务的先验知识，也无法进行逻辑关系推理。例如，在课程推荐中，希望给出"用户学习过课程A对应的老师的其他课程B"，如果A和B之间没有足够的行为数据，他们之间就无法建立关系，即使建立起来，也是一种机械记忆，并不知道其中的具体含义。类似于同岗位、同课程老师、同知识点等这样的业务知识和关系是广泛存在的，并且对推荐效果有着很强的影响，同时还能够给出较好的推荐解释。为了解决这个问题，需要引入知识图谱以及基于知识图谱的相关性计算和推理计算方法。

四、用户画像的价值准则

构建用户画像系统是一项系统性工程，作为一名非IT专业的培训管理人员，在开始采用用户画像时，需要判断用户画像是否有价值，对运营管理工作有多大帮助，哪些类别的画像是真正需要的？这些都需要培训管理者自己来判断。判断的价值准则可能涉及以下几个方面[1]。

一是有效性原则，即用户画像数据需要能够建立起用户和学习资源之间的有效连接。以终为始，需要思考用户画像是为了在哪个应用场景发挥作用，是否能够收集到足够多的刻画用户的有效数据，这些数据能否成为用户与学习资源建立起连接的桥梁。

二是细致刻画原则，即用户画像数据刻画用户或物品的细致程度。如何判断一份画像数据的细致程度呢？一种简单而好用的方法是根据画像数据中每个取值平均能够覆盖的用户或物品的多少来判断，平均覆盖的用户或物品越少，说明画像刻画得越细致。粗粒度的画像数据的典型代表就是性别，该数据只有两个取值，每个取值覆盖大约一半的用户，这样的数据能够提供的价值就会比较有限。

三是覆盖率，覆盖率指的是一份画像数据能够覆盖多大比例的用户或物品。

---

[1] 张相於. 从零开始构建企业级推荐系统[M]. 北京：电子工业出版社，2020.

在理想状况下显然是覆盖率越高越好，覆盖率越高代表着这份数据可以对越多的用户或物品产生效果。需要注意的是，有些画像数据覆盖率不高，但是刻画的准确、细致，也是优质的画像数据。用户画像的典型做法之一就是使用多份数据来共同组成一套数据体系，这些数据的准确性较高，覆盖率可能不高，但是综合之后能够产生比较高的整体覆盖率。

四是差异化能力，用户画像的最终目的还是通过各种画像将用户的需求区分开来，从而实现个性化，所以需要衡量一种画像是否真的能够造成差异。所谓差异，一方面是能否标识出不同用户，另一方面是能否映射到不同的物品上。

上面几个准则可作为开始构建用户画像前的一套判断准则，用来判断一份用户画像数据的价值。此外，在具体开展工作时，还需要考虑性价比和优先级的安排。在考虑性价比的时候，需要综合考虑开发难度、覆盖率以及连接、差异化等能力，从这个角度来看，初期最有效的画像就是那些开发难度低、覆盖率高，同时连接能力强的画像，如用户的喜好类别、文本标签等。

第四节　智能标签：多维度标注人与知识

标签是对物品和用户描述起到概括总结作用的若干个关键词，是高度精练的特征标识。语义化和短文本是标签呈现出的两个重要特征[1]，其中语义化特征赋予标签一定的含义，使人能够很容易理解这些标签；短文本特征使标签本身无须再做过多文本分析等预处理工作，这也方便了计算机的标签提取、聚合分析过程。标签来源包括人工标注、文本自动分析、行为分析、业务规则等。人工标注的标签如年龄段标签（"95后"员工、"70后"员工），地域标签（北京、上海）。文本自动分析的标签如在课程名称中提出的关键字标签，行为分析标签如根据用户的行为，获取用户课程学习/文章阅读历史，获取用户在内容方面的喜好标签。

这里需要指出"分类"和"标签"的关系：分类是树状的，是自上而下依次划分的，比如数字化学习系统中的课程目录分类，应用分类时必须考虑分类权

---

[1] 牛温佳、刘吉强、石川. 用户网络行为画像：大数据中的用户网络行为画像分析与内容推荐应用[M]. 北京：中国工信出版集团，电子工业出版社，2016.

威性和信息完备性问题，建议由专家系统进行编辑分类，才能最大化分类结构的可用性。而标签是网状的，更强调表达属性关系而非继承关系，只有权重大小之分，不强调包含与被包含关系。在权威性方面，标签是弱化的，它是借助规模效应实现对信息表意完备性的覆盖。

标签化是用户画像工程化的核心，标签化的用户画像既方便人们的理解，又方便计算机分析和程序化处理。标签化之后，计算机可以自动完成分类统计功能。例如，可以统计喜欢某专业课程的用户有多少，还可以进一步统计喜欢观看某专业课程的人群中男、女比例是多少。其次，计算机也可以根据这些标签进行深度挖掘。例如，可以利用关联规则计算用户年龄和喜欢课程类型的关系，还可以利用聚类算法分析喜欢某一类型课程用户的年龄段分布情况。将标签信息与用户的视频浏览行为数据相结合，就可以进一步预测用户的喜好，这对于推荐课程有着显著的意义。

标签化学习者模型如图8-3所示。

图8-3 标签化学习者模型

在标签化用户画像过程中有必要考虑以下几个问题：首先是如何定义和表示标签？包括标签名称、标签类别、标签值的取值范围等。然后是如何解释标签？主要是对标签的语义信息进行描述，从语义上给出标签的解释。其次是如何推理标签？主要是定义相应的推理规则，从而实现标签之间的推理。最后是如何验证标签？包括标签的定义是否合理，标签关系是否一致、正确等。

标签可以由PGC（专家产生内容）、UGC（用户产生内容）和自动化产生。例如音乐推荐引擎潘多拉（Pandora）的音乐基因工程是由PGC产生标签，通过专业音乐人士对音乐进行标签化标注，0～5分值代表这一标签的表征程度，并由此申请了专利。豆瓣是UGC生成标签的示例，它具有群体创建的语义表意性标签，用户通过五星评价、标签输入、简短评论等输入方式贡献标签数据来源，经过系统特定的清洗和归一化处理最后生成标签。有些领域标签很难准确地表意或概括，需要使用自动化方式生成标签，在这种情况下，需要引入聚类的方式，基于某一维度的特征将相关物品组成一个集合，从而抽象出标签。通常系统会采用多种方式组合来生成标签，以确保标签能够准确覆盖领域内各类各层次的知识。

用户画像的标签化需要技术人员从工程学的角度来进行设计，这里不过多介绍如何在工程上实现标签体系的构建，当前市场有许多成熟产品供选择，支持多种方式的自动化标签生成方式，也提供了许多针对各个行业的标签模板库。

第五节 "千人千面"的学习资源智能化推荐

一、个性化推荐系统已经在许多行业体现出其巨大价值

美国最大的视频网站YouTube曾做过实验比较个性化推荐和热门视频的点击率，结果显示个性化推荐的点击率是后者的两倍。号称"推荐系统之王"的电子商务网站亚马逊曾宣称，亚马逊有35%的销售来自推荐系统，其最大优势就在于个性化推荐系统，该系统让每个用户都能有一个属于自己的在线商店，并且在商店中能找到自己最感兴趣的商品。电子商务网站和社交网站都取得很大的成功，离不开背后的智能推荐引擎（算法）。除了电子商务网站亚马逊商品推荐算法、视频网站YouTube的视频推荐系统算法，还有今日头条的新闻资讯推荐算法、社交网站豆瓣的推荐算法、Google搜索智能推荐算法等，都在各自领域发挥着越来越重要的作用。当前，个性化推荐系统在数字化学习领域的应用还刚刚开始，目前真正使用个性化推荐算法的数字化学习系统并不多见，本节将重点探讨如何将个性化推荐技术引入数字化学习运营管理实践中。

二、数字化学习系统存在知识供需结构性错配的问题

当前数字化学习系统普遍存在知识供需结构性错配的问题，主要表现在以下

两个方面：对于学习者而言，面对系统中海量的课程或知识，学习者往往需要花费较多时间查找和确认哪些是自己感兴趣的内容，并且在学习者没有明确学习意图的情况下，系统也无法提供必要的学习引导；对于企业而言，虽然手握海量知识资源，但只有小部分热门或通用知识能够曝光在学习者面前，大部分资源是属于冷门或专精知识却缺乏展现机会，容易造成资源浪费。

越来越多的实践证明，基于学习者个人信息数据和学习行为等数据构建的智能推荐技术（见图8-4），是解决上述问题的有效工具。智能推荐技术能够使用学习者个人或群体的学习目标、能力、偏好、行为等数据，能够自动给予学习者个性化学习推荐、辅助建立岗位模型、支持评测学习效果。

构建个性化推荐系统主要包括以下几个部分：一是描述学习资源（课程）的特征，并与学习者的个性化偏好进行匹配，帮助学习者便捷地筛选出感兴趣的内容；二是进行有效的信息过滤以解决学习者的信息过载问题，使学习者在面对陌生知识领域时能给出学习参考意见；三是根据学习者反馈迅速捕捉学习者的兴趣，以及兴趣的变化，在学习需求不明确时，做学习者的"贴心助手"；四是选择合适的场景、时机、表现方式对冷门专精知识进行推荐，让企业的知识资源发挥最大效用。

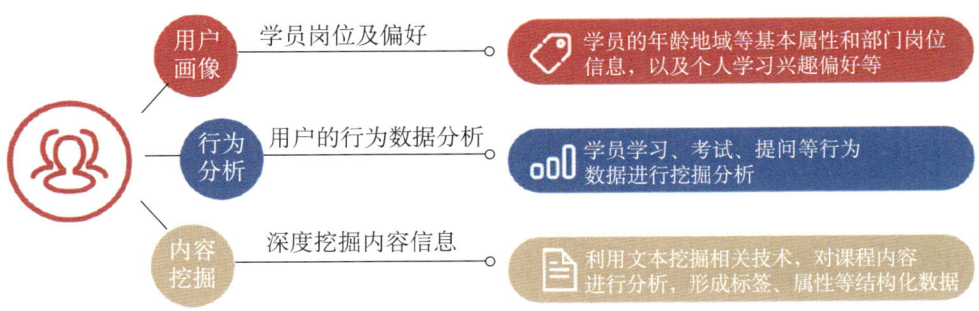

图8-4 智能推荐技术

三、数字化学习中的智能推荐技术

目前数字化学习系统普遍存在的两种学习推荐方法：一是依靠人工编辑和学员固有特征（如岗位等）进行课程推荐，这种方式不仅需要大量的人力成本，最终推荐出来的结果是千篇一律的,并没有考虑到用户个性化的差异,也没有考虑用户反馈。二是通过一定逻辑生成的热门榜单,这种方式极易导致马太效应,一些热门课程会一直霸占榜单,一些冷门课程一直无法被推荐出来,系统推荐机制也很难保证推荐结果的公平有效。

有别于以上方法,智能推荐方法是根据不同用户的喜好挖掘生成用户画像,为每位用户提供"千人千面"的个性化推荐内容,主要包括三大部分:一是基于海量用户行为数据,挖掘多种多样的高质量推荐候选集;二是对用户实时兴趣进行精准定位,秒级更新结果满足个性化需求;三是基于高性能分布式计算框架,快速迭代算法生成多维度用户画像进行千人千面的推荐。目前主流个性化学习推荐系统都遵循着类似的技术逻辑和演进方向。

1. 推荐的起点:断物识人,即对物品及用户进行画像

我们已经在前一节详细介绍了用户画像,它是智能推荐的起点,这里我们就不再重复介绍。

2. 推荐的过程:物以类聚,人以群分,即执行推荐算法的过程

推荐的过程就是执行推荐算法的过程,当前主流的推荐算法包括基于内容的推荐算法、协同过滤算法(基于用户行为分析的推荐方法)和基于知识的推荐算法。下面将简单介绍上述算法的基本原理。

(1)基于内容的推荐算法:该算法的主要思想通俗来说就是"以物找物、物以类聚"。系统通过分析某位学员曾经学习的课程,知道该学员对某个方面的内容感兴趣,就会向该学员推荐与这些内容相似度较高的新课程。

基于内容的推荐算法适合于待推荐物品带有丰富语义信息的场景,如标题、标签、类别、作者等信息。基于内容的推荐主要过程是将推荐物品的信息特征和待推荐对象的特征相匹配的过程,从而得到待推荐的物品集合。主要是以含有相同标签的其他物品、同类别的其他物品等形式出现。这种方法能保证推荐内容的相关性,并且根据内容特征可以解释推荐结果。缺点是由于内容高度匹配,导致推荐结果的惊喜度较差,而且用户的反馈数据也没有被使用。

(2)协同过滤算法:是个性化推荐系统很重要的一类算法,该算法的主要思想通俗来说就是"以人找人、人以群分",是基于群体智慧,利用已有大量用户群过去行为数据来预测当前用户最可能感兴趣的东西。这种方法克服了基于内容方法的一些弊端,最重要的是可以挖掘物品之间隐含的相关性,推荐一些内容上差异较大但又是用户感兴趣的物品。协同过滤算法分为基于用户的协同过滤算法和基于物品的协同过滤算法。

基于用户的协同过滤算法。算法思路分为两步：第一步，找到那些与你在某一方面兴趣相似的人群；第二步，将这一人群喜欢的新东西推荐给你。

基于物品的协同过滤算法。算法思路是先确定你喜欢什么物品，再找到与之相似的物品推荐给你。与基于内容的推荐算法不同，物品与物品之间的相似度不是从内容属性的角度衡量的，而是从用户行为反馈的角度衡量的。

（3）基于知识的推荐方法：该类算法是利用特定领域相关的因果知识来推荐，可以针对某个领域的特殊需求和更为精细的结构化内容，包括专家标注的知识内容，帮助提高其在特定领域的推荐质量。

具体实践中，由于推荐任务千差万别，每个任务适应的算法往往并不相同，在这种情况下，如果将多个算法的预测结果进行融合（见图8-5），往往能取得更优化的效果。

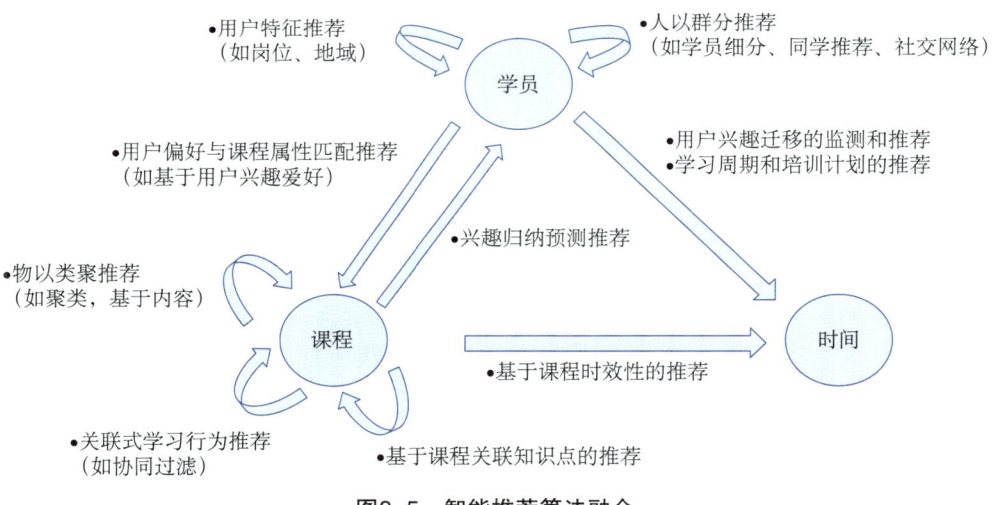

图8-5　智能推荐算法融合

3. 推荐的终点："千人千面"、贴心助手，在不同场景的应用推荐算法

推荐算法最终落地是要体现在系统使用的不同场景中，一个复合型系统是包含多场景的，推荐算法会针对不同场景做出相应的调整和适配。

（1）基于用户的学习历史推荐：推荐算法会计算两个物品之间的相似度，既可以是基于内容特征本身的相似度，也可以是基于协同过滤的相似度。通过计算相似度产生候选集，并在该集合之上进行个性化排序和推荐。

（2）基于Top（排名靠前）热榜推荐：推荐算法选择的是多个召回序列的头部结果，优中选优，基于全品类内容提供推荐。

（3）基于时下流行的推荐：给用户推荐他们可能关心的短期热点，从分钟维度到天的维度。典型场景有周期性事件（节假日、重要活动）和短期热门事件。

（4）继续观看的场景：基于用户未看完的内容或正在学习的课程进行相关推荐。

（5）搜索的场景：推荐在搜索的场景下主要用于搜索词和搜索结果的补充推荐。

更进一步，在每个应用场景中有着不同的交互界面：一方面，从工程角度出发，推荐理由提升了推荐系统的透明性。"推荐理由""学习此课程的学员也同时学习……"另一方面，交互页面可以带来更多的数据反馈和沉淀。交互页面辅助用户的决策，引导用户按照系统所期望的方式前进。

四、智能推荐系统架构

常见的智能推荐架构可参考相关学者的研究成果（见图8-6）。

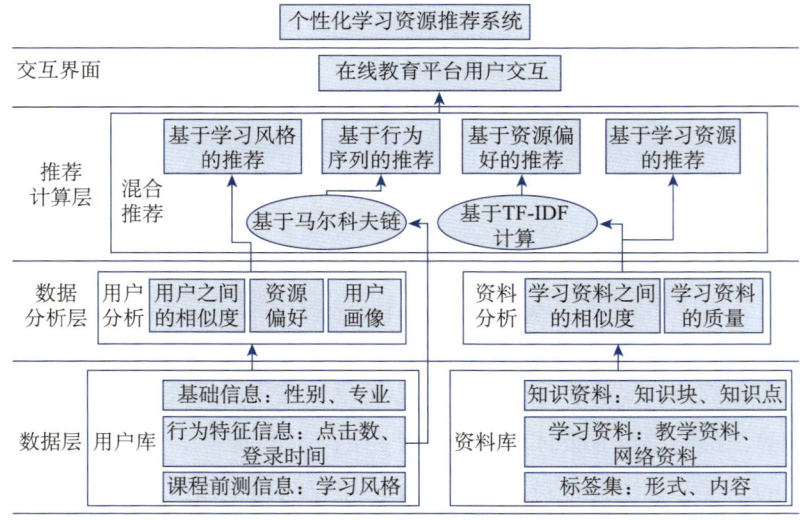

图8-6 个性化学习资源推荐系统的体系架构示例

（资料来源：《在线教育平台中个性化学习资源推荐系统设计》）

（一）数据层

数据层包括用户信息库和学习资源库。用户库存储员工的特征信息，包括静态的个性化特征信息：年龄、性别、岗位等基础信息，以及动态的行为特征信息，如浏览、学习课程、转发、收藏、评分等。学习资料库由学习资料和标签资料组成。学习资料是指以知识资料中的知识块、知识点作为关键词进行网络爬取，并做一定的人工筛选后的内容资料。标签集是指系统中用于概述学习资料的内容与形式的概括性描述。标签不仅简洁、直观地概述了学习资料，便于用户快速阅览和选择，而且能够将其转化为相对应的字段，便于数据的深度挖掘和分析（见图8-7）。

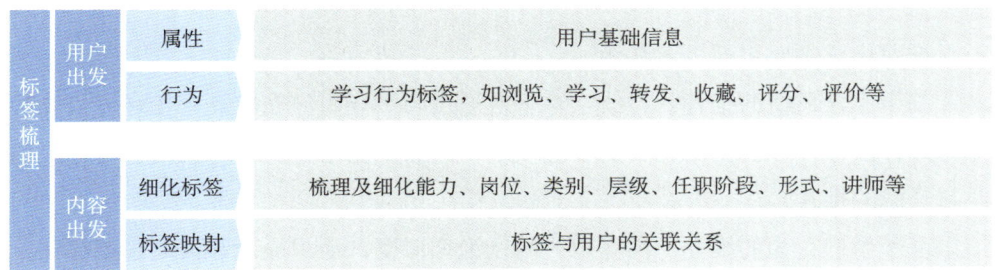

图8-7 标签示例

（二）数据分析层

数据分析层包括用户分析和资料分析。

用户分析系统通过对用户的个性化特征信息和行为特征信息的量化、统计和建模，对其进行挖掘分析，包括用户之间的相似度分析、资源偏好分析和用户画像。用户之间的相似度分析是进行用户推荐建模的基础。它是通过用户的特征信息来计算用户之间的相关程度，从而确定用户之间的相似度，并把相似用户所选择的学习资源推荐给当前用户。资源偏好是指用户对学习资源的内容和形式的偏爱、喜好等倾向性要求。例如，有的用户喜欢以文本为载体的学习资料，而有的用户则喜欢视频类型的学习资源。用户画像是建立在一系列真实数据之上的用户模型。它可以从多角度描述用户的学习特点。与大多数仅用个性化特征信息构建用户画像的在线教育平台不同，该系统既结合了用户的个性化特征信息，也考虑了行为特征信息，定量和定性地构建了用户的个性化画像。用户可以通过个性化画像了解和掌握自己的学习情况，便于调整学习策略。

资料分析将标签、点击数（阅读量）、评论数等作为学习资料的属性特征。系统通过对学习资料属性特征的量化、统计和建模，进行学习资料的相似度分析和质量分析等。学习资料之间的相似度分析是基于学习资源推荐的建模基础。它是将学习资料的标签作为特征来计算学习资料之间的相关程度，从而确定学习资料之间的相似度，并把相似资料推荐给当前用户。学习资料的质量分析主要是通过对点击数（阅读量）、评论数等属性特征的统计分析，可在一定程度上过滤掉劣质内容。

（三）推荐计算层

推荐模式主要包括以下几种。

基于学习风格的推荐：在线学习平台通过与引导用户完成具有较好可信度的学习测评任务，分析得出用户的学习风格，进而根据用户的学习风格进行相应的学习资源的推荐。

基于用户行为的推荐：测算用户的行为相似度，运用最近邻协同过滤算法，推荐学习资源。

基于资源偏好的推荐：在线学习平台通过算法计算出用户画像中每一类标签的标签词的权重大小得到用户的资源偏好，进而得到学习资源推荐的依据。

基于学习资源的推荐：在线学习平台，通过标签计算学习资料之间的相似度，并把相似资料推荐给相邻用户。

混合模式的推荐：上述4种推荐模式的混合使用。在学习初期，根据用户的课前学习测评获得用户的学习风格，采用基于学习风格的方法推荐学习资料；随着用户学习时间的增加和交互的增多，对用户的学习行为进行挖掘分析，采用基于学习行为的方法推荐学习资料；同时，可以通过用户的行为数据获得用户的资源偏好。采用以基于资源偏好的推荐为主、学习资源推荐为辅的协同过滤推荐（见图8-8）。

第二篇
法篇：金融行业人才发展的新路径、新体验

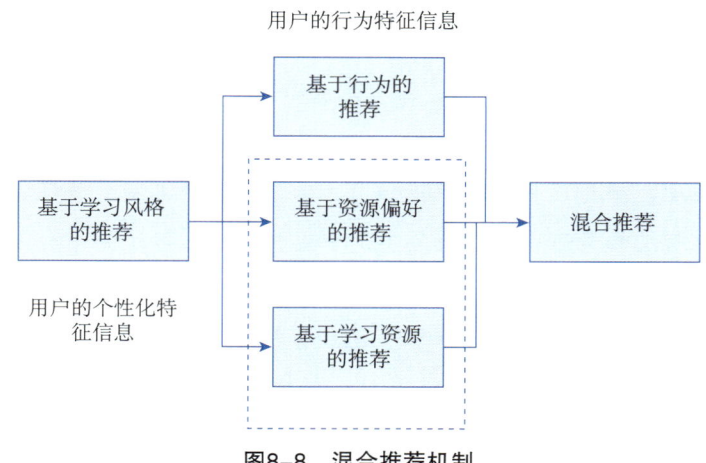

图8-8 混合推荐机制

（资料来源：《在线教育平台中个性化学习资源推荐系统设计》）

◎ **人民银行智能推荐技术应用案例**[①]

人民银行在互联网培训系统建设之初，为学员提供个性化推荐服务是系统设计重点考虑的需求之一。其个性化课程推荐流程如下。

1. 学习内容建模及学员画像

在学习内容建模方面，系统通过对平台课程信息进行文档文本抽取，经过自然语言处理技术（NLP）对学习内容涉及的知识进行标签化处理。其中，通过爬虫获取的综合信息、行业类信息以及技能、职能类等网文，利用NLP获取文章分类、标签。

在学员画像构建方面，根据平台业务及运营信息以及用户行为可获取用户的性别、地域、年龄、教育程度、兴趣爱好、活动区域等个人标签；根据用户的行为，获取用户课程学习/文章阅读历史，获取用户在内容方面的喜好标签。在不同场景下，用户自动学习和指派学习的标签权重有所区别，在岗位能力模型场景下的推荐，推荐结果中指派学习对应的内容标签有更高的

---

① 根据中国人民银行《中国人民银行互联网培训系统需求分析书》整理。

权重，在用户爱好为主的场景下，推荐时自主学习行为对应的标签有更高的权重。

2. 推荐算法

标签匹配：根据用户行为，获知用户学习课程的标签，并根据上面获知的标签，在有关场景下，推荐标签类别下用户没有学习过的平台课程或者互联网文章知识。

人/岗匹配：结合用户所属行业、地域等标签，以及学员的岗位、职能信息、所属机构等标签，根据行业、地域、规模作相关的匹配推荐。

根据个人的画像匹配：个人画像标签的匹配，画像相似度大的做互补推荐。

协同过滤：根据用户行为日志，综合基于课程以及基于用户的协同过滤结果。

在不同场景下，会综合上述维度的推荐结果，使用一种或多种维度结果，根据场景策略做结果融合排序。

3. 推荐场景设计

离线部分的算法引擎包括以下几个方面：基于新鲜或热门课程的冷启动，根据课程学习次数和上传时间计算得分，在保证热门课程能推荐给更多用户的同时，又可以推广新课程；基于用户行为的协同过滤，根据用户行为计算出相似用户和相似课程；基于课程内容的相似度，对课程内容做文本分析预处理，做聚类从而发掘相关的其他课程。每个引擎会生成各自的相似度矩阵，和实际的用户行为矩阵相乘，得到最终的推荐结果；相似度矩阵和学习历史作为中间结果会存入分布式文件系统（HDFS），用于实时推荐部分。

实时部分的算法引擎主要包括：实时获取行为日志，解析A用户对某课程X的操作，如果A用户首次上线或之前长时间不活跃，则监测到上线立即拉取离线生成的推荐结果到缓存服务；从A用户目前的推荐结果队列中删除已看过的X课程；根据学过的X课程检索出相似课程，写入A用户的推荐结果队列；根据A用户解锁出相似用户，将A用户所学的X课程推荐给相似的在线用户。

第九章　教学模式的变迁：人机协同，因材施教

题首语：著名的教育家叶圣陶说过：教学有法，教无定法，贵在得法。教师有了智能化工具，必然会出现与新工具相匹配的教学模式。未来，教师不会被智能机器取代，而是掌握智能工具的教师和被赋予智能的机器两者分工协作、有机结合。

第一节　灌输式教学不受新生代欢迎

无论是"90后"还是"00后"，新生代员工已逐渐成为职场生力军。虽然他们还是职场新手，但由于所处的时代不同，他们在职场表现出不一样的特征，在学习上也有自己的独特主张，给金融行业数字化学习带来了新的变化，我们的教学方式方法、我们的老师，准备好迎接这些新生代学习者了吗？

"每次都是满堂灌，能不能换种方式？"新生代学员对培训的感觉已经跟我们有很大不同，但我们可能还是很少意识到发生在这些学习者身上的深刻变化。新员工培训开始了，某银行培训中心的张老师到新员工培训课堂旁听课程，下课和身边的学员闲聊，发现学员已经在上课前将老师的讲义和PPT看完，对相关不懂的知识点也通过互联网了解了大概，能够说出对哪个知识点比较感兴趣，但好像老师在课堂上并没有展开讲，但或许台上老师对下面坐着的学员并不了解，上课仍然照本宣科，导致学员的求知欲望得不到有效满足，自然也谈不上和学员之间形成高效的交流与互动。

张老师在思考，也许并不是现在的学生难对付，换一个角度思考，一定程度上是我们采用的教学方法需要与时俱进。如果老师只是把以往的经验简单移植到现在的学员身上，很可能不会取得预期的效果，是时候开始研究这些新生代学员

的特征，根据现实情况调整教学方法了。

现在新生代员工的自我意识强烈，通过一些调查，我们对新生代学员有了很多新认识：现在学员喜欢发表自己独特的观点，讲起自己感兴趣的事来头头是道，但他们也反映，课堂上很多时候老师仍然采取满堂灌的教学方式，没有给学员充分的表达机会；学员学习中遇到困难，也许我们会认为他们会去问老师，但实际是，绝大部分学员遇到问题，不是问老师，而是问同学或者通过查询检索等多样化方式自主解决。

针对新生代学员的学习特点和心理需求，我们需要改变传统教学模式，鼓励学员既会自主学习，也会合作学习，鼓励他们既要善于发表自己的观点，也要学会倾听。教学必须根据学员的变化而变化，才能不断满足他们的需求，实现供需匹配。

这里需要指出的是，我们说的教学模式是在教学过程当中为实现教学目标，完成教学任务而采取的教和学的相互作用的活动方式的总称。我们认为，新技术在推动教学模式变革方面需要把握以下关键点。

一是教学手段从单一形式化的答疑到富媒体化互动。

二是内训师角色的转换，从授课教师到导学教师。

三是教学模式从知识传递到认知建构转型，重视引导学生进行自主探究、合作的学习。

四是从注重学习资源设计转变成重视学习活动设计，学习体验成为关键点。

五是从单一评价学习结果到过程结果兼顾，从以观察学习行为为主转变为学习活动干预。

六是新技术从教学的辅助工具转变为支撑员工学习的认知工具。

第二节　数据让教学从供给驱动转向消费驱动

传统的企业培训，奉行的是以"教"为中心，面向员工提供培训服务时，对成人学习者积极性和主动性的发挥的重视度不足，坚持专家、讲师的权威，其教学策略与方法以知识传递型策略和行为主义的教学方式为主，教学实施中很少把学习者作为知识的"建构者"加以考虑。培训部门每年制订统一的培训计划，然后执行计划，总结计划实施情况。员工则是被动地按照组织制订的计划，在指定的时间、地点去学习。评判员工的学习效果，更多的是通过单一的评估模式，即"考试"。而在实际的工作场景，我们需要的是通过培训提升员工解决实际问题的能力，现实中几乎不会用考试分数来评估这一能力的强弱。

数字时代，这种忽视了员工个性化学习需求的重要性、差异性的培训模式显然是和实际工作脱节的，必然会逐渐式微。信息技术的进步，使线下面授的教学范式受到颠覆式冲击，信息技术催生教学流程再造，先学后教、以学定教、少教多学，体验式学习、沉浸式学习、游戏化学习、研究性学习不断出现，教学形态和历程也更加丰富，技术不仅提供更具智能、更具个性的教学内容和辅助学习工具，而且可以实现更加精准、更加匹配的智能导学（见图9-1）。

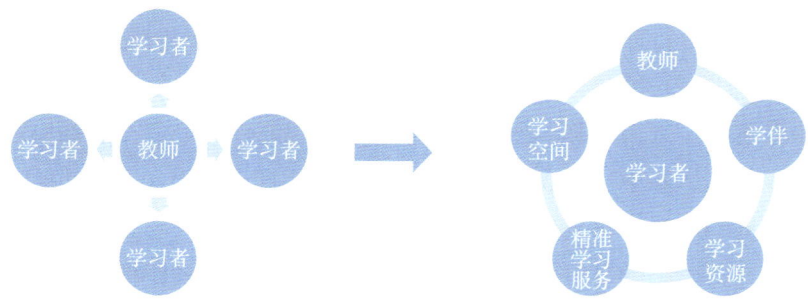

图9-1　教学模式的变迁

从社会学和心理学的角度看，每个人都是不同的。脑科学研究也表明，每个人的大脑发展速度不同、模式不同、没有两个人拥有相同的大脑路线图[①]，每个人的大脑都有不同的联结方式。因此，每个人都会用不同的方式、不同的速度去学习。对于成年人而言，其学习会更多地依赖新大脑皮层，即负责长期记忆的区域。成年人在学习的时候，更多的是将学到的知识与存储在长期记忆区的知识形成关联，通过触发旧知形成的关联性，帮助我们理解新的信息和概念。企业中要让员工更好地学习，就需要为员工提供相关性更高、个性化程度更高的千人千面的学习方式，而不是以往的千人一面统一的模式。之前，受限于技术能力，规模化的提供千人千面的学习是几乎不能实现的，但是新的信息化学习技术正在改变这一切。

---

① [美] 约翰·库奇，[美] 贾森·汤，栗浩洋. 学习的升级[M]. 杭州：浙江人民出版社，2019.

信息化技术带来企业内知识生产传播存储和交互方式的转变，让课程教学内容资源与现实有效知识体系分布式重构。传统以线下班级为单位进行组织和授课，以讲师为中心的模式将发生变化，讲师将从繁重的知识传授等重复性劳动中解放出来。未来的教学场景中，讲师的重心更多转向能力培养、素质培养等方面，教师的能力标准将重新定义，教师的工作要求全面更新，教师信息化素养要求提升到前所未有的高度。

随着企业内训数据的持续积累和深度挖掘，大数据在构建新型内训生态、助力内训结构变革、再造内训流程方面的作用日益突出。基于大数据的学习分析技术的飞速发展促使学习平台能力不断增强，对学习的过去、现在和将来进行深度的理解、描述和预测，包括员工在企业内的学习网络分析、学习内容分析、学习能力分析和学习行为分析。当学习转变为以员工为中心的时候，借助学习分析技术，对和员工相关的各种数据开展洞察，驱动学习产品及学习服务的设计成为必然。服务化的、数据同源、全云化的学习平台建立以后，学习内容快速自动生成、迭代、优化。基于员工数据建模，将学习内容打造成千人千面的学习产品。基于绩效导向的牵引，按照员工能力现状，利用数据设计人与知识链接，人与人的社交化学习体验。学习服务也由传统的人力驱动的保姆式跟催转变为数据驱动的自动化追踪、提醒、奖惩。学习效果看不见、摸不着的时代一去不复返，每一份学习投资效果都可以清晰可见。

通过学习分析技术给学习服务带来深刻的变革。通过数据的深度挖掘和分析，能将数据背后反映的意义和价值清晰地展现，进而指导培训部门更精准地"教"，指导员工更精益地"学"。从教的层面看，它为培训部门提供了数据驱动的教学决策、更有执行效能的教学建议。基于数据，以学定教，因材施教，以评促教。它是教学活动的起点，让内训师更了解学员，为教学内容的取舍，教学方法的选择指明方向。在教学过程中，基于数据，可以帮助老师调整改进当前的教学活动，提升教学有效性。教学以后，依据数据可以了解教学达成情况，促进教后反思，为后续的教学设计提供重要输入。从学的层面看，基于对行为数据和学习轨迹的分析，按照个性化需求设计学习路径和适用性帮助，支持员工的自我改进和自我提高。可视化每个学生的学习进度，针对不同学习效果，推荐差异化的学习资源和学习服务。

基于数据还可以实现规模化教学与个性化培养相结合，对共性化学习需求和个性化需求，形成包容的、平衡的教学服务。

随着对金融企业内训的教与学全流程的数据不断进行采集，逐步形成内训的教学大数据，通过对这些数据的深度挖掘和多维分析，将这些数据背后的教学意义和价值挖掘出来（见图9-2）。例如员工普遍存在的薄弱点，学习频次异常等信息，这可以影响培训管理者的教学决策以及后续的干预动作，也可以影响员工的学习决策及后续的学习行为。这些信息可以辅助培训管理者更精准地开展教学，也帮助学员更精益地学习。

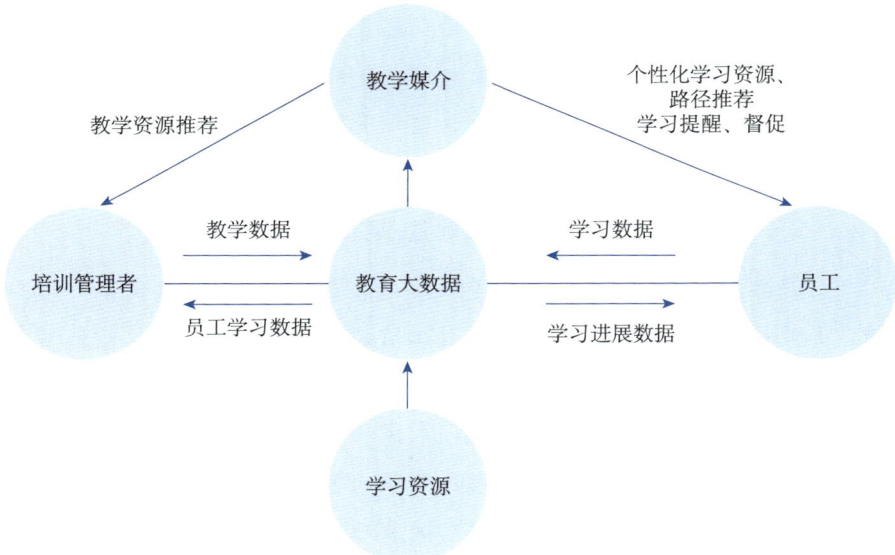

图9-2　教育大数据产出与应用逻辑示意

第三节　直播教学逐渐成为标配

随着通信网络技术的飞速发展，直播不仅在新闻、娱乐、体育赛事等领域应用，也逐渐渗透到教育领域。随着新冠肺炎疫情的出现，直播教学已经成为很多企业培训的标配。为了快速建立直播教学能力，很多金融企业都通过在其自有的学习平台中接入第三方提供的直播产品封装模块，建立企业直播中台，基于直播中台，企业可以快速共享前台、高效支持各种教学应用场景。

◎ 中国农业银行案例

线上直播催化培训变革，云端滴灌赋能基层一线
——农业银行开展客户经理系列直播课 积极推进培训数字化转型

疫情以来，农业银行主动适应疫情对培训工作带来的变化，借力"农银 e 学"平台上线推广，积极推进培训数字化转型。农行人力资源部认真贯彻行党委要求，及时回应基层需求，面向基层客户经理，组织开展了"好产品周周讲"系列直播课（以下简称直播课）等线上学习活动，通过云端滴灌的方式，努力缓解疫情期间基层行面授培训受限的困难，持续为基层一线赋能，得到了行领导的肯定和基层员工的普遍欢迎。

协同式设计直播项目

"好产品周周讲"系列直播课是农总行落实"我为群众办实事"的具体举措，是疫情防控常态化背景下基层员工培训的重点项目。项目伊始，总行 12 个部门、37 家一级分行及长春金融研修院高度重视、通力合作，协同开展项目设计，将直播项目分设"需求调研、课程征集、集中萃取、线上直播和效果反馈"五个阶段，提前考虑了各个阶段的重点任务、可能遇到的问题及解决办法，为项目顺利开展奠定了坚实的基础。总行人力资源部坚持战略导向、需求导向和问题导向，围绕农行"十四五"规划，结合网点转型、零售业务转型及对公业务下沉等战略要求，专门开展基层员工培训需求调研，先后 2 次向总行各业务部门征求课程选题意见，据此从 37 家分行征集到 275 门课程，最终结合各条线年度重点产品营销任务，从零售、公司、"三农"与普惠等板块产品中选择了最适合基层营销的 55 个产品案例。

训战式培养直播师资

为提升师资质量，总行发动一级分行推荐各层级师资，既有一级分行的业务专家，又有一线客户经理；既有全国岗位能手、劳动模范，又有明星财富顾问和营销达人；随后再从推荐师资中遴选出 108 名优秀师资集中参加"师资训练营"。训练营分为专题培训、分组试讲、模拟直播三个阶段。专

题培训阶段精选线上和线下两类课程，线上课程有《主播速成宝典》《结构性思维》《经验萃取》《PPT课件的设计与制作》《课堂呈现与表达》5门课程；线下课程有北京师范大学教授现场讲解《基于受众的课程与教学设计方法》、东北师范大学老师讲授《直播语言表达技巧与实训》，帮助内训师更好地萃取知识点，提升授课技巧，让授课内容更具普适性、更易推广应用，也让授课效果更生动有趣、更受欢迎。分组试讲阶段精雕细刻，由总行业务部门和长院组建的33名专家骨干对分组试讲授课内容筛选把关，对内训师授课技巧"一对一"跟踪辅导。各位内训师经过分组试讲、多维点评、模拟直播、课件打磨、反复试讲等层层关卡最终打造出精品直播课程，充分发挥实战优势，讲清产品逻辑、讲透营销技巧、讲好获客实践，为基层员工提供了一系列产品攻略和营销打法，让基层员工觉得"解渴又实用"，实现了"好讲师能讲出好内容，好内容能惠及一线员工"。有内训师说："这次直播课是8年来授课经历中收获最大的一次，一边是研修院老师毫无保留的指导，一边是自己作为内训师的不断打磨提升，双重身份让一次次的试讲越来越好，学是为了更好地教，教就是最好的学！"

集成式上线学习平台

为扩大疫情期间培训学习的覆盖面，农行人力资源部主动适应疫情防控形势要求，在短时间内积极推广上线"农银e学"学习平台，实现了在线视频直播、互动、回放、安全管控等功能的集成，支持随时随地学习，满足了总行各部门、各级行线上培训的平台之需。"好产品周周讲"系列直播课借力该学习平台覆盖面广、形式灵活、操作便捷、PC及手机端兼容等优势，在面授培训受限的情况下，实现了"停班不停学"，方便了教师异地授课、员工跨时空学习，提升了培训学习的组织效率，极大地扩展了培训覆盖面，持续不断地向一线输送优质培训资源。

滴灌式赋能基层一线

"好产品周周讲"系列直播项目充分尊重成年人"工作任务重、时间紧、目标明确、经验学习、任务驱动、问题驱动"的学习规律，在课程内容上，将课程聚焦到零售、对公、"三农"与普惠等板块中的重点业务产品，通过一线实战案例介绍产品特点及营销经验，帮助客户经理打牢产品基础知识，提升实战营销能力；在直播频次上，从2021年7月开始持续至2022年1月下旬，按照每周二、周四各1次的频率直播，累计直播7个月55期；在学习方式上，采取"有组织不强制、可反复回看"的方式，循序渐进推送课程，得到了广大员工的欢迎和认可，覆盖近5万名学员，累计学习达45万人次。有员工说，"直播课既有理论指导，又有经验之谈；课程从实际出发、重实操、易懂易上手，让新转岗员工学到了优秀前辈的工作方法，为新转岗员工树立了目标，指引了方向""这种培训方式就像农业滴灌，单次培训时间短而精，但持续时间长，对基层员工来讲是一种很解渴、很有效的培训学习方式"。有网点负责人在谈体会时讲："网点全体员工认真学习课程后，引发我们思考如何在现有的人力和硬件资源下挖掘潜力、如何提高市场营销能力，我们认为要着力构建全员营销体系，强化全员的营销理念，创建'人人参与营销、个个积极营销'的新型文化氛围，并转化为每位员工的自觉行动。"

精细化直播运营保障

根据线上培训学员分散各地、远程教学跨时空、技术保障要求高等特点，项目组把每一次直播作为一场战斗，紧紧抓住学员组织、讲师教学、技术保障三条主线，明确职责，落实工作，整体运作。项目承办部门作为牵头部门，在培训组织中承担主体责任、负有统筹协调职责，网络部门承担技术责任，负有网络系统保障职责，其他部门各司其职、支持助力、一体运作。项目组一方面，组织专家集中打造课程，积累辅导经验；另一方面，深究细研项目运营管理的每一步，由培训管理部门和网络培训部门分别确定互为AB角的2名同志，组成专门工作团队，负责线上培训的运营组织和技术支持，以正式直播为关键时间节点，倒推拆解项目运作周期，分层分类开展推广宣传、匹配文案海报，行之有效地将培训运营管理与线上培训技术紧密结合，探索形成了一套"大周期+小周期"双线直播预热运营模式，确保直播课有序推进。

闭环式管理提升质效

"好产品周周讲"系列直播项目探索构建"组织推介+研讨反馈+推广应用"的客户经理在线培训机制，形成了在线项目的闭环管理，为全行抓实客户经理在线培训作出了示范、积累了经验。

抓组织推介。总行通过"农银e学"、微信公众号、运营响应平台按月发布课表、按周推送海报，让培训信息直接送达基层一线。所有课程连续挂载在新网院首页"好产品周周讲"专题，员工通过手机随时可看、因需而学。

抓研讨反馈。开放"农银e学"研讨专区，亮出学习时长排行榜，让学员在留言区谈学习收获、说问题困惑、晒营销业绩，形成比学赶超的良好学习氛围。

抓课程应用。从去年"客户经理教客户经理"到今年的"好产品周周讲"，总行已积累客户经理系列课程100余门，这些优质课程已被陆续应用于分行新员工入职培训和转岗客户经理培训中，部分优秀师资被邀请跨分行授课，部分授课内容被《金融文化》等刊物约稿为客户营销推介资料。在本项目示范带动下，"支部书记教支部书记""行院直播月""新时代新媒体新营销"等系列直播项目陆续上线，进一步丰富了基层员工在线学习体系。"好产品周周讲"系列直播项目集中了农行各层级优质师资，采用循序渐进、滴灌培训的方式，充分发挥新一代网络学习平台的优势，将拳头产品与营销经验结合、优秀内训师与实践课结合、线上学习与线下培训结合，实现了"客户经理收获知识技能，研修院提升教研水平、内训师历练授课本领"三方共赢，为农行培训数字化转型积累了丰富经验。

在直播的应用过程中，卡顿、时延、掉线、视频清晰度低、直播安全等问题困扰着直播教育的发展，降低了用户体验感。随着5G时代的来临，5G高带宽、低时延、广接入的特性，可以有效地解决上述问题。5G与其他技术的结合，也催生了很多新的应用场景。

一、5G+8K超高清大规模互动直播教育

2019年以来，5G+8K直播背包、5G+8K转播车相继投入商用，加速了5G+8K超高清直播的发展。5G+8K直播背包在画面处理、编码压缩、传输延时等方面优势明显，具有视觉效果真实、灵活便携等特点。5G+8K转播车是能够实现超高清视频制作和转变的移动电视台，能够促使画质更清晰、临场感更强。5G+8K直

播已经在春晚、"两会"等直播活动中进行了应用尝试，取得了非常好的感官体验，显著增强了临场感、沉浸感。5G能够支持数千万人同时在线超高清直播，极大限度地提升了直播教育的体验，从而实现超高清大规模互动直播教育，满足高质量大规模在线直播教育的需求。未来，企业内大型业务培训、大型赛事活动、党员教育等大规模的教育活动是其潜在的应用场景。

二、5G+裸眼3D+AI合成主播直播

2018年11月，在第五届世界互联网大会上全球第一个"AI合成主播"融合了人脸关键点检测、人脸特征提取、人脸重构、唇语识别、情感迁移等前沿技术，实现了人类声音、嘴唇动作和表情的高度仿真，刷新了人们对传统主播的认知观。2020年5月，全球首位3D+AI合成主播，服务于"两会"报道，展现了新闻传播方式新格局。5G网络、裸眼3D、悬浮显示屏（又称空气显示屏）与3D+AI合成主播的融合发展，将会对传统直播主持行业产生颠覆性的深远影响。未来随着裸眼3D电视、8K裸眼3D拼接屏、裸眼3D广告机等3D媒体的普及，裸眼3D的教育应用范围将会更加广泛，能够展示真实、清晰、直观的教育内容。尽管当前AI合成主播的情感丰富程度与人类主播相比还有一定的差距，缺乏随机应变的灵活处理能力，需按照事先安排的既定内容进行播报，但是能够大幅降低直播主持人的常规播报工作强度。5G时代，3D+AI合成主播在教育中具有广泛的应用前景，为降低教师直播工作任务负担提供了一种新的可能性。AI合成教师与传统教师相结合，将会创造一种新的"双师"教学模式。

三、5G+VR/AR/MR全景实时直播

5G+VR全景实时直播利用VR全景摄像头采集现场全景视频，通过5G网络传输全景视频，用户可以通过笔记本、平板电脑、手机等终端观摩现场全景视频。5G+VR全景实时直播具有360度或720度全景观察的优势，现场体验感更强，观察视角更全面。

5G+AR全景实时直播还具有增强现实的体验感，在远程指导、远程协作、AR阅读等方面具有应用潜能。尤其是5G+AR阅读，能够突破时空限制阅读过去

或未来的3D视频资源，让视频阅读、立体阅读成为现实，促进阅读从平面阅读向立体阅读发展。此外，教育者可以戴上AR眼镜，通过5G网络将观察到的场景实时传递到远程终端，远程学习者将会获得同步的观察体验。

5G+MR全景实时直播可以实现真实场景与三维模拟场景的融合，为突破时空限制开展协同教育活动提供了新的契机。

四、5G+全息互动直播

5G与全息投影技术的融合，能够实现虚拟与现实的结合，投射三维全息人物或场景，达到人物或场景多场地分身的效果。借助全息舞台和直播绿棚塑造三维全息人物或场景，5G+全息互动直播能够增强临场感、科幻感、真实感和即时感。

5G+全息互动直播教育，构筑了现实教师与三维全息投影教师相结合的"双师直播教育"，打造了全息互动教学模式，为促进跨区域的优势资源共享提供了新的途径。

第四节　去中心化的人机共教

在当前的金融企业中，人机协同工作已经不再是新闻。例如华泰证券2019年就开始推出了数字员工的原型——基于AI的机器人作为其智能服务平台的一部分。现在，多个业务线的运营中有超过30个机器人，一些机器人被用来执行特定的任务，一些则需要协助人类员工完成一个职位的大部分职责。华泰证券的目标是逐步将这些数字员工发展成为像人类员工一样完全能够独立处理大多数常规工作的资源。

技术突破了学习的围墙，企业中少数人拥有权威知识、单向传输知识的时代已经终结，知识传播的渠道大大增加了，培训经理不再是知识的中心，培训经理之前承担的大多数简单的、重复频次高的、例行标准化操作都可以由人工智能助教来处理，人机共教。人工智能的兴起，金融企业中部分岗位逐渐被机器所取代，很多人就会问，培训经理是否也会像银行信用卡中心的客服专员那样被机器人取代呢？毋庸置疑，培训经理是不会完全被机器取代的，在金融企业中，对富有创造力的员工的需求量越来越大。培养这类员工，不仅仅需要向他们传递现成的知识，更需要培训经理作为学习的引导者为他们创造分享、协作、创新的环境，这个环境中，生成更多新的知识，同时提升他们的创新、协作能力。培训经理只需要把大量的精力和时间用在学习体验创新、学习中的情感关怀，学习过程中的激励设计，其不可替代性就会越来越强。

新技术的加持，不断促使培训经理能力重塑，未来培训经理的能力模型将变为TPACK（Technological Pedagogical Content Knowledge）模型[①]。一位合格的金融企业培训经理必须同时具备CK（Content Knowledge，内容知识）、PK（Pedagogical Knowledge，教学知识）以及TK（Technological Knowledge，技术知识），具备这样的知识体系，才能让新技术与教学深度融合，提升学习效果（见图9-3）。

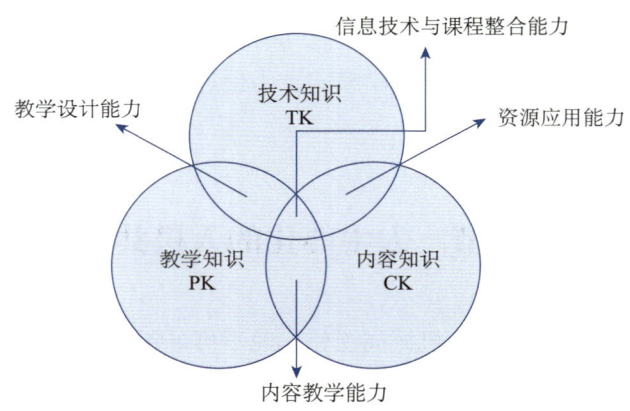

图9-3 金融企业培训经理能力模型

这个模型体现了四项关键能力。

1. 内容教学能力：指熟悉业务内容，能够诊断学习者学习过程中存在的问题，能够进行学习效果评价方式（如考试、答辩）设计等能力。

2. 教学设计能力：指根据学习者的学习需求，设计解决方案，使教学目的以达成的能力。

3. 资源应用能力：包含数字化教学资源的收集与鉴别，教学资源的加工与处

---

① 李龙．教育技术学论纲　教育技术的前世、今生和未来[M]．上海：华东师范大学出版社，2020．

理，教学资源的设计与开发等方面。

4. 信息技术与课程整合能力：指将信息技术与教学过程、课程建设进行整合，为学习者提供恰当的学习服务的能力。

在信息技术支持下，培训经理可以更高效地形成上述四项能力，培训经理的内脑加上人工智能助教的外脑，形成分布式的教育智能，人机协同，双师共教。机器负责有标准操作方法、例行标准流程、高频次重复的简单工作，培训经理负责创造性、情感性、启发性的工作。

在金融企业中可预见的人机共教场景包括：

借助人脸识别、情感识别、语音识别、图像识别等感知智能技术，学习平台成为培训经理的助理，帮助培训经理在金融合规风控知识学习、从业资格考试等场景开展自动监学、自动监考、自动阅卷、作业批改。

在培训经理准备培训内容的时候，只输入关键词，相关备课资源就会自动推送给培训经理，由人找资源转变为资源找人，大幅度缩短培训经理备课时间。

借助认知智能技术，对可感知事物背后复杂信息背后的推理、预测，例如根据学习者考试中出错情况，精准识别学习者知识短板，针对性地定向推送巩固知识点的学习内容，帮助学习者精准补盲。

人工智能助教自动与员工交互，跟踪记录员工学习轨迹，对学习中各种学习数据进行详细记录和分析，形成个性化学情报告，帮助老师更加精准地了解员工学习中存在的障碍。

利用社会情感分析技术，帮助学员在学习中发现与之有同样问题的学员，通过网络开展互助、请教，扩展学员社会交往范围，增强学员间的情感互动。

第五节　VR/AR沉浸式教学：从在线转向在场

目前，企业线上学习的渗透率很高，但依然有人认为线上教学始终无法替代线下教学的场域和体验感。如何提升线上教学的体验感？泛虚拟现实技术将给我们开启一扇新的大门。

泛虚拟现实技术是一种以计算机技术为核心的现代高科技手段，通过将虚拟信息构建、叠加、融合于现实环境或虚拟空间，从而形成交互式场景的综合计算平台。

根据虚拟信息和真实世界的交互方式,可以划分出增强现实(Augmented Reality,AR)、虚拟现实(Virtual Reality,VR)、混合现实(Mixed Reality,MR)三个细分领域。

虚拟现实的核心要素包括沉浸性(immersion)、交互性(interaction)和多感知性(imagination)。

沉浸性:是指参与者作为主角存在于虚拟环境中的真实程度。虚拟世界产生逼近真实的体验,使用者会沉浸在其中,而难以将意识放到别处。戴上VR头盔,你会感觉完全进入另一个世界,你的意识、注意力都被锁定在虚拟空间中,很难抽离出来。

交互性:是指参与者对模拟环境内物体的可操作程度和从环境得到反馈的自然程度。在PC和移动互联网时代,人们输出信息是通过鼠标、键盘、触控屏等相对较为单一的信息交互入口,但到了虚拟现实时代,人们可以通过手势、动作、表情、语音甚至眼球或脑电波识别进行多维的信息交互,更加接近真实世界中人与外界的交互方式。

多感知性:是指由于VR系统中装有视觉、听觉、触觉、动觉的传感及反应装置,因此参与者在虚拟环境中通过人机交互,可获得视觉、听觉、触觉、动觉等多种感知,从而达到身临其境的感受。

泛虚拟现实技术在金融业务领域早有应用。中国工商银行在2016年推动AR版《工银贺岁金·大吉年红包》的多功能年册红包,这个红包具有AR祝福、AR游戏等功能,用户通过手机下载APP扫描金钞及纪念券图案,可在手机端呈现好玩有趣的3D动画游戏[1]。招商银行于2017年发布了首张AR信用卡,用掌上生活APP扫描卡面,就可以看到全球影响最大的虚拟偶像之一的初音未来载歌载舞出现在屏幕上[2]。2016年年初,据美国财经媒体报道,花旗银行开发了一个虚拟交易平台的概念验证系统。基于该系统,用户通过佩戴HoloLens产品,可以实时创建、查看、处理、分享虚拟的3D数据,并在该系统中完成交易。通过使用该系统,不

---

[1] 详见《工商银行推出AR版年册红包,科技感爆棚》,https://baijiahao.baidu.com/s?id=1554318550492181&wfr=spider&for=pc。

[2] 详见《招行首张AR功能信用卡诞生,扫卡面初音未来为你起舞!》,https://www.sohu.com/a/165121902_160421。

仅可以通过VR实现数据可视化，而且还可结合MR实现实时证券交易。随着AR/VR技术的成熟，AR/VR由业务领域向企业培训领域迁移也自然会越来越多。

我们可以通过泛虚拟现实技术，模拟真实的金融业务场景，将主要依靠文字和图片的信息转化为更加真实形象的3D图形和三维空间，学习者可以在这个空间中自由编辑信息，互动。它可以营造一个让学习者专心学习的环境，让学习者全身心沉浸进去。原本需要极强的空间想象能力的知识，通过VR可以具象化表达，降低了学习者学习和掌握知识的难度。同时，它能寓教于乐，激发学习的动力和兴趣，学习效率是传统的知识型学习（如听、读）效率的3~5倍。虚拟现实降低了我们的想象力的试错成本，也给了我们更大的自主探索性，去验证我们的想象。

在金融企业中如何使用AR/VR技术开展沉浸式教学呢？借鉴相关学者在《智能虚拟现实/增强现实教学系统构造研究》①中给出的方法论，我们可以按照如下方式进行探索。

首先，参照图9-4的问题列表，厘清教学对象、教学目标、教学范围、教学可行性。

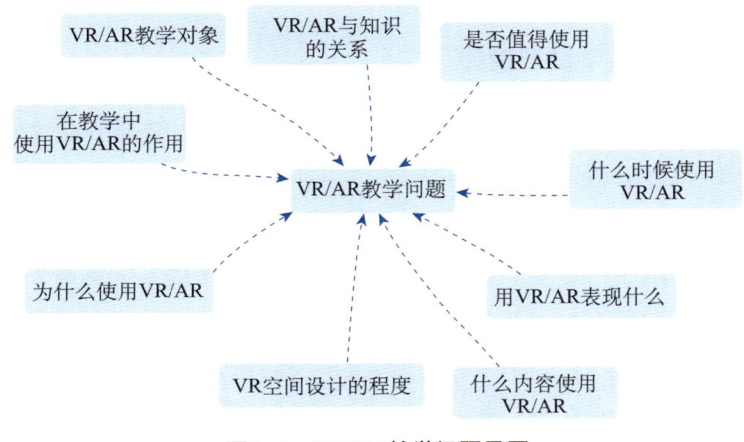

图9-4　VR/AR教学问题导图

其次，参照图9-5的教学思维列表，明确采用怎样的教学思维进行AR/VR教学。

---

① 李小平，张琳，张少刚，等. 智能虚拟现实/增强现实教学系统构造研究 [J]. 中国电化教育，2018（1）：97-105.

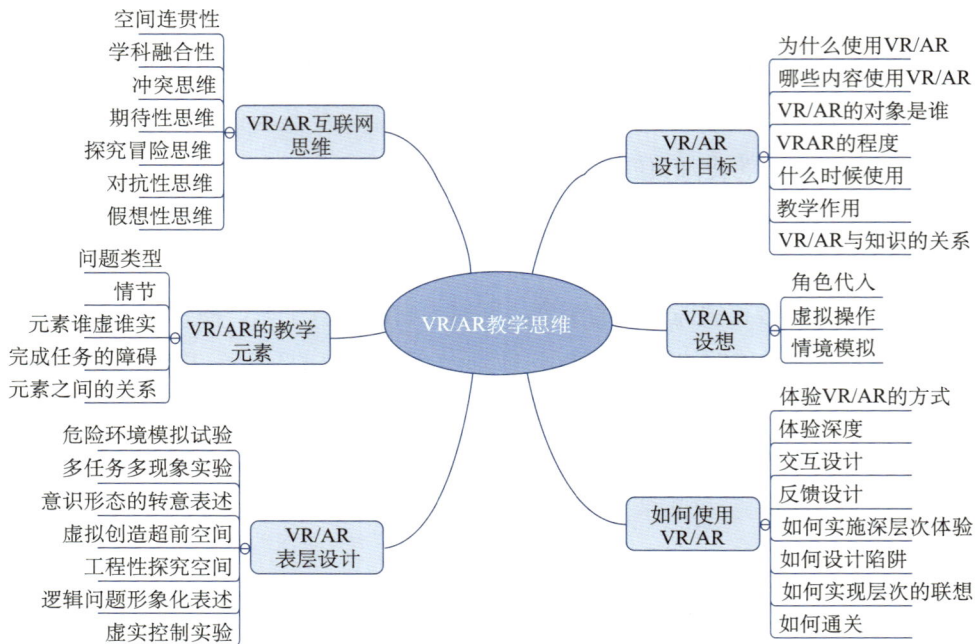

图9-5 VR/AR教学思维导图

（一）沉浸式教学模型设计

在明确教学问题、教学思维后，开始进行AR/VR教学模型设计。采用分层思想，将VR/AR虚拟教学模型分为基础层、空间层、教学设计层、教学数据挖掘层、教学策略调整层（见图9-6）。

1. VR/AR基础层：是整个系统的物理基础，为系统提供了支撑平台和基础设备。学习者可以利用多种设备进入虚拟平台空间，虚拟平台可以是单一的VR平台或AR平台，也可以是多个VR平台和AR平台嵌套形成的复杂虚拟平台，平台具有回馈控制功能，所有在平台中完成的教学行为都会被记忆、训练和学习，在反馈机制的作用下不断更新平台中现有的策略库和规则库，从而使虚拟平台具有更强的智能性。

2. VR/AR空间层：包含了系统的各种学习空间，包括VR直接交互空间、AR叠加空间、形态空间以及虚实交错空间。这些空间根据结构和性质划分可以分为同构同质、异构同质、同构异质和异构异质四种。除此之外，VR空间还反映了人/故事与空间的承载关系，它们之间包含了1∶1、1∶N、N∶1、N∶N四种关系。即一人一空间、一人多空间、多人一空间、多人多空间、一故事一空间、一故事多空间、多故事一空间、多故事多空间。在空间中，学习者通过固定导航、自适应导航和创意导航等多种方式完成自身的学习过程。

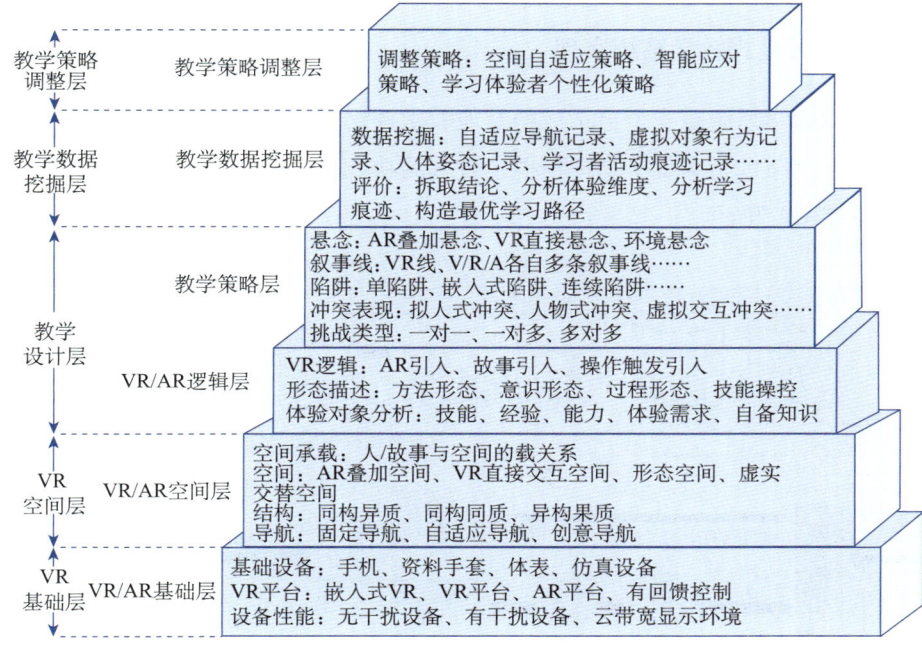

图9-6　VR/AR智能虚拟教学控制物理模型

3. VR/AR逻辑层：实现的是根据学习者的特点和需求，进入虚拟空间，完成方法、过程及技能的学习。

4. 教学策略层：包含了教学中常用的教学手段和方法，允许通过设置悬念和陷阱，使学习者对学习空间充满了好奇，结合多条叙事线的展开，学习者不断在漫游中探究，在不同场景的切换和不同叙事过程中，通过与合作者及挑战者之间的冲突展开，完成对知识的探究和学习。

5. 教学数据挖掘层：挖掘出有价值的信息，以帮助教师更好地理解学习者，并改善他们所学习的环境。教学数据挖掘的主要目标包括：预测学习发展趋势，提出教学内容和教学模型的改进优化建议，促进有效学习。VR/AR教育系统的数据挖掘主要采集的是学习者导航路径、学习行为、学习动作和学习痕迹。通过对这些内容进行分析挖掘，得出学习者与学习轨迹之间的关系并构造出最佳学习路径，通过不断反馈调整，实现系统对学习者的自适应导航。

6.教学策略调整层：主要功能是构造系统相关的智能策略，包括空间自适应策略、学习者个性化策略和智能应对策略等，主要是能够根据学习者的特征自动完成其学习策略的调整，实现最优策略的推荐。

（二）沉浸式教学系统实现

VR/AR教学系统是一个自适应的智能教学控制反馈系统，它利用自身的多个部件和数据存储机制实现了物理模型中各层的功能，具体的对应关系和各部分之间的关系如图9-7所示。

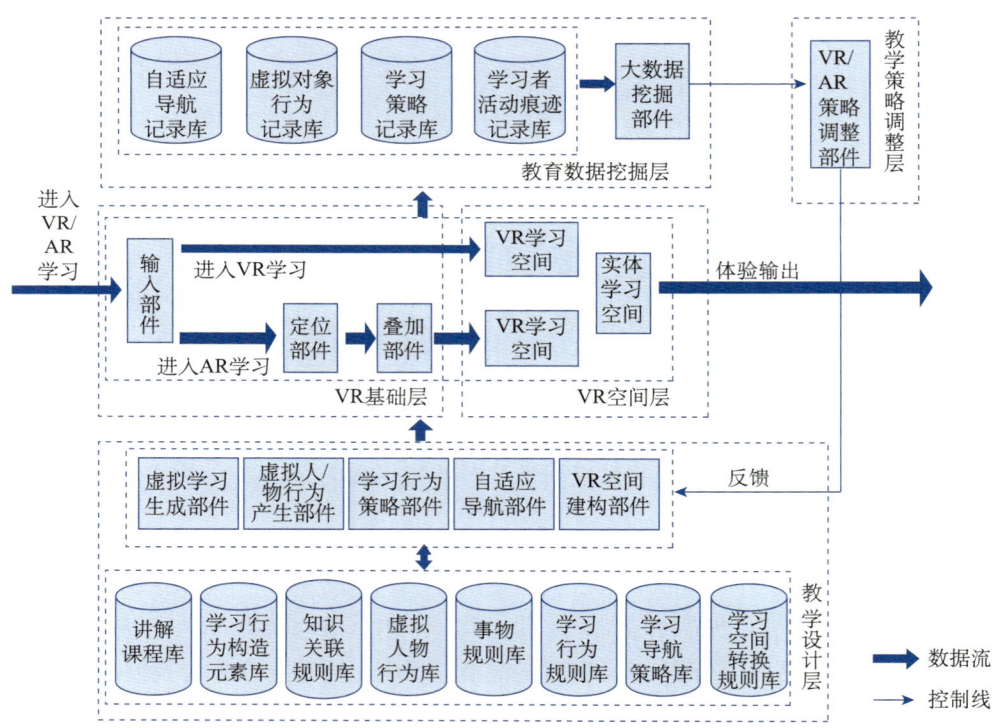

图9-7 VR/AR个性化智能虚拟教学闭环控制系统

学习者根据学习目标通过VR或AR的方式进入相应的VR/AR空间，在空间中根据自身对知识的掌握程度可以选择不同的学习方式，系统可以记录下来学习者的全部学习轨迹和学习动作，通过分析学习者的学习行为，选择适合学习者的学习路径从而产生自适应的学习模式和学习策略，同时将这些模式和策略反馈到系统中的学习行为记录部件,用于不断更新和扩大相应的行为规则库。通过不断训练的学习过程,系统将会产生大量的学习规则,通过数据挖掘技术,为自适应的学习控制和导航策略的产生提供相应的数据支持。

◎ 中国人寿汶川地震VR体验培训案例

1. 课程研发背景

《有一种爱叫守护——汶川地震VR体验》是中国人寿股份有限公司成都保险研修院研发的创新体验式培训项目（见图9-8）。保险的认同源自于对风险的认识,如何引导受众正确认识风险与保险,是行业推广、公司认同的重要一步。该课程借助VR技术实现时间和空间的跨越,让学员不在地震现场就能感受到自然灾害的巨大威力和随之带来的严重损失。通过沉浸式的视觉体验,使学员正确认识风险,了解公司在抗震救灾过程中发挥的重要作用和承担的社会责任,加深对保险意义和功用的理解、提高对保险行业及公司的认同。

2. 课程设计及运用场景

课程以VR视频内容为载体,通过沉浸体验、灾难前后场景对比、公司大爱、主题研讨四个环节,引导学员正确认识风险、认同保险。根据不同受众的培训需求,课程有两个版本:第一种是以新入职员工为主的4课时培训,其中包含VR视频体验、观看一部反映灾后地震孤儿生活状况的纪录片等内容。第二种面对更加广泛的受众,销售伙伴、管理干部、客户群体均可;课时1~2小时,可灵活嵌入公司各类培训中。

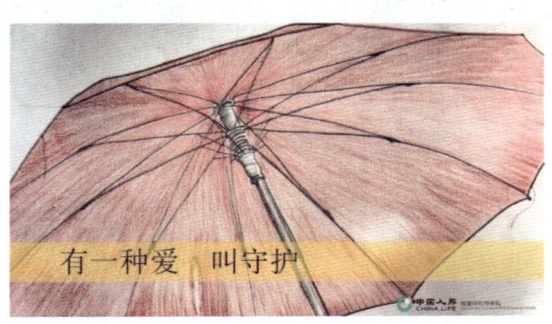

图9-8　完整版课程《有一种爱叫守护——汶川地震VR体验》

图9-9 植入版课程《汶川地震与生命体验》

3. 教学实施

（1）实施过程

新入司员工4课时版本。注重VR体验与学员自我反馈的结合，关注自我反思和认知重构，构建对风险、保险、公司的完整认知。具体可细分为四个部分，第一部分VR实景体验，通过VR汶川地震感受灾难，深刻认知到大灾面前生命的渺小脆弱，以及灾后恢复的艰难，引发学员情感共鸣。第二部分了解公司担当，以汶川地震为突破口，由点到面，从微到巨，从汶川地震到玉树地震、孤儿助养助学等，从北川支公司到集团公司，树立学员对公司及行业的认同。第三部分设计为纪录片观看。第四部分请学员围绕"生命、风险、财产、保险"四个主题进行研讨，以表达各自的理解和看法。

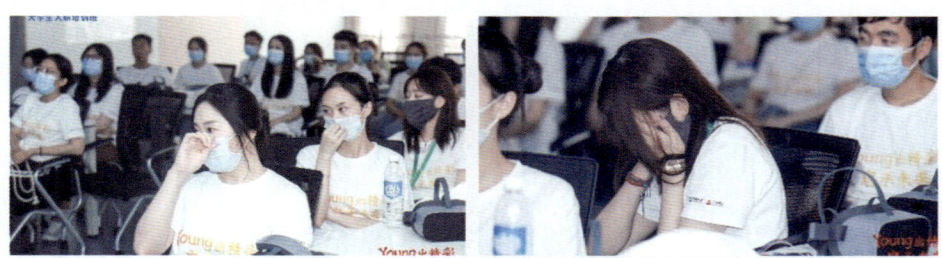

图9-10 新员工培训授课现场——感触深入内心，学员真情流露

1~2课时嵌入版。注重VR虚拟现实体验本身的沉浸度与体验感，适宜销售培训及客户经营活动。通过身临其境的实景化体验形成对巨灾的具象感

知，了解公司在大灾大难中勇担的社会责任，固化对风险、保险、保险产品及公司的认同。

"5·12"汶川大地震北川遗址 VR 体验

图9-11　成都保险研修院十周年VR课程体验现场

（2）实施亮点

新颖便捷的教学方式。前期选择汶川地震中受灾最为严重、灾后现场保护较好的北川遗址进行VR视频拍摄，让人身在教室，戴上VR眼镜即可跨越时空，返回灾后的巨灾现场。

沉浸式视觉体验。VR体验逼真呈现360°视觉场景，能更好地实现沉浸感，避免外界干扰，提升体验的效果。

主题引导式分享。实景体验与主题研讨分享结合，以风险感知为触点引发学员对保险意义与功用的思考。

4. 项目效果

汶川地震VR体验课程自研发落地以来，因授课方式新颖、沉浸体验深刻、内容切合需求、课时灵活可变等特点，广泛运用于新入司员工、销售人员及管理干部、基层干部队伍和致富带头人等培训，受到学员欢迎和好评。

第十章　学习模式的变迁：人机融合，打造超级学习者

题首语：随着技术的发展，人工智能将成为"人"的组成部分，分布式认知的理念将日趋盛行。人机结合的学习方式将成为主流学习方式，我们可以获得更高的学习效率，甚至不再需要学习记忆类知识，而是把更多精力放到掌握解决问题的方法论，建立更加有价值的认知范式。

第一节　金融行业员工学习现状

在很多金融企业的培训工作中，我们往往会遇到以下两个典型的场景。

场景一：工学矛盾

年底的时候，培训经理向员工发放次年培训需求调研问卷，充分调研了大家的培训需求，然后花不少时间根据需求做培训规划，详细的培训方案，落实到月的交付计划。培训经理克服诸多困难，找到交付教室开班的时候，很多员工一看需要脱岗培训，再看看堆成山的工作任务，权衡之下纷纷以工作忙为由不参加培训。培训经理在线上学习平台为员工准备了丰富的学习内容，但是员工们每天工作很忙，下班回家还要处理家事，很难挤出时间用于学习。

场景二：学用脱节

培训部门根据预算制订年度培训计划，按部就班，按月实施轮训，尽可能覆盖更多的人群。这里面往往有很多制式化培训，内容千人一面，员工参加完培

训，总感觉培训的内容和自己的工作有断层，甚至会问，我为什么要学这些，学了有什么用？最可怕的是课上学习的知识，学过就忘，极少在实际工作中使用，听过很多大道理，工作还是老样子。

这样的场景几乎在每个金融企业都会遇到，背后的根源确实很复杂，有没有破解之道呢？

第二节　梦想照进现实，我的学习我做主

随着金融企业人才战略的升级，员工学习需求升级，这些都倒逼培训学习供给侧改革，学习的模式必须改革，学习要回归本质，以员工为中心，还要兼顾短期和长期目标，助力员工解决现实工作中的实际问题，更助力员工在职涯发展中的不断提升。金融行业天然对新技术应用敏感，在新技术应用上总是领先于大多数行业。目前金融行业已经开启了人机协同、认知外包的工作模式，这样的模式也逐渐映射到金融企业的人才培养领域。

新技术带来金融企业内学习方式的重大变化，传统单一的一对多面授模式被逐渐淘汰，为员工提供更多样化的学习方式，更加个性化、定制化、适应性的学习方案，将有效解决长期困扰培训经理的教学规模化与个性化的矛盾，使员工的个性化和适应性学习成为可能，特别是有利于促进员工的深度学习参与和高阶认知生成，促进员工的创新能力发展。

从以培训管理者为中心转变成以员工为中心，其核心就是支持学习者根据自身学习需求制定学习目标，创建、管理学习环境；将管理学习的责任交付于个体，赋予学习者更大的自主控制权。基于员工工作、学习数据的建模分析，得出员工的个性化需求，基于员工的个性化需求开展智能化的学习资源推送，学习转化支持。打造以员工为中心的闭环学习过程，培训将由"要你学"真正变成"我要学"。

未来，两种学习模式将并存：

与业务密切结合，以当下业务中存在的问题为切入点，围绕解决问题开展学习，即PBL（Problem-based Learning）学习模式，基于问题的学习是知识转移的快捷键和知识技能转化为绩效的催化剂。

与企业战略发展，员工职涯发展结合，以员工不同时期工作岗位为切入点，形成长周期的学习全景图，并根据岗位变化动态调整学习内容，即CBL（Career-based Learning）学习模式。

基于问题及职涯发展构建动态的员工学习全景图，能够帮助员工明确学习发展方向。随着大数据、人工智能的演化，金融教育基于员工工作行为数据、学习数据，设计员工学习行为模型，分析员工学习行为存在的问题，对员工未来学习行为进行预测，全流程地为员工提供精准化学习体验。目前，已有金融企业依据岗位画像数据，如员工画像数据、课程标签数据、员工学习行为数据、员工工作行为数据，连通工作、学习、知识数据之间的孤岛，进行联合分析，从海量数据中分析出数据背后隐藏的需求及行为模式，找到个性化自适应学习场景的切入点：充分尊重员工个性化需求，不再受制于千人一面的制式化学习，真正实现我的学习我做主。真正实现按需学习，恰到好处地学习，学海无涯但不再是"苦"作舟。基于数字化技术分析学习交互沉淀的数据，我们就能清晰发现员工、学习内容、学习服务之间的关联关系，这些关系越清晰，供需对接的不对称性越来越少。企业内部的学习就可以由静态的单向知识获取转变为和员工之间互相启发，知识高效流动。通过交互数据分析，我们还能利用已知模型和方法打造仿真训练环境，通过刻意训练解决影响员工学习的关键问题，评估员工学习成效，并对员工提供及时反馈，为员工提供更好的学习服务。

第三节　线上化智能微学习

随着移动互联网、智能终端的发展，人们可以随时随地获取信息，碎片化阅读成为一种生活方式，也成为一种学习方式。微课学习也逐渐成为主流，但一边是各种形式的微课让人眼花缭乱，一边是越来越多的员工认为微课这种碎片化的学习方式不够体系化，收效不及预期。出现这种矛盾的现状，其根本原因在于培训管理者在使用微课这种学习方式时，只是把微课当成一种单纯的学习资源来使用，缺失对应的学习活动、学习评价以及学习结果认证的学习支持服务。

未来，在金融企业中如何建构基于微课的微学习是未来必须面临的课题，可以用下面这些模块表征微学习的结构。

1. 微型学习资源

微型学习资源是以喜闻乐见的形式面向员工呈现的短小精悍的学习内容组合体，通过语义关联技术来表征不同微课之间的各种逻辑关系，从而使得多个微课共同构成一个知识体系，多个知识体系的微课还可以自动聚合成相关知识主题。这种基于语义的关联与聚合实现了内容从孤立的点、到线性关联、到网状耦合的重大转变。通过语义关联微课，还可实现基于情境的结构适应，实现关联知识与实际工作情景的紧密联系，为学习者模拟真实的工作情景，或提供真实工作情景下的同类案例应用，以便员工将学到的知识与自身经历等建立关联，在较短的时间内理解知识，并将知识运用到工作中。

2. 学习活动

微学习不仅支持学习内容的传递，还要支持完整的教学结构和学习流程，要实现学习者与微型学习资源的双向互动，学习活动是不可缺少的重要部分。微学习的设计也将从面向内容设计转向面向学习过程设计，即不仅要考虑学习内容的呈现形式，更需要考虑如何更好地促进学习者的学习，按照学习内容的过程逻辑合理安排活动步骤，促进学习者对内容知识的深加工。每个微学习中应该包含与内容相对应的若干学习活动，例如讨论交流、提问答疑、作业提交、思维导图、练习测试等，这些学习活动为员工提供了知识，促进了员工与微型学习资源的交互，促进了学习者对知识的深入理解与建构。同时还将员工与微型学习资源交互的信息记录下来，跟踪用户的学习行为，进一步挖掘员工的学习特征信息。微学习中的交互绝不仅仅是员工与数字化学习资源的交互，更重要的是在参与学习过程当中吸取他人智慧。通过学习资源在学习者与导学者、学习者与学习者之间建立动态联系，例如学习者可以从同伴那里获取新的知识，得到学习帮助。这些资源具有动态性和生成性，且处于不断进化发展状态，在金融企业内知识更新速度越来越快的今天，学习不再仅仅为了掌握现有的知识，更重要的是能够持续地获得知识，预测知识的变化发展。对于金融企业而言，在不确定性增多的大环境下，群智涌现，能者为师已经成为趋势。在学习平台上建立企业智库社区，基于问题、观点开展讨论，建构新的知识，知识建构的过程也是一种特殊的学习方式。随着大数据、语义分析技术的成熟，社区的功能变得更加强大，可以更加快捷方便地查看社区中成员之间的互动情况，分析引导对话的语义支架和关键词，了解知识建构的动态发展情况，帮助社区成员反思对话，引导对话向着更深入、有效的方向发展。大家在社区里面不再只是分享知识，插入一些文字、图片、链接，更重要的是基于技术的力量，提炼和完善知识，建构新的知识，通过在社区的对话协作，提升个体性学习难以达到的认知高度。

3. 学习评价

学习评价不能仅依赖于最后的考试测验，而需要将过程性的评价和结果性的评价相结合。通过内置的学习活动交互与评价指标，在跟踪用户学习行为、记录用户学习过程信息的基础上，对学习者的学习效果进行评价，评价的方式与结果的分析，为后续学习活动的设计提供输入。

4. 学习认证

对于员工学习的结果进行认证是金融行业培训的通用做法。学习认证不仅用来证明员工的学习情况，更应用于可视化地表征员工的知识结构、学习历程、学习状态，成为个性化学习内容推荐与学习服务的前提。通过语义关联每次学习认证，可以帮助员工清晰地了解自己已经掌握的知识结构，从而为下阶段的学习决策、学习资源选择提供依据。

◎ **平安银行金融科技认证学习项目案例**[①]

平安银行FinTech认证训练营是平安银行2021年实施的全员基础科技认证学习项目，以全行人才科技化升级战略为导向，结合科技基础理论、银行科技应用及发展趋势的系统学习，帮助全行员工转换科技思维、提升科技运用能力。项目是典型的线上微学习模式，包含微课学习、直播、讨论区社群讨论、认证考试等环节（见图10-1）。

---

① 源自公众号：PAB We Talk文章《是时候学点真正的技术了！》，2021-4-13。

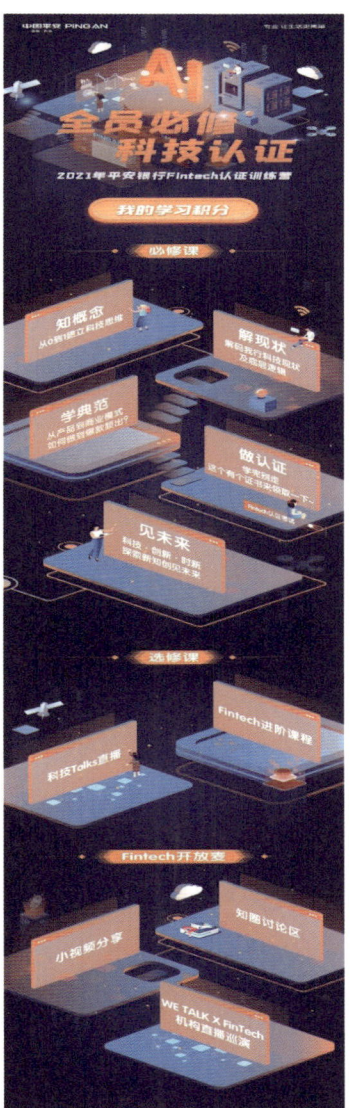

图10-1 平安银行 FinTech 训练营

第四节　融入工作的训战学习

受经济下行、外部竞争加剧的影响，大部分金融企业都启动了数字化转型，数字化转型加速了对现有人力资源的结构性调整。这可谓几家欢喜几家愁，不适应

转型之道 人才续航
——构建数字时代金融教育新生态

新趋势的旧岗位被大量削减的同时，也创造更多新的岗位需求：大量懂金融业务的科技人才和懂科技的金融产品创新人才，以及一大批能适应监管加强、市场快速变化、经营环境不确定性因素增多的变革型领导者。为了确保数字化转型落地，改变现有员工培养方式，加快人才育成速度，提高人才育成率，成为金融企业管理者普遍关注的问题。越来越多的金融企业培训管理者也意识到学习技术的应用框架不仅包含培训管理、学习项目、辅助发展在内的学习场域，还应包含同侪协作、知识服务、工作辅助在内的工作场域[①]。训战学习帮助员工在掌握理论知识的基础上深入业务，把学习融入业务价值链，是培养人才的快车道，并能有效检验学习者是否将知识转化为价值，因此训战学习成为很多金融企业青睐的人才培养手段。

在当前金融企业中，将训战学习融入工作流程的最快捷可行的方法就是打通员工线上工作平台和移动学习平台，将学习嵌入实际工作任务及流程，边干边学，边学边检验。主管作为员工学习最有效的催化师，也可以在线上工作平台上看到员工工作数据，例如客户触达量、成单量、客单价等相关业绩数据，及时在线上为员工提供辅导，帮助员工改进。团队成员同时也可以基于线上工作平台开展团队复盘交流，团队成员互相交流工作中的成果以及遇到的问题，促进经验、教训的快速交流。在大数据技术的支持下，训战学习的过程是一个不断产生学习数据的过程，也是一个利用学习数据改进学习成效的过程。每个学员的每一个线上学习行为，都会留下痕迹，这些数据被记录，最终形成给导学者的反馈，便于导学者开展进一步的教学策略改进，为学习者提供精准的指导。融入工作流程的训战学习将以教为中心很好地转向了以学为中心，让学员在学习技术的帮助下，灵活地开展学习，并享受这种灵活学习带来的好处，促进更多的自主学习。

◎ **某商业银行案例**

某银行在零售客户经理工作的APP上面通过SDK模式集成相关学习功能模块，打造员工学习工作一站式平台，确保学习融入工作流程，成为完成工作任务的一环（见图10-2）。

---

① 奚利强. "互联网+"时代金融企业培训和学习[J]. 在线学习，2015（8）：70.

第二篇
法篇：金融行业人才发展的新路径、新体验

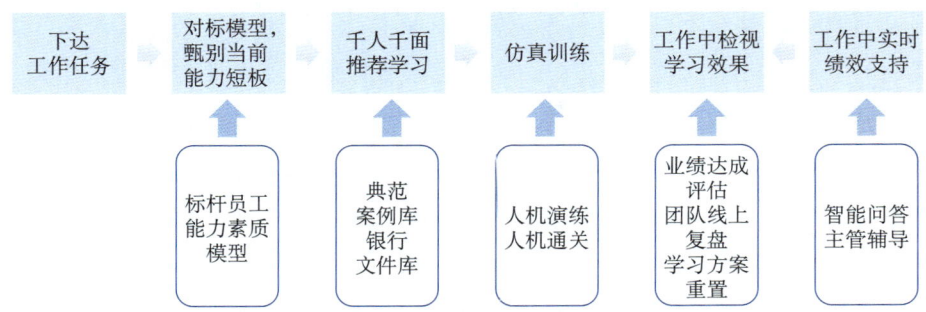

图10-2 融入业务流程的训战学习

◎ 光大银行金融科技人才培养训战营案例

当前，我国已加速迈入高质量发展的新阶段，创新已成为驱动我国经济持续高速发展的新动能。伴随数字经济发展，金融与科技深入融合，金融科技创新也将成为推动传统金融价值链重塑与金融产品和服务创新的核心驱动力。

新时期带来新要求。金融科技的创新，不仅是技术的创新、传统模式的突破，更关键的是对于人的变革。对于人才的要求发生改变，培养人才的方式同样需要突破，如何培养更能适应于新时期创新发展需要的创新人才，成为摆在传统金融行业面前的新课题。光大银行创新打造"科技点亮梦想、创新光大未来"为主题的创新人才培养训战营——创星营，成功探索出了一套项目式金融科技创新人才培养模式。

创星营培训项目整体分为提案征集、原型设计、商业计划书、Demo开发和创星嘉年华五个阶段，通过五个阶段专业的方法论培训与路演实践指导，帮助学员掌握体系化的精益创新方法论和工具，实现创思思维从懵懂到清晰的华丽蜕变，进而培养员工树立创新思维、发现创新机遇、创新解决问题的能力，从而为光大银行建立一支具有创新精神、拥有创新思维、具备创新能力的金融科技先锋人才队伍。

真实项目全流程赋能，创行业内首次。

创星营彻底改变了传统单向课程输入为主的培养模式，以真实的业务项目为载体，以人才创新力培养与项目落地相结合为目标，为学员提供了真实的场景化学习。历时120天，三导师（项目导师、业务导师、技术导师）并行，内部导师与外部专家结合，在项目推进过程中培养创新能力。12月19日，光大银行应邀参加中国教育技术协会2020年暨教育信息化大会，将创星营进行主题分享，被协会推荐为数字化时代人才培养模式的创新，得到与会代表的一致认可。

科技与业务的深度融合，加速数字光大人才队伍建设。

团队组成多元化，来自总分行、不同业务部门与科技人员组成若干个柔性团队。业务团队通过产品创新来拓展技术边界，突破技术约束开展工作，整合共创，为获取项目加速和标杆效应贡献力量。科技团队通过技术创新，拓展业务边界，突破业务约束，用科技视角探寻新的收入增长点，真正实现科技引领。

科技与业务深度融合，共同拥抱挑战，突击标杆行业（智慧医疗、智慧旅游……），进行可行性研究，深入扩大研究成果，全行共享创新成果的同时，人才队伍得到加速培养。

构建数字化转型人才画像，夯实数字光大人才队伍。

创星营牢记培养金融科技创新人才的初心使命，从创新思维、设计思维、用户思维、用户旅程、用户画像、精益画布、商业模式画布等先进思维及工具导入，输入解决问题的思路、工具和方法。结合学员特点，在真实项目中培养与构建学员自我驱动、质疑精神、商业嗅觉、敏捷进化、坚持不懈的数字化人才画像。

加速组织内部创新项目落地，打造光大创新生态的敏捷内环。

敏捷化工具+敏捷型团队，推动重点项目快速落地。通过应用全球领先的精益创业方法与工具，实现对新产品与新技术的快速验证、试错、优化，项目落地时间缩短5倍，极大增强全行，特别是分支行对新市场、新机会的探索热情与相应能力：创星营在Demo开发阶段，经过短短3天3晚的集中训练，成功打造出10个功能完善的高保真Demo及高阶版商业计划书3.0，已在组织内发挥创新项目的标杆示范引领作用，成功探索出一条通过建立小团队实现敏捷迭代的项目创新落地之路，助力打造光大创新生态的敏捷内环。

创星营自8月7日启动，12月10日结营，历时120天，100余名学员出色完成了五个阶段的学习任务，成功打造出15份成熟商业计划书，10个功能完善的项目Demo。其中，1个项目荣获光大集团首届"光大杯"创意创新大赛特等奖，3个项目达到光大银行金融科技创新项目标准，获得专项基金进行孵化。

创星营真实的学习环境为学员提供了"试错—反思—调试"的问题解决方案，创新的学习方法不但提高了学员学习的积极性、工作的效率，还将学员所学进行输出，打造了学习的全流程闭环。

创星营项目成功为光大银行培育了一批种子项目，打造了一支创新精英队伍，开发了一套创新管理工具，探索出一条可复制的金融科技创新人才培养之路，为变革专项人才培养模式提供了实际借鉴意义。

第五节 人机融合的自适应学习

在数字化时代，由于虚拟空间的发展，地理因素对人的限制将降至有史以来的最低限度，远程协作，人机协同将成为主要的生产方式。在金融科技的渗透之下，金融企业的很多业务场景已经是人机融合，例如在营销获客，客户服务场景下的KYB（Know Your Business）、KYC（Know Your Customer）。人机结合的思维体系，是金融行业从业人员未来思维方式的重要转变方向。人机结合可以突破人类个体认知的极限，使得金融从业人员能够驾驭超越个体认知极限的复杂场景，处理超越个人认知能力的海量信息，能够从容应对超越个体认知能力极限的快速变化。随着数字化程度的上升，知识将持续基础设施化、产品化，即知识的"封装"和"调用"将降低人的学习成本，从而使个人被充分赋能[1]。不难想象，在金融企业中，未来的学习主体将是一个人机结合体，未来的学习者将不是完全借助于自己的手和脑来进行学习，而是借助于外脑，借助于人工智能，借助于大数据等信息技术来开展学习。很多过去需要花大量时间和精力完成的学习任务，如查找各类金融监管政策资料、整理归纳等，就可以借助机器来完成，人机融合的学习方式将极大地提升学习效率和质量。

---

[1] 付晓岩. 银行数字化转型 [M]. 北京：机械工业出版社，2020.

自适应学习本质上是一种精准的个性化学习，结合岗位职责、业务要求以及依据学习者特征（知识水平、认知能力、学习风格、兴趣偏好等），根据学习者与学习平台双向交互产生的动态大数据分析反馈结果，结合金融领域专业知识模型，实时为每个不同学习者提供个性化服务（个性化学习路径、个性化学习资源、个性化学习策略）的人机协同的在线学习模式。

　　目前业界普遍认为，人机融合的自适应学习系统一般建立在学习者模型（Learner Model）、领域知识模型（Domain Model）、自适应引擎（Adaptive Engine）三个核心组件基础之上（见图10-3）。其中，学习者模型是对学习者多方面特征（基本属性、学习风格、知识水平、认知能力、兴趣偏好、学习交互行为数据等）的高度抽象提炼，是自适应学习系统实现自适应的基础与依据。领域知识模型是领域知识及其相互关系的集合，是自适应学习系统的重要根基。自适应引擎是自适应学习系统的智能内核，是学习者模型和领域知识模型的桥梁和纽带，实现根据学习者模型匹配关联领域知识模型，最终达到个性化学习路径、个性化学习资源、个性化学习策略的自适应。①

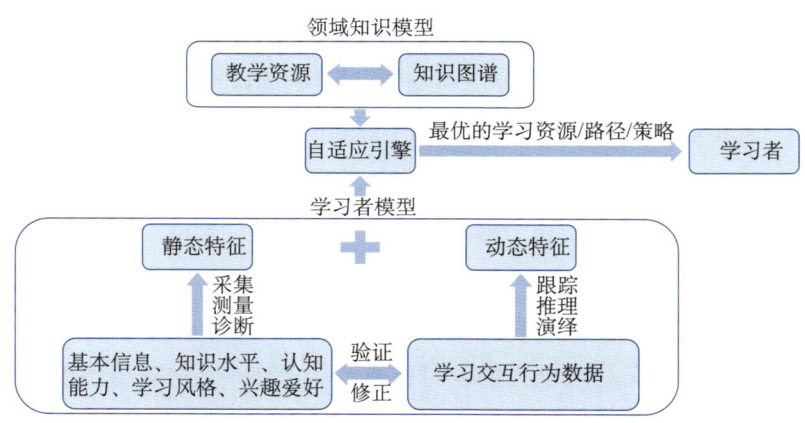

图10-3　自适应学习系统智能内核

1. 学习者模型

　　学习者模型是对学习者个人特征的抽象表示，通常将学习者特征分为静态特征和动态特征两大部分。静态特征是学习者个人相对比较稳定的个人属性，包

---

① 陈敏，徐和祥，许哲．基于知识图谱的自适应学习系统探究 [M]．现代教学，2020（3）：19-21．

括学习者基本信息（如姓名、性别、年龄、政治面貌等）、认知能力（如分析、归纳总结的能力）、知识水平（如学历、技能证书等级等）、学习风格（如视觉型&言语型，感悟型&直觉型）、兴趣爱好（如喜欢在晚上学习、喜欢看视频等）。动态特征是学习者与环境双向交互（如学习者与学习终端的人机交互、学习者与老师的交互、学习者之间的交互）过程中产生的大量行为数据提炼、推理、演绎出来的个体特征，使动态跟踪迭代的结果。

2. 知识图谱

知识图谱作为一种新型的结构化的语义知识网络，富含各种实体、概念、属性、关系等信息，推动自适应学习系统从"自适应"走向"智适应"，为自适应学习系统注入了新的动力。

3. 自适应引擎

以学习者为中心构建的学习者模型和以知识为核心构建的领域知识模型，需要自适应引擎将两者进行衔接，才能实现在合适的时间、合适的地点、合适的学习场景以合适的方式将最适合的资源、最佳的学习路径以及最优的学习策略推荐给最适合的学习者的功能，即自适应引擎能帮助系统根据学习者需求提供个性化领域知识。

（1）适应性资源推荐。自适应引擎根据构建的学习者模型，对学习者的知识水平、认知能力、学习风格、兴趣偏好等加以诊断与推理，动态地、高契合度地推荐最合适的资源。目前比较成熟的资源推荐算法主要有基于内容的推荐算法、基于用户的协同过滤算法、基于关联规则的推荐算法。单一的推荐算法各有优势和不足，自适应学习系统将多重资源推荐算法组合使用，构建混合推荐算法，发挥"1+1>2"的优势，实现全面、精准的自适应资源推荐。

（2）适应性学习路径推荐。学习路径是学习内容以及学习活动的路线地图，是指学习者在学习策略的指导下，从初始状态（起点）到完成学习目标（终点），所经历的最佳的学习路线。学习路径推荐算法是实现个性化学习路径推荐的关键。目前比较常用的学习路径推荐算法有路径推荐算法、遗传算法、蚁群算法、人工神经网络等。

（3）适应性学习策略选择。学习策略是指为了达到学习目标和效果，所采取的谋略和行动计划。自适应学习系统根据学习者个体特性向学习者推荐资源、学习路径以及策略，这是系统驱动隐性知识呈现方法，但单向的系统推荐输出是不够的，还需辅之以学习者主动选择学习资源、学习路径及学习策略，共同构成自适应学习系统的双向适应交互。例如视觉型学习者偏好于将知识转化为文字图片或图文信息；听觉型学习者倾向于将文字信息变成音频，在心无旁骛的时候收听，且排除其他干扰。我们就需要定向给不同特点的学习者推送同样内容但呈现形式不同的学习资源。

第六节　基于数字孪生的智能训练

当前在大多数金融企业中，一般员工只参加定期举办的集中分期轮训，轮训时间短、周期长，很多职工相隔较长时间才有参加线下轮训的机会。轮训往往是"填鸭式"教学，讲师讲、员工听，理论多、实践少，缺乏实际工作中遇到的案例分析和工作情景模拟，重在学，轻于习，本来就难得的培训也难以调动员工学习兴趣，培训效果可想而知。一直以来，大家都在说知行合一，学以致用，可实际上学习和行动之间总有一道鸿沟，如何帮助员工把学到的知识内化为员工技能，缩短知道到做到的路径，提高学习转化率，把学到的知识用到日常工作中，提高行为成熟度，让培训效果可见、可量化呢？数字孪生技术在企业教育领域的应用，有望突破这一难题。

数字孪生技术最早起源于航天领域。1970年阿波罗13号登月时，航天器出现严重故障，地面的科学家就是通过建在休斯敦的15个模拟器，定位、解决问题，确保宇航员安全返回地球。这些模拟器就是数字孪生模型的前身，NASA（美国国家航空航天局）在2010年的技术报告中首次提出了数字孪生的概念，并将其描述为一个集成了多物理量、多尺度、多概率的系统或仿真过程，其使用最好的物理模型、传感器和数据信息来反映物理实体对象在生命周期内的真实状态。从航天领域开始，目前数字孪生已经在很多领域启动应用，包括工业制造、医疗、智慧城市等。大数据、AI和数字孪生技术大量应用推动了新一代商业和智能世界的崛起，数字孪生应用正迅速扩展到更多行业中。[①]

在金融企业教育领域，可以利用数字孪生技术搭建模拟训练环境，架构如图10-4所示。

---

① 埃森哲 Technology Vision 2021。

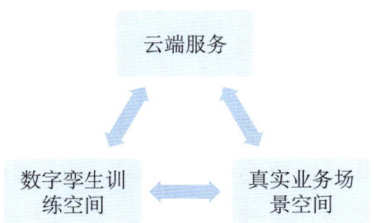

图10-4 数字孪生训练模型架构

真实业务场景空间：数字孪生体的镜像本源，提供各种建模数据。

云端服务层：负责处理从真实业务场景空间和数字孪生训练空间收集数据以及发送指令。云端服务层可以实现学习分析、自然语言处理、学习预警、学习评价、音视频处理和图像处理等功能，能够根据学习者的行为状态和操控指令进行相关数据的分析和处理，其实时智能的信息反馈能够帮助学习者及时改进方案。云端服务层还可以提供学习监控、智慧学伴、智能导师以及精准教学等服务，为自主学习和大规模的群体协作学习提供支持。在云端服务层的支持下，学习者全学习周期的数据信息可以被完整存储并用于学习活动的分析和学习行为的预测，从而为学习绩效的提升和教学方案的优化提供有力支持。

数字孪生训练空间：数字空间是物理空间的镜像表征，通过数据通信实时保持与真实业务场景空间的同步，两者是动态的映射和互动关系，学习者能够在数字空间中随时低成本、反复验证，能够为他们的实际操作提供数据信息和具身体验。学习者基于数字空间开展的模拟探索学习活动可以不断迭代优化，这将为学习者能力的快速提升提供有效支持。

数字孪生训练空间具有如下特征。

（1）面向业务场景的高保真学习体验。数字孪生体可以根据教学需求，以镜像的形式重塑数字化的培训场景物理实体空间。在数字孪生智慧学习空间的学习活动超越了以讲师讲解、团队讨论、作业、考试为核心的传统学习活动，为学习者提供了一种可观察、可体验、可操作、可验证和可发展的学习环境和学习资源。在真实业务场景的数字化镜像学习环境中，学习者能够在其中通过数字孪生体体验真实业务场景，并通过与之交互开展学习活动，由此获得的经验和技能能够直接应用于真实场景中。

（2）实时交互协作。学习者可以实时地观察和操作数字孪生体，并实时获取、分析和解释多维数据。还可以实现跨区域分工协作，通过高效的协作制订最佳解决方案，解决物理场景中的真实问题。

（3）数据驱动的虚实共生。物理实体与数字孪生体间能通过数据交互实现虚实连接和虚实融合，使很多抽象化的知识、问题和机制得以形象化表征，为学习者建立对真实场景的认知提供有力支持。数字孪生智慧学习空间的数据驱动学习具有实时可信、可重复检验和可预测的特性，可以为学习者深入探究问题提供有力支持。学习者也能够根据问题探究过程中采集的数据信息来反思和改进问题解决方案，从而达成学习能力的提升和认知能力的完善。

（4）快速可扩展性。业务场景更迭速度很快，这就要求培训管理者可以快速在数字孪生体中替换、集成新的数字模型，丰富不断迭代数字孪生学习空间的内容。

参考相关学者的研究成果，数字孪生训练空间的应用过程如图10-5所示[①]。

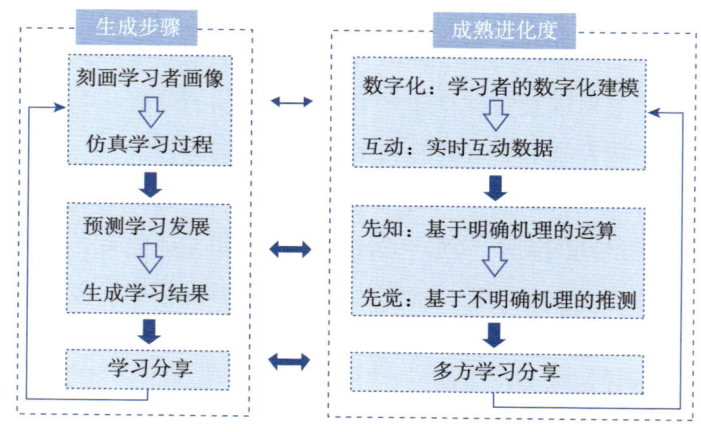

图10-5　数字孪生训练空间的应用过程

第一阶段，在刻画学习者数字画像、仿真学习过程时，数字孪生学习者实现数字化（学习者的数字化建模）和互动（实时互传信息数据）过程。

第二阶段，在预测学习发展生成学习结果时，数字孪生学习者的成熟度进一步优化，实现先知基于明确机理计算的学习者的学习发展规律，以及先觉基于不明确机理预测学习者未来的发展趋势。

---

① 艾兴，张玉. 从数字画像到数字孪生体：数智融合驱动下数字孪生学习者构建新探 [J]. 远程教育杂志，2021，39（1）：41-50.

第三阶段,是实现不同数字孪生学习者之间的智慧交换和共享。

金融企业内,针对人工客服、一线销售等人员众多、训练频次高的岗位量身打造刻意训练的仿真环境,并根据刻意训练结果给予有效指导的数字孪生训练环境已经成为可能。基于岗位的专业能力模型,建立各类仿真训练场景,用户可以在智能训练系统中与"训练机器人"开展情景式对话训练,系统会根据回答的完整性、逻辑性、准确性、表情以及语音的亲和力等维度为对话质量自动评价,最后对用户提出综合改进建议。相比传统的训练模式,智能训练可实现训练更有针对性、技能提升更显著,培训效果看得见。常见的训练模式包括以下几种。

1. 基于话术的智能陪练

基于话术的智能陪练有话术对话、虚拟教练、跟读练习等多种应用场景模式。

(1)话术对话:学员在预先设置场景中,用语音回答系统给出的问题,系统根据发音清晰、语音完整、语义契合、关键词匹配、谈吐流畅等维度实时计算出这个回答的总得分,并给予反馈。各个维度的权重可以根据需要在后台设置(见图10-6)。

图10-6 话术对话

(资料来源:时代光华网站)

（2）虚拟教练：其训练场景增加了虚拟人物教练形象，虚拟教练说话的口形和表情可以跟随话术内容变换，学员就像跟真实客户交流一样，能看到人物表情，感受到对话的氛围，与话术对话场景相比，场景模拟还原度更高（见图10-7）。

图10-7　虚拟教练

（资料来源：云学堂公司）

（3）跟读练习：可以有效强化标准话术记忆。跟读练习主要设计了以下教学环节：首先是视频讲解，学员先学习讲解某产品业务的视频，视频中也会讲解为什么这样介绍背后的逻辑。其次是学员复述，屏幕上会显示完整的介绍文字，学员可以自己复述文字。再次是关键词跟读，系统会将文字中的关键词去掉，让学员再讲，帮助学员记住其中的几个关键点，同时手机上有模拟客户的画面，学员可以和客户对话，回忆关键词。最后是整段串讲，是把关键字留下，其他隐去，让学员把整段话串起来。

在上述应用场景中，智能陪练技术可以识别审核学员提交的语音内容，告知学员哪些做得好、哪里有待提升，并给予效果反馈，促进学员的刻意练习。智能陪练技术主要从表达技巧、话术内容等维度评价学员语音回答。表达技巧方面，主要是从语音洪亮度、清晰度、流利度和语速等方面进行评价。话术内容方面，主要是从词汇（识别关键词并统计词频）、句法（识别句子语法结构）、语义（识别语句的含义）、语用（识别语句在具体语境下的含义）等方面进行评价

（见图10-8）。

除了通过AI技术评价表达技巧、话术内容以外，还可以增加人工方式进行评价，从而进一步提高评价质量。智能训练技术还可以根据培训师对学员在各个评价维度给出的人工评分，对产品演讲文本进行分析，并根据评价维度对其内容进行分类，并从各个评价维度的高分样本中提取文本特征，形成通用的评价标准，并尝试模拟培训师的评分模式对文本进行打分。

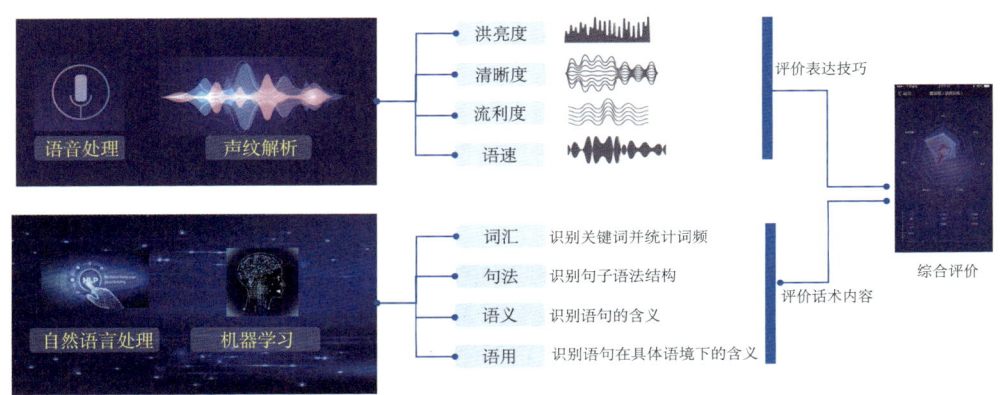

图10-8 智能训练技术原理

2. 话术与表情结合的智能陪练

话术与表情结合的智能陪练，除了识别学员话术以外，还需要识别学员表情神态。在该场景中，学员根据系统给出的问题进行讲、练，视频会全程记录下来，视频中包含学员脸部微表情和手势动作，由于微表情识别技术的加入，系统能够识别评价学员服务态度和表情神态，这在模拟真实演讲、客户面对面交流等场景具有广阔应用场景。

目前AI技术在内容识别、语音语调等方面识别能力强，可以通过机器自我学习很快具备高辨识度，但是肢体语言和微表情的识别能力弱，还无法真正识别出肢体语言和面部表情背后的意义，随着技术的进步，相信在不久的将来，表情识别技术将会取得较大发展。在此之前，我们可以将视频推送给培训师、业务专家或者学员上级领导，由他们通过视频诊断学员需要改进的地方并提出建议。另外，要想达到与人类智能水平相当的综合评价，还需要进一步建立完备的知识图谱、积累行业特性语料库、积累场景下话术和表情数据。

◎ 某金融服务公司客服人员智能陪练项目案例

1. 项目设计理念

在设计这个项目的时候，考虑了员工学习与知识管理两个重要循环的互通，互相促进（见图10-9）。在项目设计者看来，员工学习一定是学习、训练，最后需要有考核来闭环。客服工作领域，知识沉淀是极其重要的，客服在工作中按照场景总结成功实践，形成知识库。在培训员工的时候就要充分利用知识库，让员工在学习平台通过AI陪练功能沉浸在一个个真实案例场景中刻意训练，再上岗实操，这样用最小的试错成本实现真实场景下工作技能的快速提升，员工技能提升后也会不断优化最佳实践，最终带动整个组织能力的提升。

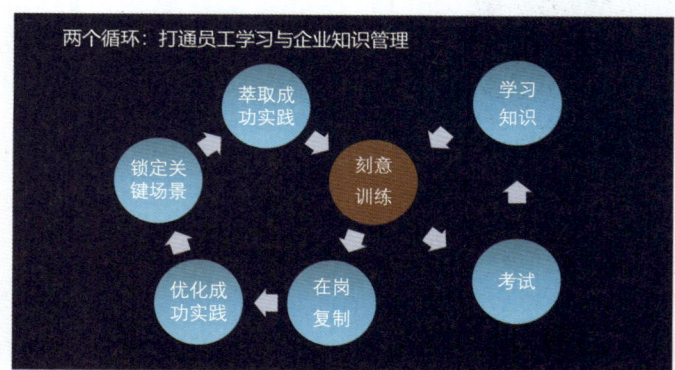

图10-9 两个循环——打通员工学习与企业知识管理

2. 项目设计思路

（1）根据实际业务场景，根据真实客户特征虚拟化客户形象，包括客户形象、客户声音，基于面部驱动技术，员工进入训练系统就有身临其境的感觉，仿佛是在和真实的人对话，而非面对冰冷的机器，沉浸式环境让员工快速进入角色。

（2）在训练模式中，把客服知识库的内容嵌入训练系统，员工边学边练。有了模拟互动的过程，知识库学习就没那么枯燥，员工学习的兴趣以及接受度也相应提升。多次训练达到较好的分数就可以进入考核模式，对这个场景的训练效果做考核闭环。

（3）考核完以后，系统会对训练的各个问题自动剖析，给出针对性的指导意见。这个过程也是对训练过程的一个闭环。便于员工个人以及培训者了解员工的学习薄弱环节，针对薄弱环节再开展针对性的精准学习训练，这也有利于节约员工以及培训经理的时间。

3. 项目实施方案

项目启动后有三个重要阶段：

（1）岗前学习。在例行的制式培训基础上，增加随堂训练，夯实理论学习基础。

（2）上岗衔接。根据第一阶段训练数据分析，找出共性短板，开展专题指导，再进行针对性AI训练，训练达标进行上机实操测评。通过查漏补缺，实现知行合一。

（3）在岗提升。员工上岗以后，持续训练也是必要的。根据员工每日绩效，配以相应的AI训练，帮助员工技能精进，产能不断提升。

图10-10　项目实施全景

4. 项目关键环节设计

（1）沉浸式场景设计。训练的场景全部是来自工作中的真实场景，项目设置一个真实的客户形象、真实的客户录音，员工进入AI陪练就有身临其境的感觉，仿佛是在和真实的人对话，而非面对冰冷的机器。这个体验科技感非常强，年轻的员工非常喜欢。

（2）衔接知识库。训练中，分成训练和考核模式。两者的区别在于训练模式时可以看到相关的提示，考核模式则看不到。在训练模式中，把知识库的人内容嵌入提示，员工边学边练。有了模拟互动的过程，知识库学习就没那么枯燥了，员工学习的兴趣以及接受度也相应提升。多次训练达到较好的分数就可以进入考核模式，对这个场景的训练效果做考核闭环。

（3）智能剖析，精准辅导。考核完以后，系统会对训练的各个问题自动剖析，给出针对性的指导意见。这个过程也是对训练过程的一个闭环。便于员工个人以及培训组织者了解员工的学习薄弱环节，针对薄弱环节再开展针对性的精准学习训练，这也有利于节约员工以及培训经理的时间。

（4）赛马排名。为了促成更好的学习氛围、消除倦怠心理，设置了训练的赛马排名，每次训练后分数都会在排行榜上变化。这也非常符合年轻的客服员工喜欢挑战、竞争的特质。很少有员工会反复多次去看一个微课，但是会有大量员工主动反复在AI陪练中训练，从统计数据看，一个场景训练，员工平均训练次数可以达到七次，这个数字是非常可观的。

刻意训练环节如图10-11所示。

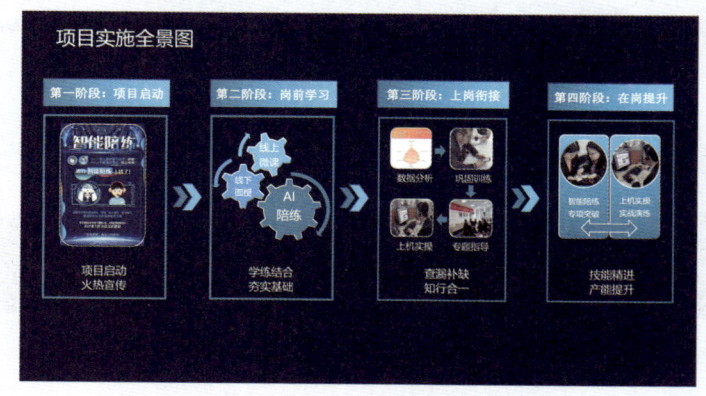

图10-11 刻意训练环节

5. 项目效果

（1）新人上岗周期缩短。在传统的新人培训项目中，除了面授、线上微课学习，还会有线下通关训练。目前用AI陪练取代了人工的通关训练，新人培训上岗周期缩短到了31%。员工带薪培训对企业来说是一种成本支持，上岗培训时间缩短，也利于成本的优化。

（2）工作效能提升。这个项目结束，员工上岗。发现参加过这个班的员工解答同类问题的时长较没参加过这个培训班的员工相比，平均减少38%，件均订单用时缩短8%。

（3）新人育成率提升。参加这个培训班学员的试用期内综合考评以及转正率都较没参加过这个培训班的学员高很多。

（4）业务场景知识库更新率提升，单月知识库更新率提升62%。

第七节 游戏化学习

为了提升员工学习兴趣和学习效果，不少金融企业开启了游戏化学习的探索。在美国培训与开发协会（ATD）2013年年会上，教学设计师Julie Dirksen首次提出"学习游戏化"的概念。游戏化学习（Learn through play），就是采用游戏化的方式进行学习，有些学者又称其为"玩中学习"。随着组织学习应用的不断深入，游戏化元素逐渐被引入学习中。游戏中有荣誉和惩罚、有竞争和合作、有虚拟和现实，它能让员工专注学习、相互协作、身临其境等，如何充分运用游戏化元素来提升学习体验，是数字化学习运营管理者需要思考的问题。

常见的电子游戏与游戏化学习，最根本的区别在于游戏化学习要聚焦组织实际业务或管理问题，要把业务中的问题以及解决方案抽象成游戏的机理，游戏化学习的目的是让学员关注学习内容、掌握知识，然后才是选择切合实际的游戏化运用方式。组织通过游戏化模拟，可以将常规培训方式无法解决的难题设计成游戏化情境模拟，使学员的自身能力得到锻炼与提升，学员将所学应用于解决组织现实问题，最终达到预期的培训目标。

因此，在设计学习项目的初期，需要把学习目标和学习收益清晰地传达给学员。培训管理者如果忙于用游戏的形式来吸引和讨好学员，从而忽略学员本身的学习需求，学习项目往往不会获得好的效果。明确学习目标和学习收益，才会让学员被吸引之后能够顺着项目的设计思路和互动方式发现学习的意义。

游戏化学习的设计原则一般包括以下三个方面：一是合理利用反馈机制，游戏最大的特点就是及时反馈，反馈形式多样频率高、反馈的结果性与其行为有直接关联；二是用兴趣维持注意力，持续给予学习者想要的内容，引导学员深入探索，刺激他们产生兴趣；三是奖励应该即时且有意义，游戏中的奖励应该尽早出现，等待的时间越长奖励就应该越大。

游戏化学习主要包括数字化游戏和游戏活动两类。数字化游戏是授课者利用游戏向学习者传递特定的知识和信息，根据学习者对游戏的天生爱好心理和对新鲜的互动媒体的好奇心，将游戏作为与学习者沟通的平台，使信息传递的过程更加生动，从而脱离传统的单向说教模式。游戏活动是将互动元素引入沟通环节中，让学习者在轻松、愉快、积极的环境下进行学习，激发学习者的学习积极性和创造性，有利于培养学习者的多元智力素质。

1. 答题类游戏活动

答题类游戏是当前在学习领域应用较多的游戏类型，通过PK竞赛答题互动方式，提高学员参与积极性。在组织中使用的答题类游戏活动，一般可以支持个人或组队参赛，通过设计活动计分和排名规则，活动中将展示个人或团队的积分情况和排名情况。为了让学员广泛参与，答题游戏活动应能在微信、APP等移动端实现。

答题类游戏活动有多种游戏玩法，例如一站到底方式（多人实时答题比拼）、双人对战方式（一对一答题对战）、闯关答题方式（非实时关卡类答题竞赛）等（见图10-12、图10-13和图10-14）。游戏活动运营者可以根据需要在项目中设置一种或多种玩法。

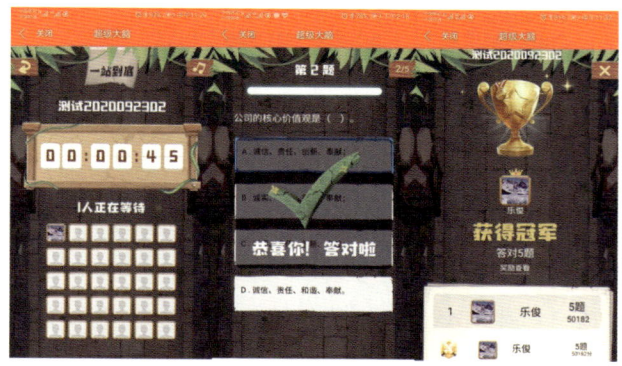

图10-12　一站到底方式

（资料来源：云学堂网站）

第二篇
法篇：金融行业人才发展的新路径、新体验

图10-13　双人对战方式

（资料来源：学习强国APP）

图10-14　闯关答题方式

（资料来源：央行网院和人民银行智慧工会APP）

2. 沉浸式游戏化学习

与答题类游戏活动不同，沉浸式游戏化学习互动性、沉浸感更强，通常有虚拟场景布置、人物角色扮演、不同任务剧情等游戏元素。由于游戏开发成本投入大、时间周期长、技术要求高，采用沉浸式游戏化学习方式的组织并不多见。游戏开发的底层技术一般可以选择通用游戏引擎，主要工作是根据组织文化定制场景、人物角色，以及根据培训要求定制任务剧情、学习内容和活跃指标等。游戏化学习设计的基本方法如下。

（1）学习内容任务化，设定学习目标和收益。开展游戏化学习项目，需要把学习的内容转化为任务，同时设定学习目标和收益，游戏设计人员可以针对某个人或组织机构设置学习目标，大目标中可含有很具体的小目标，如学时、学分、积分，还可以将登录时长这些活跃指标作为目标的维度。

（2）学习任务游戏化，先定玩法再定形式。玩法是游戏化学习的精髓，也是能否激发学员学习兴趣的关键所在。需要不断设计游戏任务，引导学员深入探究学习内容，强化游戏和学习内容的联动性。

（3）学习运营精细化，注重学习成果转化。游戏化学习的本质是让学员在激烈的游戏竞争中，通过体验和感悟，学到知识、态度和技能。因此，开发游戏化学习项目时，要注意避免让学习方式流于"形式"，需要通过精细化的运营，激发学员的学习兴趣，注重实现从游戏情境到学习场景再到业务应用的转化。

◎ 华夏保险游戏化学习考试项目案例

如何统一公司文化引导，直达个人的经营战略传递，迭代的基础知识及技能认证等系列人才队伍标准化建设，成为华夏保险人才素质提升的主要议题。在此背景下，华夏保险积极探索线上游戏化培训模式，设计开发了华夏保险"科举汇"游戏化学习考试项目（见图10-15）。

华夏"科举汇"是一款华夏保险全员基础知识认证考试的游戏化学习平台。以"华夏科举"为主题故事背景，通过游戏的方式引导学员不断地闯关进步，同时结合华夏保险的企业文化，为学员创造一个沉浸的学习环境。游戏项目的评判标准是知识掌握得越多，竞技排名越高，排名靠前的用户有机会获得实物大奖。华夏保险游戏化学习项目共开启了两个月，共有超过10000名用户登录系统参与了学习活动，用户参与度达到99.5%，得到了学员的广泛认可。

游戏化积分激励机制，游戏化主题宣传及运营，带给学员极致体验。

图10-15　游戏化学习考试项目

（资料来源：在线教育资讯网）

科举汇采用了人物剧情、任务开启、秘笈获取等游戏化环节设计，以金瓦红墙的宫廷风为UI风格，让学习中穿越到科举世界，登科折桂（见图10-16）。

图10-16　游戏化场景

科举汇设置了华夏书院、综合书库、专业书库、考试院、个人中心等多个功能模块。个人中心包含所属机构、学习记录、获得勋章、财富等信息。华夏书院是基础书库，里面有必修学习知识，通过后获得金币。综合书库包含必修综合知识，专业书库包含选修知识，各个渠道题库任意阅览，提升专业能力。

考试院内有院试、乡试、会试在相应时段开放，进行在线考试。试炼院是20天闯关答题，每关题库随机抽10道，答对6道以上通过，否则重复闯关，按首次闯关成绩积分。竞技台实时随机匹配真实学员率先抢答且答对获胜，胜者获得金币。开放五日，每日十局。排行榜中展示了全员、机构（总公司部门）、机构内全员排行榜，全服公示。抽奖台是在试炼院、竞技台开放期间定期开启，消耗金币抽奖，获奖者平台内公示[①]。

图10-17 游戏竞赛等级设置

华夏"科举汇"在游戏场景中呈现给学员大量的数据进行恰当激励，如比赛排名、获得的积分、获得的等级等，这些数据为学员进行指引，让学员发现问题进而不断地去弥补。以不同的形式和维度呈现给学员，评估出学员在学习后得到的价值，指引学员下一步的学习方向，引导学员更加积极地参与到学习中弥补自己的不足。

---

① 详见数字化学习联盟的《基于游戏化的数字化学习变革》。

第八节　人人都可以有的智能学伴

现在是一个信息爆炸的时代，金融行业各种政策层出不穷、各种产品快速迭代，金融企业内部各种数据信息也在爆炸式生成，美国银行2015年的一份调查研究指出，银行每创收100万美元，会平均产生820GB的数据。工作中，我们如何在这么浩瀚的知识、信息、数据中学习？智能搜索技术帮我们很好地解决了这个问题。在知识以排山倒海之势汹涌而来的时候，传统以拥有知识为目标的强记忆性学习已经不适应当前的学习场景，我们需要利用搜索技术开展联通式学习。2011年就有学者在《科学》杂志上发表研究结果宣称，谷歌这类网络搜索引擎的兴起，建立了链接式学习模式，改变了人脑记忆信息的方式，交换记忆成为人们的常态行为，当我们知道在哪里可以存取信息时，记忆就可以通过外部协助完成，我们可以更加简单快速地链接到知识，大脑就不用再去花时间记忆一些唾手可得的东西，而把重心放在更需要发挥大脑创造能力的地方。

以人工智能技术为内核的类似哆啦A梦那样的无所不能的智能学伴，是一个拟人化的知识问答系统，它接收使用自然语言表达的问题，理解用户的意图，获取相关的知识，最终通过推理计算形成自然语言表达的答案，回答员工在学习、工作中的各类问题，提醒员工及时完成学习任务，并定期输出学情分析报告。利用智能学伴这一全新的认知工具，改变了日常工作中所需知识的呈现形式，帮助员工缩短获取知识的路径。随着语音识别技术、手势识别技术、情感识别技术、物联网技术的发展，智能学伴与人的交流将从机械的外在互动上升为内在情感层面的交流，而情感恰恰是影响线上线下学习效果的重要变量。通过实时采集学习者的面部肌肉运动的微表情特征值，学习者的语音、学习者手写的文字、图像信息、脑电波特征值，对其中蕴含的情绪信息进行内容挖掘和智能分析，即时判断学习者的情绪状态，进而提供针对性的支持服务。以线上学习为例，当学习者在学习过程中遇到较难的知识点，情绪低落时，智能学伴可以给予学习者适当的鼓励或是放缓学习进度；当学习者感到学习内容枯燥乏味，注意力分散时，智能学伴可以适当降低内容难度，并给出调动学习者积极性的鼓励话语；当学习者觉得学习内容过于简单，呈现自信的状态时，系统可以根据学习者当前水平，提升学习难度，提供更具挑战性的学习任务。

1. 智能学伴的基本要素

智能学伴帮助学习者通过人机对话的交互形式从智能系统获取答案，要求智能系统能够理解问题的语义，还能基于自身掌握的知识和推理计算能力形成答案。智能学伴的问答系统一般具备四大要素：

（1）问题。问题是问答系统的输入，通常以问句（问答题），也会采用选择题、多选题、列举答案题和填空题等形式出现。

（2）答案。答案是问答系统的输出，除了文本表示的答案，有时也需要输出一组候选答案，甚至是多媒体信息组成的答案。

（3）智能体。智能体是问答系统的执行者，需要理解问题的语义，掌握并使用知识库解答问题，并最终生成人类可以理解的答案。

（4）知识库。知识库存储了问答系统的知识，其形态可以是文本、数据库或知识图谱。

2. 智能学伴运用的关键技术

智能学伴运用的关键技术包括：

（1）基于语音识别和自然语言处理的交互：语音识别技术可以将用户的语音指令转化成自然语言文本，然后再利用自然语言处理对用户的指令进行理解和执行。

（2）基于知识图谱的智能问答：利用知识图谱对业务知识进行系统的结构化梳理及表示，然后利用自然语言处理技术分析理解员工的问题，并利用深度学习的算法，自动在知识图谱中寻找相应的答案。

（3）基于深度学习的对话系统：深度学习模型，对员工的话语进行情感的分析判断，然后结合对话模型生成符合员工当前情感的回应。

（4）基于生物信息的情绪识别：用人脸微表情、声纹识别技术可以实时推测出员工在学习过程当中的各种表情、语气背后的含义，基于员工情绪进行针对性的辅导。

3. 智能学伴的价值

智能学伴在数字化学习领域最重要的作用是为工作业务场景下的学习提供了工具支持。我们提倡让学习更有体验性、更有效率、更有效果、更有温度。其底层逻辑就是要让员工的学习接近真实工作情景和体验，在员工需要时能够通过合适方式为其提供所需知识技能，使学习成为工作的一部分，使学习目标与员工工作目标保持一致。

（1）使学习体验更好。组织中的学习有多种形式，如面授培训、在岗培训、行动学习、导师制等，组织培训可以发生在课堂上，也可以发生在实际工作中。以往培训大多是前置性、预防性地应对可能出现的绩效问题。当在实际工作中发现问题时，员工希望提供的学习支持是当时、当下的，可以快速解决工作中遇到的问题。

（2）使学习更有效率。提供即时有效的学习支持工具，将会使学习更有效率。学习支持工具的使用需符合"即时性"原则（when you need it），做到即用即学、即学即用。当员工在工作中需要时可以直接使用，不需要时无须对知识进行记忆、背诵等。因此，在设计学习支持工具时，对于工具中信息的整合、提炼与呈现需高度精准且精炼，在形式上则需符合易上手操作、与实际工作情景相符的特点，这样员工无须花费太多的精力与时间去现场学习便可快速地完成工作任务。

（3）使学习更有效果。在你需要知识的时候，你的学习效果才会更好。让学习发生在以下五大学习需求时刻，往往可以起到事半功倍的效果。一是掌握新知时，当员工第一次学习做某事的时候，能够及时为员工提供知识和工具的支持。二是拓展所学时，当员工需要拓展所学知识和技能的广度与深度时，学习支持工具可以扩大学习活动范围。三是应用所学时，当员工需要学以致用时，能够通过学习支持工具及时获得简单明了且针对性强的帮助。四是解决问题时，当工作出现问题、中途被打断，或者没有按预期的方式进行时，可以提供相应知识，指导员工按照问题解决流程，自助找到解决方案。五是应对改变时，当员工需要学习做某事的新方法时，这要求他们改变已经在实践中根深蒂固的技能，如果只让员工参加一些正式的培训活动，灌输给他们新的做事方式，并无法动摇过往做法的根基。此时，通过学习支持工具，员工可以按照新方式的指引来行动，久而久之，逐渐掌握新的工作方式，并养成习惯。

（4）使学习更有温度。学习是孤独的，智能学伴在陪伴学习者学习过程中，可以从学习者的声音、面部表情感知学习者当下的情绪，并给予及时的情感交流，包括鼓励、安抚等。

（5）使学习更精确。在数字化学习中，智能学伴提供了工作业务场景下的及时问题解答。以往员工主要通过向专家咨询和外部搜索方式寻求工作遇到问题的答案，而通过网络搜索到的内容对员工本身辨别能力提出了较高的要求，且内容不一定适合本组织实际工作需要，不能拿来直接使用。智能学伴为员工提供了一个即时快速准确的回应方式，基于问题的语义解析和知识图谱检索，快速地给出标准陈述性回答，除了文本类型的回答以外，还可以是精准定位一段课程视频片段，学员无须从头到尾听一遍课程才能获得答案。无法通过智能回答得到解决的问题，可以进一步反馈至专家，由专家给出答案。该问题和专家解答又被吸收进入知识库，机器得以训练，今后回答类似问题将更加准确。随着学员使用越多，能够精准回答的问题就越多，机器将变得更加智能，需要专家答疑解惑的情况会越来越少。

智能学伴要达到更高的智能水平，需要重点关注影响回答精准度的两个底层技术。一是语义解析技术，如何准确理解学员提问的问题，是做智能问答首先面临的问题。学员对同一提问问题可能有不同表述，如何精准识别？首先需要考虑有哪些表述的可能性，哪些表述可以根据规则归结为同一个问题，一般需要构建专业的提问问题语料库和提问规则匹配库。目前供垂直领域使用的语料库还很少，第三方平台提供的语料库大都集中在生活场景，而垂直领域的语料相对缺乏，因此需要组织采用多种方式积累更多行业专业语料，提高语义解析的准确性。二是知识图谱技术。应用于智能问答的知识图谱，对知识点的关联关系、知识点与学习资源的关系要求更高，有时需要系统自动生成和人工确认相结合的方式来确保知识的准确性。

◎ 平安人寿ASKBOB应用案例

平安人寿的ASKBOB平台通过拟人的语音对话方式及智能识别技术支持代理人快速获取所需信息和功能支持，通过智慧问答、指令执行、任务追踪等功能场景支持，便捷高效解答代理人疑问、查询所需信息、行为指引、动作执行等[①]。代理人ASKBOB的一个重要功能是知识助理，当代理人需要了

---

① 杨帆. 代理人营销利器[EB/OL]. (2021-03-03) [2021-12-05]. http://chsh.cbimc.cn/2021-03/03/content_384245.htm.

解保险知识、保险产品信息时，通过智能问答、知识聚合等技术，知识助理可以高效、便捷地解决代理人疑问。此外，代理人ASKBOB还可以结合不同的客户情况，给代理人提供针对性的专业保险销售方案建议，帮助代理人为客户提供最优保险方案①。

图10-18　平安人寿ASKBOB

---

① 雷锋网．平安寿险沈剑平：深耕应用场景，持续探索AI赋能保险[EB/OL]．（2019-07-23）[2021-12-06]．https://baijiahao.baidu.com/s?id=1639836720925284410&wfr=spider&for=pc．

第十一章　学习评价模式的变迁：学评融合，全面发展

题首语：数字化学习时代，随着学习服务供给不断多元化，学习评价的理念和模式都将发生颠覆式变化，更加多元化的评价和认证方式将促进学习者更好地学习，更全面地发展。

第一节　当前学习评价模式的弊端

金融企业员工需要与时俱进地不断学习发展。受限于技术手段，检验员工学习情况、技能水平时往往简单粗暴地采用考试这种操作性较强的手段，考试分数自然就成为衡量员工学习效果的重要标准。经常有员工调侃，进了金融企业，好像还在学校，"考考考，老师的法宝；分分分，学生的命根"。

这种以考试为主要手段的评价模式存在以下弊端：

（1）对金融企业而言，需要的是能力优秀的员工，而不是考试成绩优秀的员工，光凭考试，难以全面评估员工的能力。

（2）"一刀切"，用一个分数线衡量全部员工的学习合格与否，忽略了员工之间的个体差异性，不利于为员工提供个性化的辅导。

（3）学评脱节，单向评价员工，缺乏对学习过程、培训师资的评价，使评价工作难以精准牵引更好的教学。

（4）仅有不同员工考试分数之间的横向比较，没有就员工个体自身学习收获、能力提升的纵向比较，最终形成内卷。

在新技术不断涌现的今天，学习评价模式是不是应该有新的内涵和形式？

第二节　基于学习分析技术的学习评价

学习永远离不开评价，在企业中，学习评价是围绕培训目标，运用可行的科学手段，通过系统收集信息、分析解释，对学习者的学习行为、学习结果进行价值判断，从而为不断优化培训效果和教育决策提供依据的过程。在企业培训中，柯式四级评估是应用最普遍的培训效果评估模型，该评估模型包括反应层级评估、学习层级评估、行为层级评估、结果层级评估四个层级的评估。

- 阶段一：反应评价（Reaction）又称学员反应评价，通过向学员发放调查问卷，主要了解学员对授课人员授课技巧、课程设计、课程组织等方面的满意程度。
- 阶段二：学习评价（Learning）又称学习效果评价，测试被培训者的学习效果，通过对学员培训前和培训后知识及技能进行考核等方式来了解学员学习的效果。
- 阶段三：行为评价（Behavior）又称改变行为评价，测定被培训者在培训后是否会将所学的知识和技能运用到工作中，并通过与未参加培训的员工进行对比等方式来评价培训效果。
- 阶段四：成果评价（Result）又称培训效果评价，从培训活动结束后给企业带来的产品质量的提高、生产效率的提高等方面来测算为企业带来的经济效益，通过对比企业培训所付出的培训费用，从而评价培训效果。

柯式评估模型的理念很好，但在实际应用过程中，大多数企业往往只能做到第一级、第二级。受限于人力、评估手段，第三级、第四级往往是极其难以实现的。从企业管理者、培训管理者到员工都在抱怨"评价主体单一""评价模式单一""评价技术落后""评价指标单一"等问题。学习分析技术的出现，将有望攻克这些难题。学习分析技术利用数据挖掘、社会网络分析、统计分析等手段，对教学过程、学习过程、教学管理过程等产生的海量数据，通过收集、测量、分析和报告等方式，提取出隐含的、有潜在应用价值的、涉及"教与学"或"教学管理"的过程及行为的各种信息、知识与模式，从而为"教"和"学"以及教学管理提供智能性的辅助决策支持[①]。自2018年以来，在美国新媒体联盟（New

---
① 何克抗. "学习分析技术"在我国的新发展 [J]. 电化教育研究，2016（7）：5-13.

Media Consortium，NMC）发布的《地平线报告》中连续4年把"学习分析技术"作为影响教育发展的主要趋势和关键技术之一。

在金融企业培训中，学习分析技术的出现将使培训评价在评价主体、评价手段、评价过程、评价发挥的作用等各个角度实现了转变。

（1）参与评价主体多元化。从单一的教师评价转变为以员工为中心的360度评价：教师评价、员工自评，员工间互评，员工直接主管的评价，使评价更加客观全面。

（2）评价手段由人工到智能化。引入了学习分析技术，试卷中的语音答题、主观题、日常培训班中的课后作业等传统需要人工批阅的内容都可以利用OCR（Optical Character Recognition，光学字符识别）、NLP（Natural Language Processing，自然语言处理）、深度学习等技术的综合使用实现机器智能地自动批阅。智能评价避免了教师在评价时带有情感和情绪因素影响，可保持评价标准的一致性、科学性，学习评价从经验主义走向了数据主义。以大数据为基础的评价，可以摆脱依靠经验和感觉的主观模糊评价的旧模式，精准地采集员工学习之后工作行为数据（如客户拜访情况、工作日志输出等）、产能数据（如签单量、客单价、签单周期等），通过数据分析精准判断培训之后员工行为变化情况以及对企业业务的价值贡献，为老师教、员工学和培训管理者的管理提供更为科学的指引。

（3）评价模式更加开放、多元。传统的学习评价是在培训结束后，通过考试对员工进行评价，或者员工培训结束后进入实践环节，在实践结束时进行评价。这种模式下，评价和学习、工作是一个异步的过程，培训管理者对可能存在的评价不客观、不全面等问题也束手无策。学习泛在化以后，学习和工作不再分割，对员工的学习评价方式上从总结性评价发展为过程性评价、发展性评价成为必然，评价的维度也不仅仅局限于知识掌握评价领域，将向技能领域、工作态度与价值观扩展，将能够测评员工的认知结构、情感结构、能力倾向和个性特征。嵌入学习/工作过程的评价更加尊重员工的个体化差异，重视评价的即时诊断、及时激励和持续促进员工快速改进，促进每个员工个性化全面成长。

（4）评价的作用从关注划分等级到预测、发展导向。评价不是目的，而是手段。因人而异的适应性评价，可以预测员工的学习发展结果，评价后及时提供个性化的、可视化的反馈，将为员工提供合理有效的指导、发展路径，指导员工全面发展。

在金融企业中,学习评价将主要在四种场景运用:面向过程的大数据诊断性评价、基于学习交互行为的个性化评价、基于学习社区的在线协作评价、基于模拟环境的工作技能评价。

(1) 面向过程的大数据诊断性评价

在大数据学习分析技术的支持下,不仅可以对学习结果进行评价,还能对学习过程给予评价。参考相关学者研究成果[①],在金融企业中面向学习过程的大数据诊断性评价涉及四个层次。

- 数据采集层,对员工评价的相关数据进行采集,例如在内外部学习平台中采集员工各种学习行为记录、学习进展记录。在企业经营分析系统中采集员工相关工作行为记录。这些数据包括结构化的数据库里的数据,也有非结构化的数据,例如员工在学习平台频繁搜索的文本、对课程的评论、在博客里回复的帖子等。
- 实时分析层,对采集的数据进行分析追踪。
- 评价结果发布层,包括员工视角、培训经理视角、员工直线主管视角这三个维度的相关测评报告。评价结果发布层通过对教学者考评,员工自评、组织内员工学习情况的横向和纵向比较等全方位多元化的评价方式,对员工学习情况形成评价性报告,精准反馈员工学习质量状况,让员工的直线主管和员工随时了解员工的学习情况。
- 结果运用层,基于评价报告给予培训经理员工以及直线主管相关后续工作指导。学习管理者可以掌握学习者的学习特点,给予更加人性化、灵活的学习服务。

(2) 基于学习交互行为的个性化评价

员工在利用智能终端进行学习时,会和智能终端产生相关交互,采集这些交互数据,包括在学习平台上观看某个课程的时长,观看过程中在哪里暂停,在哪里反复观看,在哪里停止观看等非结构化的数据,通过分析就可以了解员工学习中的难点及根因,为下一步个性化辅导奠定基础。

---

① 余胜泉. 互联网+教育:未来学校 [M]. 北京:电子工业出版社,2019.

（3）基于学习社区的在线协作评价

对于金融企业而言，在不确定性增多的大环境下，在学习平台上建立虚拟的学习社区，让员工基于某个工作任务中的问题开展讨论，或者以众筹的方式协同完成某个新问题的研究，汇集众人的智慧建构新的认识。随着学习分析技术的强大，可以更加快捷方便地查看社区中成员之间的互动、协作情况，分析引导对话的语义支架和关键词，了解知识建构的动态发展情况，帮助社区成员反思对话，引导对话向着更深入、有效的方向发展。大家在社区里不再只是分享知识，插入一些文字、图片、链接，更重要的是基于技术的力量，提炼和完善知识，建构新的知识，通过在社区的群体对话协作，提升个体性学习难以达到的认知高度。员工在分享、建构、创造层面的产出比单纯的学习价值更大。学习分析技术可以根据学习者在学习社区中的行为数据，自动分析其贡献，还可以对这些社群的组成结构、社群成员的活动关系进行测评，从而深入了解学习社群建立、发展的规律，并给予相关干涉，促进学习社群的健康发展。

（4）基于模拟环境中的工作技能评价

以往对于员工技能的评价手段主要有考试、答辩、直线主管的评价等，这些评价模式在评价结果的有效性、可靠性、可信度方面都存在一定的局限性。随着教育元宇宙概念的盛行，AR/VR技术、数字孪生技术的成熟，在企业中构建一个虚拟的业务场景，通过分析员工在虚拟业务场景中的交互行为数据，从而衡量其工作技能、判断其胜任能力则具有更强的可信度。

第三节　基于区块链技术的学习成果认证

随着数字化学习技术的发展，金融企业员工接触到的学习资源也越来越多，在不同学习渠道积累的学习成果也日趋丰富。对于金融企业的员工而言，常见的学习成果一般分为3类：

（1）在学校期间参加学历教育取得的学习成果；

（2）在进入工作岗位根据工作需要考取的各种从业资格证书、技能证书；

（3）在工作中参加的各种正式的/非正式的，线上/线下培训取得的成果。

第二、第三类场景中产生的学习成果，在时间、空间上的跨度可能很大，当前要确保这些学习成果认证的有效度和可信度存在很多困难，这也让金融企业的培训管理者难以真实地全面了解员工的知识技能结构以及学习过程等情况。数字微证书和区块链技术融合运用，将在一定程度上解决这一难题。

常见的数字微证书就是数字徽章，是一种对学习者的正式与非正式学习成果授予电子证书的方式，它以学习者学习成果为基础，以过程性激励为机制，对所学技能进行评估，体现了对个人所获取的技能与成就的过程性认可与积极反馈[①]。我们熟知的可汗学院就借鉴游戏化思路，引入了学习徽章。学习者在可汗学院的网站上学习成绩达到一定标准即可获取一枚徽章，该徽章能够清晰地描述学习者学习的内容与路径，如图11-1所示。

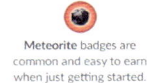

图11-1　可汗学院的学习徽章示例

（资料来源：可汗学院网站）

学习者在可汗学院的网站上开展学习以后，不断投入时间和精力，学习者将陆续获得"陨石徽章""月亮徽章""地球徽章""太阳徽章"等。不同的徽章代表了学习时间的长短和掌握知识的层次和水平。

与传统的学位证书相比，基于数字徽章的认证往往更加灵活，其取得时间更短，其涉及的领域包括线上训练营、专业证书和执照等。员工在学习中取得的成果进行权威认证后获得数字徽章可以帮助员工在求职、深造或其他机会中更好地展示自身学习成就及价值，也能更好地牵引员工为证明自我价值更加主动地在工作中自主学习。

通用的基于区块链技术的数字徽章系统框架如图11-2所示。

---

① 吴莎莎，刘永权，张春华. 在线学习成果认证的创新方式：开放徽章的国际经验——理念、现状、实践以及对我国开放大学的启示[J]. 中国远程教育，2017（11）：47-54.

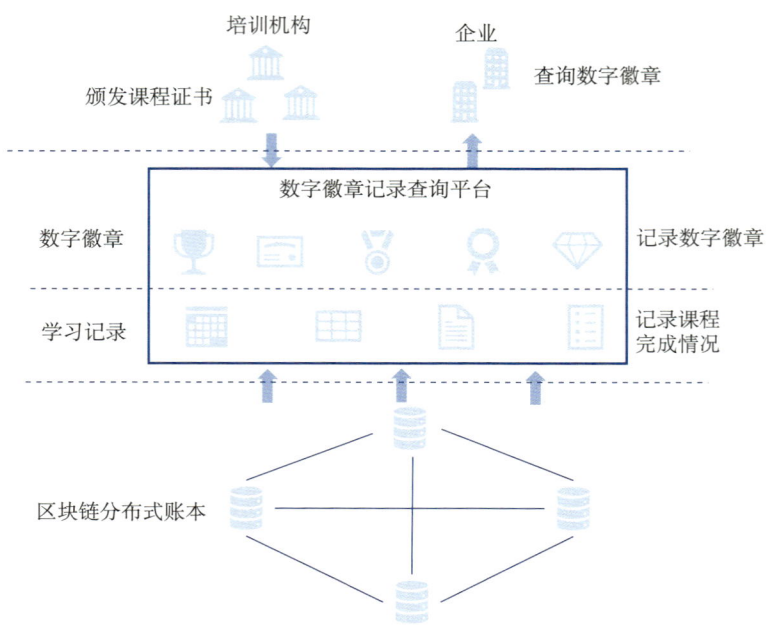

图11-2 基于区块链技术的数字徽章

（资料来源：吴莎莎等的《基于区块链技术的在线学习数字徽章认证研究》）

数字徽章记录查询平台是整个框架的核心，它将学习者的学习记录通过加密和分布式的区块链技术存储在底层区块链中，并在学习记录的基础上生成可信的数字徽章。数字徽章记录查询平台提供两类接口，一类接口面向提供学习服务的培训机构，培训机构针对学习内容设定对应的课程证书，员工完成相关学习后获得培训机构颁发的课程证书，数字徽章记录查询平台对这些课程证书进行记录，然后发布到区块链网络，确保记录不可篡改、撤销，杜绝造假。另一类接口面向用人企业，用人企业能够对某一学习者的学习经历进行全过程追溯。

区块链技术应用于学习评价目前还处于研究探索阶段，还需要不断实践，才能更加成熟、适用。

第十二章　学习生态圈的数智化运营

题首语： 构建企业学习生态圈需要具备4个关键要素：知识体系建设、服务人群定位、运营体系构建以及评估体系的建立。在知识体系、服务人群确定后，必须建立高效的学习运营体系，利用多元化、便捷化的学习方式，让更多的员工主动参与学习、更准确地掌握知识。数字化时代，网络技术、教学技术的快速发展为学习运营提供了丰富的应用场景和实施工具。

第一节　学习运营的辛酸，你中了几招？

在企业的培训运营中，经常会看到这样的现象：

教务工作流程长、细节多，涉及人员多，培训经理陷入无止境地发培训通知、会务安排、满意度问卷整理等事务性工作，越干越觉得没有价值。

组织培训以后，还往往需要加班加点手动处理大量的Excel报表，才能对培训效果做分析、做检视和追踪，真是苦不堪言。

年终述职、来年培训规划，缺乏数据汇总统计，难以进行规律总结和趋势分析，只能跟着经验、感觉走，拍脑袋决定下一年的教学资源及预算规划。

培训经理如果长期沉陷在此类工作中，那么整个培训团队的作用和公司的需求就会出现显著的脱节，最终将引发培训团队被调整。在新技术不断涌现的今天，培训运营模式是不是应该有新的内涵和形式？

第二节　数据智能驱动学习运营管理

数字化学习中的数据智能以数据（信息与知识的数字化载体）为关键要素和驱动动能，以数字化、自动化、智能化为主要特点，以状态感知、动态分析、自主决策、精准执行、学习提升为关键流程，在给定的目标、时间、场景下优化配置资源（见图12-1）。

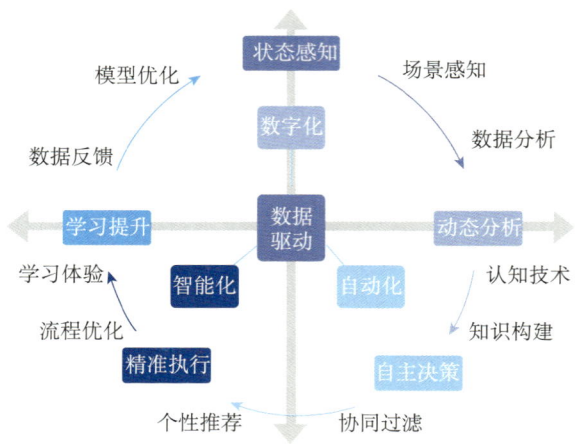

图12-1　数字化学习运营中的数据智能

数据智能已经成为当前数字化学习技术应用的底层逻辑，我们在市场上看到的许多智能学习应用都是基于数据智能的思路构建。因此，了解数据智能在数字化学习中的实现原理，不仅可以看到技术表面的"热闹"，也可以看到技术背后的"门道"，有助于选择合适技术构建适合的智能学习应用。当前要在数字化学习中实现数据智能，往往需要经历"收集数据、数据分析、训练模型、构建知识、场景应用、效果反馈"等多个阶段（见图12-2）。

图12-2　数据智能在数字化学习运营中的实现原理

在收集数据阶段，主要是将学习平台和教学设备中主动和被动产生的数据，以及系统自动和人工生成的数据收集起来，当数据积累到适当规模后，让其发挥应有价值。

在数据分析和训练模型阶段，将汇聚的各类教学数据进行数据处理和分析，形成对后续构建模型有用的信息，然后在数据量、运算力的支持下，使用人工智能算法模型，构建出数据智能的三大要素模型：领域知识模型、教学模型和学习者模型。

其中，领域知识模型又称为专家知识，包含了领域知识的基本概念、规则和问题解决策略，通常由知识层次结构、语义网络、知识图谱的形式表示，其关键作用是完成知识计算和推理。教学模型包括教学的专业知识、技能和有效方法，决定适合学习者的学习活动和教学策略。学习者模型动态地描述学生在学习过程中的认知风格、能力水平和情感状态，表征其学习需求和学习情况。

在构建知识和场景应用阶段，结合具体场景，教学模型和领域知识模型可通过学习者模型的反馈情况推断学习者的进度，调整模型中的知识体系、教学方法等，以适应学习者的学习。

在效果反馈阶段，具体场景中持续产生的数据将反馈给数据分析和算法训练模型，使知识模型、教学模型和学习者模型更加优化，从而形成一个循环的动态系统。

一般来说，数字化学习运营管理，关注的对象主要是学习用户、学习资源、学习项目和学习平台，主要目的是激发学习者的学习动机，促进知识资源的沉淀、提高项目管理效用、提升平台使用体验。为了达到上述目的，需要对学习用户进行学情分析，提出针对性的学习规划和学习建议；需要整合学习资源，为学习者提供全方位、精准的知识服务；需要负责在线学习项目管理，激发学习者的学习动机、提高学习兴趣；需要根据学习者体验，对学习平台、学习工具、学习资源等提出优化建议。

当前，由于数据智能相关技术的广泛应用，数字化学习运营管理体系正在发生深刻变化，新的运营管理模式正在不断涌现。例如，学习平台可以收集对过去而言，既不现实也不可能集聚起来的反馈数据，可以实现迎合学员个体需求的，而不是为一组类似的学生定制的个性化学习路径，形成基于岗位或基于兴趣的学习地图；还可以通过概率预测优化学习内容、学习时间和学习方式，形成业务培训诊断报告，为业务需求和特定场景提供定制化服务。

数据智能驱动的培训运营将取得如下业务价值：

1. 业务全面数字化、可视化与自动化。所有管理业务数据全部数字化，随业务流程无缝流转，通过可视化界面进行智能化交互，通过智能系统自动响应，将降低信息管理系统的技术门槛，使管理工作更加轻松高效。

2. 实现教育业务关键流程的实时监控、动态监测与分析，能够随时诊断和发现教育进行异常状况，实现教育危机预警，进而提出更具有针对性的改进措施，从事后补救到事前洞察并干预。提高教育管理的质量和效率，提高教育安全管理的水平。

3. 管理与服务过程是利用数据的过程，也是产生数据的过程，通过深度的数据挖掘为管理人员和决策者提供及时全面精准的数据支持。从经验决策转型到数据驱动的决策模式，提高决策的科学性。

4. 面向过程开展督导与评价，教育过程中产生的数据可以为教育领域实现全方位随时的远程监督与指导，从最终结果的督导评估变成面向过程，基于常态运行数据的动态、实时、可持续评估。

5. 新技术使大规模的实时沟通与协作成为主流，促进企业培训组织内部重构管理业务流程，促进组织之间进一步社会化分工。培训组织管理会越来越扁平化、专业化。同时也促进了企业内培训生态和外部培训生态的互通互联。

第三节　数据中台创新学习运营数据治理模式

数据治理是针对数据管理的质量控制规范，它将严密性和纪律性植入组织的数据管理、利用、优化和保护过程中。数据治理是一项长期而复杂的工作，需要组建决策层、管理层、执行层的组织架构体系，才能保证数据治理工作持久有序的开展，需要一套完整的、科学的、严谨的流程来保证，以使数据治理的组织架构可以高效地运作起来，最终取得良好的数据治理效果。

数据中台是一套可持续"让数据用起来"的机制，是一种战略选择和组织形式，是依据组织特有的业务模式和组织架构，通过有形的产品和实施方法论支撑，构建的一套持续不断地把数据变成资产并服务于业务的机制。数据中台是一个集数据采集、融合、治理、组织管理、智能分析为一体，将数据以服务方式提供给前台应用，以提升业务运行效率、持续促进业务创新为目标的整体平台。

基于数据中台的数据治理模式是一种全新的尝试，它充分体现了数据治理"源于需求，用于需求"的理念，数据中台高效、敏捷的做法对数据治理的效果产生了催化剂的作用，不仅让数据治理更加有效、高效，也让其结果更加可靠、实用。一方面，使用数据中台开展数据治理，可以集中组织各种资源开展数据治理工作，加快数据治理进程、加强数据治理效果，融合组织的全部数据，打通数据之间的隔阂，消除数据标准和口径不一致的问题，逐步形成标准、完整、准确、一致的基础数据，发挥数据集聚带来的巨大价值。另一方面，利用数据中台的各类大数据和云计算技术，不仅可以提高数据治理效率，而且可以节约人力和时间投入，从而降低数据治理成本，是挖掘数据价值和开发数据应用的高性价比选择。基于数据中台的数据治理模式，与传统基于数据仓库的数据治理模式有着较大区别。

1. 数据中台易于明确分工以及多团队合作

由于数据中台和数据治理都是由数据管理部门统筹，统一梳理数据资产、研判数据需求归属以及推广数据中台和数据治理成果，实施数据中台和数据治理也由同一团队统一负责，这样既有利于按照数据治理的要求搭建数据中台并实现中台的各类数据需求，也可以通过高质量的中台数据减少数据治理遇到的困难和阻碍，提高数据治理工作的整体效率。

虽然从数据中台也会延伸出各类数据集市，但是由于中台的枢纽作用，中台与各数据集市之间的关系清晰，容易与上下游团队配合开展工作，以数据中台为核心向前管控上游应用数据质量、向后为下游应用提供数据保障，这样可以充分发挥数据中台在数据治理中的关键作用，达到事半功倍的效果，减少数据治理工作的投入成本。

2. 数据中台易于制定数据标准并实现共享

基于数据中台制定数据标准，由于需求明确，比较容易根据实际需求对数据标准进行梳理，完善标准所包含的业务属性、技术属性及管理属性，特别是标注出数据实际使用方的计算口径、时效要求等信息，同时纳入组织数据分类分级以及数据资产地图，将有利于数据标准在组织范围内的发布和应用。

将数据中台的服务与数据管控平台相结合，用于数据标准的发布和共享，为组织各部门指标的应用提供较大的便利，实现数据标准的规范、统一和共享；数据中台也将加工出来的数据通过数据管控平台进行集中统一的管理，便于快速识别相似数据之间的差异，从而进一步统一口径、规范使用，避免因口径理解不一致导致处理错误。

3. 数据中台易于主动监控和保障数据质量

基于数据中台统一监控和保障数据质量，将有效解决系统较多带来的数据质量管理难题，从这些薄弱环节入手，通过质量检查规则的建立、执行等措施，逐步加强数据质量的全面管理，从而保障数据的真实性、完整性、有效性、一致性、准确性等。从数据采集到数据报送的各个流程环节进行数据质量评估，并根据评估情况，补充完善数据质量检查点，从而建立事前、事中、事后的全面管控。

事前：获取中台、上下游应用间的数据关联关系，设置相应的关系和检查规则，建立报送及问题处理标准流程等。

事中：在数据中台生成数据的各个环节，进行关系的检查，包括基础数据、指标数据、表内关联、表间关联等，并根据告警结果，及时处理异常、修正数据，确保数据及时、准确提交。

事后：根据下游应用反馈情况，定期监测、调整和补充检查规则，确保数据质量问题的闭环解决，同时同步建立数据质量规则库及质量问题案例库，为数据质量管理不断累积经验。

4. 易于利用新技术加强治理效果

传统数据治理大量通过人工来梳理数据，例如人工识别表和字段做分类分级，但是随着组织的数据标签越来越多、数据量越来越大，需要利用数据中台引入各类先进的数据及大数据技术提高数据治理效率、加强数据治理效果，例如，将数据搜索服务用于元数据、数据标签、数据标准的快速搜索；将知识图谱用于关联影响分析和人物关系分析、避免层级过多分析效率的大幅下降；将机器学习算法用于日常自动处理组织新数据的分类分级。

5. 数据中台易于后续开发数据应用

数据的价值来源于对数据的应用及其产生的效益，首先需要全面登记这些应用并量化评估出其数据应用效益，形成数据资产。数据资产是指由组织拥有或者控制的，能够为组织带来未来经济效益的，以物理或电子的方式记录的数据资源。

数据中台可以实现对产生、采集、加工、使用、管理的数据进行分类，建立数据资产目录、掌握分布情况，评估数据资产现状，全面清晰地厘清数据资产，对数据资产实现规范化管理。数据中台支持管理数据从产生到整合、加工、使用的端到端价值实现过程，包括各个环节的数据定义、格式、值域范围、业务规则、加工逻辑等，全面掌握数据"来自于哪里"和"走向了哪里"。数据中台将客户、产品、资产、资讯等公共数据统筹管理，解决数据资产难以高效应用的问题。

在数字化学习中建立数据中台，是希望按照统一的数据标准，将组织内外所有线上、线下学习相关数据，以及不同系统的数据打通，形成互操作性。在此基础上，可以应用人工智能（AI）和数据挖掘算法，解决各种各样的问题，而不需要为每个学习应用提供特定的数据解决方案。

当前数字化学习领域，影响数据应用的主要问题如下：一是数据不可知，传统的学习平台一般包含学习成果数据，学习过程数据很少或几乎没有，导致无法得知真实数据情况。二是数据不可管，由于数据来源于不同系统，数据的多源性和异构性给数据的统一管理和分析处理带来困难；三是数据不可控，由于数据开放程度不足，同时缺乏数据全脉络的监管，不能规范数据的全生命周期流程。四是数据不可信。数据标准不一致、数据不完整、数据错误等问题造成数据不可信，导致分析结果的偏差，影响数据的共享交换。五是数据不可用，由于缺少对业务和培训场景的研究，数据很难应用到真实业务场景中。对于上述问题，既要制定切实有效的数据治理方法，也要构建适合数字化学习生态的数据中台，还要培养数据用户的数据素养。

1. 制定切实有效的数据治理方法

构建数据管理组织架构，推进数据治理落地实施。数据规划需要首先建立管理的组织架构，明确决策流程、权责关系、配合方式。组织建立起重大决策协调推进、技术开发支持、承担配合的数据体系，保障了数据治理工程的快速推进。

加强数据需求调研，建立数据应用模型。调研各部门的学习数据需求和数据使用问题，依据上级部门要求和标准，开展知识建模、活动建模、学习者建模，形成课程体系、学员画像、岗位能力评估等。

制定数据标准规范，保障数据一致性。数据标准规范是顶层设计，能够保障数据的一致性，破除数据难以打通、利用等弊端。通过部门调研、比对迭代，对标中组部、教育部等数据标准，采用xAPI等技术规范采集学员学习行为和教员教学行为，形成统一的数据标准规范，为数据的全面打通和外部系统实时同步更新数据标准奠定基础。

构建全量数据平台，支持多维数据源。数字化学习平台建设需要更多高价值数据源，例如记录学习行为的日志数据、线下表格数据、外部互联网数据，以及视频图像等非结构化数据。为此可以设计全量数据平台架构，支持多维数据源，进行仪表盘反馈设计，实现全量数据的"实时可采集、全面可管控、处处可复用"。

推动数据质量回溯，建立数据应用反馈闭环。一是明确数据源头部门，提供可视化数据质量报告。二是推行数据与人见面。遵循"个人对数据负责"的原则，建立教师和学员数据中心，提供纠错补录功能，保障个人数据更新的及时性。三是数据使用反馈，各部门在实际使用过程中发现问题和提出新需求，数据产生单位根据实际数据情况改进数据质量，培训部门根据实际需求修订数据标准和质量规则，建立数据应用情况反馈闭环，打造数据应用生态圈。

2. 打造适合数字化学习生态的数据中台

为构建更为开放的数据服务生态，组织应设计"发布、申请、管控、监测"为一体的数据中台。通过发布数据工具服务清单和数据资源目录，可视化处理数据申请，建立数据服务调用的认证和审计机制，对于数据运行情况实现全链路监测，按需向各部门提供灵活的数据服务。数字化学习的数据中台一般分为四层。

数据融合层：主要实现数据采集汇聚融合服务，支撑异构数据融合、数据管理、实时批量数据采集等功能。例如使用日志处理工具、爬虫工具、文件检索工具等，按照元数据定义，将不同来源、格式的学习相关数据，包括结构化、半结构化和非结构化数据，在逻辑上或物理上进行有机集成，并存储在数据仓库、分布式数据库或分布式文件系统中。

数据计算层：对数据进行加工处理，包括对各种数据的封装、清洗、转换、计算等加工处理。

数据服务层：提供与数据相关的服务，如数据标签、数据目录、数据地图、数据分析、算法模型、服务接口等，再统一将数据提供给不同的数据需求方，而需求方无须关注这些数据来自哪些数据源。

数据治理层：提供与数据管理有关的服务，如数据标准管理、数据模型管理、元数据管理、主数据管理、数据质量管理、数据安全管理、数据共享管理和数据应用管理。

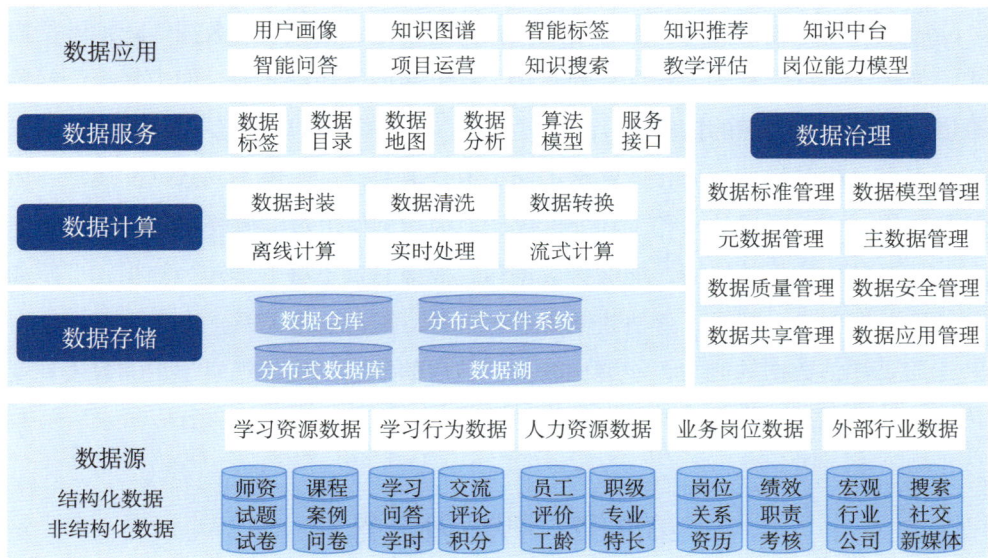

图12-3　数字化学习中的数据中台架构

3. 数据素养

高质量的大数据是设计出来的，不是自然产生的。大数据的产生依附于事物的发展过程，大数据应用则是揭示这一事物的深层规律，通过设计才能基于问题获取有效数据，提高大数据的质量和效能。所以，数字化学习的大数据及大数据分析，要基于学习规律、学习全过程、学习创新方法以及教学有效性进行设计，需要数字化学习运营管理人员、教师等教学参与者，具备一定的数据素养，这也已经成为数字化学习转型成功的关键。

所谓数据素养[①]，需要教学参与者有效地了解和使用数据，并据此做出决策和执行的能力。它由一系列具体的技能和知识构成，帮助参与者将数据转化为有用信息，最终转化为可操作的知识。由于缺乏数据意识，教学参与者可能无法从

---

① 汪琼. 智能时代教师的数据素养[R]. 2020.

数据角度感知、理解和评价教学行为的有效性；由于缺乏数据能力，教学参与者可能不具备获取、分析、解读和交流等数据处理能力，和基于数据进行决策的数据应用能力。因此，对于培训组织管理人员和教师，需要从以下几个方面着手培养其数据素养。

一是识别数据的能力，能够通过调查问卷数据、在线学习数据等识别学员需求、课程学习以及教学方法存在的问题，找出学员的知识弱项、能力短板、经验盲区，从而制定相应的措施。

二是分析数据的能力，能够从不同渠道获取数据，了解不同数据的属性、质量和作用，可以运用技术和工具分析数据，为后续使用数据做好准备。

三是转化数据的能力，能够将数据转化成信息，更进一步转为知识，了解如何解读数据、表示数据，评估数据模式和趋势，探索因果关系，进行数据统计。

四是评估数据的能力，能够比较决策前后的数据变化、观察学员学习表现变化，能够根据结果优化数据指标和问题描述。

第四节　智慧教务管理

培训教务管理工作是指与教学活动紧密联系的辅助培训项目管理的事务性工作，包括项目报名、考勤签到、考试测评、客服支持、教学评估以及教材教辅资料管理等。在教务管理全流程中，可以通过引入大数据、人工智能相关技术提高我们的教务管理的自动化、智能化水平。

1. 基于用户画像的项目报名

在项目报名环节，对于需要自主报名参加的培训项目，可以基于用户画像，通过对过往需求调研数据、近期用户学习行为数据分析，精准定位目标受训群体，通过邮件、短信、工作群消息等多种渠道向目标学员推送培训信息，将会有效提升目标群体的关注和报名参训率，使得项目推广营销的时间和人力成本极大降低，招生效率进一步提高。由于培训对象选得准，也为后续精准施训打下了良好基础。

值得一提的是，通过系统收集到的培训需求调研数据，往往真实记录着学员个体对培训项目的选择性需求，我们有时只关注了调研数据所呈现的宏观趋势，而忽视了微观个体所表现的个体需求，个体的小数据也有价值，例如，我们可以邀请这些有需求意向的学员参加培训。另外，集中式的需求调研数据收集方式需要花费较高的组织成本和时间成本，我们可以通过分散方式收集培训需求数据，例如，系统可以给每天登录系统的学员，自动推送不同的培训需求调研问题，由于每个学员每天只会收到1个问题，问题以判断题形式呈现，学员回答问卷的时间成本很低，经过一段时间的收集，调研样本数据将足够呈现培训需求总体趋势，学员个体数据也会被记录用于后续项目信息推送。

2. 基于人脸识别的考勤签到

人脸识别技术对于在需要核实用户身份的培训场景中有较好地应用，如考勤签到、考生身份识别、证书照片识别等场景。对于需要发放证书的培训项目，培训项目报名时往往需要学员上传证件照，以便学员培训合格后在发放的证书中显示证件照片。由于有些学员上传照片不规范，将影响后续考勤、考试和证书发放，我们可以利用证件照识别技术，由机器自动识别不合格照片，从而减少人工审核，提高审核效率。

3. 基于文字识别的考试测评

对于考试测评中主观题的学员答案，过去完全依赖于教师的主观判断，既需要教师做大量重复性的工作，又难以规避批量批改中对细节错误的忽视。基于文字识别技术，可以实现对电子文本格式、手写或印刷体扫描格式的文字进行识别，基于智能批改技术，可以对包含中文、英文、数学公式等格式的答案作业进行批改，系统可以给出整体点评、分句点评、设计词汇、词性、句式结构、内容相关性、标准答案知识点匹配等多项细分维度评价，帮助阅卷老师快速评阅试卷，各维度评价数据也可以反馈给学员，供学员参考。

4. 基于大数据的客服支持

基于大数据的客服，可以快速定位问题、精准解决问题，学员提问后，机器客服从问题库中找到问题答案，及时反馈给学员，学员根据反馈答案进一步提出更加明确的问题，以便机器客服更精确定位和解答问题。还可以采用人机协同服务机制，对于机器无法解答问题，可以平滑切换到人工解决，同时，人工回答的新问题可以自动记录到问题解答库中，供机器客服使用。

5. 自动化教学安排

自动化教学安排，可以在学习进度监控、课程资源推荐、学员分组、学习效果评估等项目实施环节，给予项目运营管理者必要支持。例如，可以通过设定条件触发自动向学员推送学习资源，如基于学员学习完成情况，自动反馈和提醒学员何时完成何种培训任务，并在最佳复习时间点自动推送复习内容；可以根据个人目标、能力、偏好，自动给予个性化推荐，维持学员学习兴趣；随着学员规模的增长，可以将学员自动动态分群以给予不同的内容推送；通过AB测试或分群比较实验，获取培训结果比较数据，并根据结果数据不断改进迭代培训项目，提升培训成效。

第五节　超能数字化运营助理

机器人流程自动化（Robotic Process Automation，RPA），是指可以模拟人类在计算机等数字化设备中的操作，并利用和融合现有各项技术减少人为重复、烦琐、大批量的工作任务，实现业务流程自动化的机器人软件。与工业机器人是实实在在的硬件设备不同，RPA是存在于虚拟空间，是辅助人类在计算机设备上操作的软件。由于RPA可以减少重复性劳动，降低组织人力负担、提高效率，也被称为组织的"数字员工"或"数字助理"。

随着数字化转型的深入，组织中存在不同种类的应用软件，员工完成某项工作往往需要同时操作多个系统，将不同系统数据导入导出，底层数据和信息的打通成为组织新的诉求，RPA作为系统数据之间连接的接口，将在组织数字化转型中扮演重要角色。人工智能中自然语言处理（NLP）和计算机视觉技术的发展，也赋予了RPA在组织自动化流程应用中新的能力。

RPA的核心价值是实现组织业务流程的自动化和智能化，从而降本增效。一方面，RPA的基础能力是自动化，可以模拟人对鼠标键盘的操作，执行数据提取与处理、系统登录与操作等任务，替代人的"执行"。另一方面，RPA的重要能力是智能化，RPA软件平台在融合文字识别工具OCR、自然语言处理NLP等技术后，还可以处理图片、文字等非结构化数据，替代人的"认知"甚至"决策"，完成复杂任务的闭环。

1. RPA的技术特点

（1）RPA的功能结构和技术优势

目前大多数RPA平台是由设计器、机器人、控制器三部分组成，并整合文字识别工具OCR、自然语言处理NLP等技术，以非侵入、松耦合形式实现跨系统平台连接。设计器主要完成在可视化界面的流程编辑工作，是RPA的规划者；机器人则是在设计器完成流程设置后负责执行操作，根据应用场景可以分为无人值守和有人值守两种；控制器则相当于领导者，负责智慧管理多个机器人的运行，保证整个软件的分工合理和风险监控。

RPA在执行业务流程中具备以下突出优势：一是快速灵活部署，RPA是从UI层面（计算机界面）进行"非侵入式"的系统连接，不影响原有IT架构，可以快速落地部署，及时响应业务需求；二是高效率，相比人工执行，RPA可以7×24小时不间断工作，单个业务流程操作时间大幅缩短，从而大幅提升业务流程效率；三是高准确性，RPA处理业务流程的错误率较低，可以有效降低人工操作带来的错误风险；四是可追溯留痕，作为软件平台，RPA的所有业务操作都可以保留日志数据，可追溯留痕，确保安全合规。

（2）RPA的技术发展阶段

RPA技术发展经历了以下四个阶段：一是辅助性RPA阶段，RPA软件主要部署在个人电脑上，实现了计算机操作流程自动化功能，但还未实现端到端的自动化功能，也无法实现大规模应用部署；二是非辅助性RPA阶段，RPA软件主要部署在虚拟机上，用于实现端到端的业务流程自动化，能够进行流程设计还可以集中管理RPA机器人，但需要人工协同工作；三是自主性RPA阶段，实现端到端的自动化，可以作为虚拟劳动力实现多种功能，并实现规模化部署到云平台，同时能以SaaS模式进行运营；四是智能化RPA阶段，RPA可与各种AI技术结合，如机器学习、自然语言处理等，实现对非结构化数据的处理以及对智能化报表的分析等。

（3）RPA与其他技术的关系

RPA相对于传统代替人类手工劳动的机器人，其主要用于在信息系统的自动化操作，具备自动执行预定流程和跨系统协同的能力。而与ERP、OA等特定应用场景软件比较，RPA普适性更强，可以跨部门、跨行业进行部署，且RPA是非侵入式软件，无须改变现有系统即可完成部署，因此产品灵活性强、交付周期短，同时可以避开传统组织遗留系统问题，帮助组织快速迭代转型，实现业务流程自动化。

RPA作为AI落地"最后一公里"的实施载体，可为AI技术找到丰富的落地场景，并为不同行业快速搭建服务模型，因此结合产生的RPA+AI市场价值被资本普遍看好。目前可用于RPA的AI技术包括计算机视觉、自然语言处理等，实现文本识别、图像识别、情绪分析、语音分析、数据挖掘等功能，以增强RPA的自动化处理能力。未来随着AI技术的发展，RPA+AI将持续输出更多价值，如在优化用户体验、提升用户效率和增强数据分析能力上，RPA+AI的解决方案更容易满足用户的预期。

目前，在组织数字化转型中担当重要角色的三种技术，RPA、低代码、中台各司其职又相辅相成，共同推动组织技术水平不断发展。中台作为连接前后台系统的中间层，对前台业务的敏捷性形成强力支撑。低代码开发平台通过拖拉曳快速搭建应用降低开发成本并灵活更新迭代。RPA在不侵入原有系统的同时，完成组织自动化的"最后一公里"，减少人为重复、烦琐的工作任务，实现业务人员劳动力释放。同时，RPA可以作为接口打通底层数据，进行跨系统数据整合，且本身具备中台和低代码属性，中台在执行过程中需要调用大量数据，又可以通过低代码完成引擎的搭建，三者功能相互补充共同助力组织数字化转型。

2. RPA 的应用前景

当前，RPA已成功应用到零售、旅游、教育、通信、汽车和金融等行业，在文档智能处理，实时自动完成运营、商业智能分析，大批量生成报告，自动处理邮件和发票，进入CRM、ERP、OA系统执行特定任务等业务场景中发挥重要作用，助力政企多场景实现智能化转型。

在艾瑞咨询《2020年中国RPA行业研究报告》[①]中指出，2019年RPA市场规模为10.2亿元，较上年增长96.6%。2020年受制于疫情和宏观环境的影响，增速有所下滑为79.1%，但是RPA软件和服务市场现处于蓝海阶段，仍有较大增长空间。艾瑞咨询预测，未来3年RPA行业增速仍将维持在70%以上。Gartner预计，到2023年底，90%的大型和超大型组织将部署某种形式的RPA。

根据亿欧智库《2021RPA赋能企业数字化转型》[②]报告的不完全统计，RPA主要应用领域为金融、制造医药和零售电商。截至2020年10月，国内采用RPA企业金融业占比最高，为54.55%，77.78%的金融机构为银行。其中，浦发银行和招商银行为首批使用RPA的银行，分别于2016年和2017年率先在国内金融业引入

---

① 艾瑞咨询. 2020年中国RPA行业研究报告 [R]. 2020.
② 亿欧智库. 2021RPA赋能企业数字化转型 [R]. 2021.

RPA技术，以提高运营自动化水平。

金融行业整体信息化水平高，许多银行系统部署时间较长，存在诸如业务流程化中重复操作多、系统之间无法打通、数据割裂的痛点，需要大量人工操作，RPA数字员工的应用可以降低业务执行过程中的重复复杂操作，简化流程。除此之外，人为操作业务流程时会存在大量风险，如盗取数据、篡改数据、输入错误数据等，RPA还可以降低人为操作带来的风险。在AI能力的支持下，RPA可以提升感知非结构化数据能力和聊天机器人联动能力，帮助其提升易用性。除此之外，AI还能帮助RPA更好地处理软件环境的变化，降低运维成本，满足客户智能审批、智能合规、智能信贷流程、智能风控等复杂应用场景要求。

以银行卡中心场景为例，RPA可应用于信用卡风险排查、透支资产管理及逾期不良户催收、发卡个人信用调查和客服工单调额处理等，均无须改造银行现有系统，RPA机器人直接接管，通过跨系统数据采集、数据对比排查、异常数据提示、异常合并数据等流程操作，完成相关报表的制作、分派递送和黑名单归集、内外部查验和可靠性规则、接管调额信审流程90%的工作。

根据艾瑞咨询对金融机构的调研发现：68%的金融机构认可RPA的价值并愿意在业务中尝试，其中银行居多；约15%的金融机构对RPA的使用持中立态度；约17%的金融机构认为RPA在部分业务领域中很难落地，主要原因是受制于监管制约以及RPA技术无法适应业务规则的快速变化，持该态度的以证券、保险公司居多。整体来看，随着RPA落地场景逐渐丰富，以及RPA和AI能力的加速融合，未来金融机构对RPA的投入会逐年增加，RPA也会在市场的孕育下发挥出更大的价值。

3. RPA在数字化学习领域的应用

数字化学习中的教学管理工作通常存在大量基于规则、重复且耗时的工作任务，需要同时处理大量表单，检查表单是否缺少信息或填写不正确，在不同系统和不同人之间进行信息交互，这些任务往往耗费了大量时间与资源。RPA是一种能提供7×24小时全天候服务的虚拟劳动力，可以模拟人类手工操作去处理重复性、大批量且基于规则的任务，同时以非侵入式的形式部署与操作，但不影响组织内部原有培训管理系统的运行与升级。

RPA可以代替人工消除文书工作中的手动流程，并广泛应用于注册、报名、出勤、会务、排课、采购、成绩、人资及财务等相关环节上。对于教务人员而言，RPA可以代替其执行烦琐的后台任务，包括建立教师授课档案，学生学习档案，学籍管理统计工作，授课表、教学时间表编排，试卷留档，学员手册生成、培训风采集锦、证书生成打印、健康记录等与教学教务有关的文件及资料的管理工作，以保持日常教学工作的稳定运行。对于教师而言，RPA能帮助教师处理出勤、评分、选课录入等相关工作。对于学员而言，RPA允许学员和教务人员、教师之间存有更直接和持续的联系，同时还能感受到比以往更快、更准确的教学服务。RPA可以在以下教务环节助力实现自动化：

注册报名：自动识别报名表信息录入多个系统，避免人工输入容易出现的误操作问题。从培训、人事等系统获取报名人员相关信息，检查学员的资格标准，验证报名信息，自动审核照片，列出候选人名单以避免手动长时间处理。

例如，当收到学员报名信息时，培训部门需要在多个系统和应用程序中输入这些常规信息，包括姓名、年龄、性别和籍贯。通过RPA完成自动化这一过程，用户只需要操作一次，RPA将通过记录屏幕来记录用户的操作轨迹，RPA将自动登录每个系统，并将信息输入系统。

出勤管理：自动管理出勤，向学员发送自动通知和报告。自动检查出入校园记录和体验检测数据，向管理者自动发送监测数据和异常信息。

学员评价：除了评估表之外，RPA还可以在评估和评分各种问题时实现真正的自动化。

活动安排：培训期间经常会根据实际情况，临时调整培训时间、地点和课程内容，RPA可以帮助教务自动通知培训活动的相关信息，向学员及时发送活动更新信息，以节省时间。

财务管理：RPA从邮件、发票系统中自动获取发票信息开具发票，自动识别银行汇款转账流水单、培训场所住宿餐费流水单录入财务系统。

第六节　如何构建安全可信的学习生态

近几年来，欧盟的《通用数据保护条例》（GDPR）、美国的《加州消费者隐私法案》（CCPA）和我国的《数据安全法》等代表性法律法规相继出台，严格要求在数据使用过程中做好隐私保护，例如不允许数据离开本地、不允许未经授权使用个人数据等。在日益严格的数据监管趋势和多方数据协作的迫切需求下，隐私计算已逐渐成为大数据产业发展过程中用户隐私保护和数据协作的基本解决方案。

隐私计算（Privacy Computing）是一种由两个或多个参与方联合计算的技术和系统，参与方在不泄露各自数据的前提下通过协作对他们的数据进行联合机器学习和联合分析。隐私计算的参与方既可以是同一机构的不同部门，也可以是不同的机构。在隐私计算框架下，参与方的数据明文不出本地，在保护数据安全的同时实现多源数据跨域合作，可以破解数据保护与融合应用难题。常见的实现隐私计算的技术路径包括联邦学习、安全多方计算、可信计算等，此外区块链也是隐私计算的重要补充[①]。

根据Gartner预测，到2025年，将有一半的大型企业会通过隐私计算赋能多方数据合作场景中的数据融合应用。目前虽然隐私计算场景主要聚焦金融、医疗等领域，但随着其产品化、商业化进程的加速，以及用户对隐私计算接受度的提高，隐私计算也正往教育、交通、工业等领域延伸，并且将形成跨部门、跨组织、跨行业的多类应用场景。

1. 隐私计算的主要作用

对于个人而言，隐私计算是保障个人隐私和信息安全的重要技术。例如学习者在享受个性化学习推荐服务的同时，个人信息也被广泛采集和使用，个人隐私信息存在被泄露的风险。而隐私计算在很多场景的应用，可以提升对个人信息的保护水平，降低个人信息在应用过程中泄露的风险。

对于组织机构而言，隐私计算是数据协作过程中履行数据保护义务的关键路径。一方面，在组织内借助隐私计算，能够切实保护组织在采集、存储、分析等过程中的关键信息、商业秘密等数据，既能保护组织自身的利益，还能履行组织的数据保护责任。另一方面，隐私计算能够促进组织的跨界数据合作，由于隐私计算能够实现数据可用不可见，能够帮助行业内不同组织，产业链上下游的主体进行联合分析，打造数据融合应用，同时在数据协作的过程中履行数据安全和合规义务，实现生态系统内的数据融合，推动组织自身、行业层面的数据价值最大化。

---

① 腾讯. 腾讯隐私计算白皮书[R]. 2021.

对于政府而言，隐私计算是实现数据价值和社会福利最大化的重要支撑。一是借助隐私计算能够在政府数据开放过程中，在采集、存储、协作等方面提升数据安全和隐私保护水平，在保障数据安全的同时增强全社会的数据协作，通过数据的应用最大化社会福利。二是借助隐私计算推动数据要素赋能产业升级，例如2021年3月成立的北京国际大数据交易所上线数据交易系统，构建了基于区块链和隐私计算技术支持的全链条交易服务体系，将为市场参与者提供数据清洗、供需撮合、法律咨询、价值评估等一系列专业化服务。

2. 隐私计算在数字化学习中的应用

2020年，受新冠肺炎疫情影响，各类教育机构先后关闭线下学校，开始了线上教学，各种教育培训系统、视频会议和直播软件、人脸识别技术等被广泛应用。与此同时，数字化学习的数据安全和隐私保护问题日益凸显。据不完全统计，2020年有数以万计的私人上课学习视频被上传至公开网页，面部或语音信息泄露，个人账号信息被窃取出售。EDUCAUSE发布了《2021地平线报告：信息安全版》[①]指出，隐私和安全已经占据了EDUCAUSE年度高等教育十大IT议题榜单的首位。

当前，数字化学习领域面临的隐私威胁主要包括非法采集用户信息和学习行为、不被授权地披露用户敏感信息、由隐私信息产生的歧视偏见、滥用信息进行营销活动等。

基于大数据的学习行为分析技术可增强对学习者学习方式和学习目标的理解，表征学习者当前的学习表现，预测学习者未来完成学习的成功率，数字化学习系统使用的学习数据越多，学习的个性化程度就越高，学习反馈也越及时。但是，在挖掘和分析大数据的过程中，学习者个人隐私存在泄露风险。尤其是传感器等智能设备采集到的学习者人脸、体征等可识别学习者个人行为的敏感信息，具有独特性和不变性，一旦出现数据泄露和滥用的行为，将可能影响学习者的人身安全和权益。值得注意的是，当学习者的个人数据被非法窃取，并与学习者所处地理位置和社会关系等信息进行二次重组关联应用时，会产生具有新价值的学习者行为数据链，会让学习者感到无时无刻不被"监视"，造成对数字化学习系

---

① Educause. 2021地平线报告：信息安全版 [R]. 2021.

统的不信任感，最终影响学习者在学习平台上的学习效果。

尽管数字化学习领域在数据采集、传输、存储和应用阶段有规范的处理措施，但教育培训行业仍是隐私泄露高风险行业之一。随着大数据技术的不断提升，隐私泄露风险也在不断增加，亟须采取可靠的安全防范措施和隐私保护技术，从源头上遏制学习者数据隐私泄露的问题，形成隐私保护管理机制，满足对学习者敏感信息的最小化使用原则，合法合规地实现数据的共享使用。

（1）隐私计算及相关技术促进数据协作全流程保护

隐私计算在无须转移数据物理存储服务器的情况下实现数据建模分析，从而减少数据协作过程中风险。联邦学习、安全多方计算等隐私计算技术秉承"数据可用不可见，数据不动模型动"的理念，不流通原始数据，只回传数据的计算模型，并以此实现数据价值出库。同时，像全同态加密等以密码学为基础的隐私保护计算技术，还可以通过保证加密算法的强度、加密密钥的长度和密钥管理的安全性来实现数据匿名化。

另外，隐私计算虽然实现了在多方协作计算过程中对于输入数据的隐私保护，但是原始数据、计算过程和结果均面临着可验证性问题。而区块链因其共享账本、智能合约、共识机制等技术特性，可以实现原始数据的链上存证核验、计算过程关键数据和环节的上链存证回溯，确保计算过程的可验证性。因此将区块链技术对计算的可信证明应用到隐私计算中，可以在保护数据隐私的同时增强隐私计算过程的可验证性。区块链与隐私计算结合，使原始数据在无须归集与共享的情况下，可实现多节点间的协同计算和数据隐私保护。同时，能够解决大数据模式下存在的数据过度采集、数据隐私保护以及数据储存单点泄露等问题。区块链确保计算过程和数据可信，隐私计算实现数据可用而不可见，两者相互结合，相辅相成，实现更广泛的数据协同。

（2）隐私计算助力行业数据开放和知识共享

组织内部不同部门、行业内不同机构、政府各相关部门汇集了大量与教育培训相关的、有价值的数据，推进这些数据的开放共享，有助于促进各组织的学习服务质量的跃升，尤其是在组织实施培训过程中，通过多方数据的融合，能够实现基于数据驱动的精准施训。但因涉及到个人隐私保护和组织信息泄露等问题，要么很难获取数据，要么还是处在以统计形式为主的信息公开这个层次，数据可用性大大减弱。借助隐私计算，可以提升各部门开放数据的含金量，实现隐私保护下的高质量数据协作。

例如，行业领域的岗位知识数据通常存储于该行业不同机构中，且单个机构拥有的岗位知识数据的规模和特征维度都有限。由于各机构保护内部商业秘密的考虑，岗位知识数据无法在机构之间直接共享或集中整合，难以形成行业岗位能力素质模型和知识图谱，从而制约了AI技术在数字化学习领域的发展和应用。为了解决这个问题，可以采用基于隐私计算的数据合作方案，多个机构在不需要共享原始数据的情况下就可以进行联合建模和联合数据分析，推动AI技术在行业领域的应用落地。例如，通过横向联邦学习联合构建行业岗位能力模型和行业领域知识图谱，使得行业内各机构的数据不出域的前提下，可以利用多家机构的数据联合训练一个岗位能力模型和知识图谱，从而为组织机构构建自身岗位能力模型和知识图谱提供重要参考依据。

（3）隐私计算助力组织构建安全可信的学习生态

采用隐私计算技术，尤其是隐私计算和区块链等技术结合形成的整体解决方案，能够对数据真实性、准确性进行记录，精准定位和追溯被篡改的数据，有效防止数据被内外部无权限人员随意访问、修改、导出等，保障数据的完整性和机密性，从而为组织构建安全可信学习生态提供了可行的技术路线。

一般而言，组织可围绕以下三个方面证明已履行法定的数据安全保障义务：已制定周密的数据安全管理制度；已执行严格的规范与标准；已采取有效的数据安全保障措施等。由于隐私计算可证明、记载组织是否履行数据安全保障义务，因此组织采用隐私计算技术后，可以清晰地记录组织已履行法定的数据安全保障、防止数据泄露的义务，在发生数据泄露的情形下，可及时提出相应证据证明，数据在哪个环节遭到泄露、是哪个主体泄露了数据，从而避免因为难以查清泄露原因和主体，而导致组织可能需承担举证责任，但实际又无法证明数据不是由该组织泄露的，从而承担相应法律责任。

小结：驾驭新技术，探索新路径，打造新体验

科学技术是第一生产力，在人类发展的历史长河中，技术的进步推动人类不断提高生产力。唯物史观认为生产力与生产关系的相互作用构成了社会历史发展的基本动力，这也是理解当前金融企业教育演进的方法论和底层逻辑。教育生产力中，最核心的就是教育技术。①教育技术进入教育领域，促进教育环境、教育内容、教育组织形式、教育人员、教育管理的变革，进而引发教育思想、教育理念、教育体制的革新。教育生产力发展水平，生产关系和生产方式，是推动教育转型最根本、最有力的力量。

1. 信息技术为金融企业教育带来新的生产工具

教育是一个以促进人的发展为目标人类自身再生产的过程，信息技术改造的对象是人的智能。信息技术带给教育的不仅是一系列设备，而是智能工具，这些工具延伸的是人的感官与大脑②，人机融合将成为"人"的新形态。目前，人机融合的工作模式在金融行业的前端获客、运营、服务中已经广泛应用。人机融合将彻底改变金融企业教育的生产方式，诞生新型生产关系。

2. 信息技术改变了金融企业教育的生产方式

对于金融企业而言，在这个新时代，所需要的员工是具备金融素养以及科技素养的复合型人才。同时，天生就是数字原住民的Z世代大量涌入职场。金融企业的人才培养目标和对象都发生巨大变化，传统教育生产方式中的搭建通用课程体系、面授教学、标准化的考试等方式，逐渐显得格格不入。信息技术将从微观和宏观层面，推动教育生产方式改变。微观层面，信息技术将打破传统教育的围墙，扩展教育的时空，在企业中实现规模化教育与个性化教育并行；学习分析技术帮助员工精准学习，学习也不再是"学海无涯苦作舟"；虚拟现实的仿真环境让直接经验与间接经验无缝对接，沉浸式人机交互为直观经验的模拟与建构提供便利，人机融合的学习使员工学习体验得到极大提升。人机融合的"教"，也将使企业中的培训从业者摆脱烦琐的事务性工作，开展更加智能的"教"。宏观层面，新信息技术提供诸多个性化学习服务，基于服务结果数据开展教育动态监

---

① 李龙. 教育技术学论纲——教育技术的前世、晋升和未来[M]. 上海：华东师范大学出版社，2020.
② 杨宗凯，吴砥，郑旭东. 信息技术与教育融合发展的中国道路[M]. 北京：人民教育出版社，2019.

测、教育决策、精准管理，扩大教育的边界，促进员工持续学习，提升企业竞争力。

3. 信息技术改变了金融企业教育的生产关系

信息技术不但改变金融企业教育的生产方式，更是重塑了生产关系。教育生产关系的核心是师生关系，师生关系的核心是对教育的生产资料的主导，即学习资源的主导。一旦学习者变成生产资料的主导，教育的生产关系将发生根本性变化。信息技术的引入，学习资源根据员工的需求自动进化生产，智能化推荐、自适应学习等智能工具将促成以学习者为中心的学习成为常态，这些变化逐步瓦解讲师在教育生产关系中的一元性主导地位，学习者成为学习的主导者，在教育生产关系中占据主体地位。

新技术的长驱直入，引发了教育生产工具、生产方式、生产关系的根本性变革，引发金融企业教育颠覆式的变化，这是教育生产力和教育生产关系矛盾运动导致的不以人的意志为转移的必然结果。信息技术与教育融合发展，是新时代金融企业教育创新发展的内在要求，不仅是信息技术的创新应用，更是以教、学模式创新为核心，推动金融教育供给侧结构性改革，提升教育治理体系和治理能力，加快金融企业教育数字化转型进程。

第三篇

术篇：金融行业人才培养的新探索、新实践

合抱之木，生于毫末；
九层之台，起于累土；
千里之行，始于足下。

——老子

第十三章　金融行业人才培养数字化转型实施方法论

题首语：恩格斯在《自然辩证法》中指出："一个民族想要站在科学的最高峰，就一刻也不能没有理论思维。"在金融行业人才培养数字化转型的巨大变革浪潮中，我们必须首先厘清面对的各种巨大挑战，然后以科学的精神和不懈的毅力来探究数字时代人才培养的理论依据和实践标准，并在此基础上设计出适合行业及企业特点的发展战略，指导人才培养工作不断朝着正确的方向迈进。

第一节　金融行业人才发展数字化转型面临的挑战

当前金融行业不断经受技术和以技术为武器的跨界竞争者的双重挑战，数字化转型不仅是金融企业当前追求卓越的当务之急，更是在数字经济时代生存的必然选择。金融行业作为最先开展数字化转型的行业之一，其人才培养的数字化转型也是走在最前沿的。在金融行业人才培养数字化转型过程中往往会遇到如下几个挑战。

挑战一：对人才培养数字化转型认知不足

当前很多金融企业往往简单地认为人才培养数字化转型就是搭建线上学习平台，利用直播、微课等方式把原来线下授课搬到线上来学，再搞一些轰轰烈烈的运动式学习活动，用各种KPI牵引员工在学习平台上进行学习。这类认知其实是非常局限的，搭建线上学习平台只是人才培养数字化转型的一个环节，绝不是全部。金融企业的人才培养数字化转型其实是一个系统工程，包含战略、组织、文化、平台建设等方面。我们需要应用数字化思维，帮助学习者养成数字化学习习惯、帮助培训从业人员掌握数字化学习方式，重新定义教学模式、教学内容、教学方案，并且将数字化思维融入教/学前、教/学中、教/学后，形成一个全流程、闭环的自我反馈提升体系。

挑战二：人才培养的数字化转型路径不清晰

人才培养的数字化转型绝不是上线一个学习平台，学几门数字化转型的课程就万事大吉，也不能期望短平快，毕其功于一役。它本质是一种长期的、动态的变革，是一项长期艰巨的任务，要实现长远战略和速赢策略的统一，认清现实短板、明确长期愿景、排好任务优先级，才能确定适合的金融教育数字化转型路径与策略。

挑战三：引领人才培养数字化转型的数字化领导力储备不足

当前提到人才培养数字化转型，往往是培训部门千斤重担一肩挑，缺乏与转型战略匹配的组织机制。在推进过程中，涉及方方面面的协同，极易出现各种内部协同的困难，导致项目进展不顺利。人才培养数字化转型不仅仅是培训部门的职责，需要培训部门充分运用数字化领导力，统一高管团队和关键职能部门的共识，营造转型的文化氛围，让企业"一把手"和基层员工都参与进来，结合企业发展战略，企业经营理念、经营模式变革，确定人才培养转型战略，变革人才培养组织形态，上承战略，下接绩效，力出一孔，转型才能成功。

挑战四：如何合理运用技术？

金融行业一直是信息化的先驱，对新技术一向持有开放的态度。近年来，金融行业的同质化竞争也愈演愈烈，每个金融企业对新技术都是趋之若鹜。尽管新技术层出不穷，但人才培养数字化转型不能唯技术论，搞技术大跃进，否则会出现钱花了不少，效果看不到的困境。在运用新技术的过程当中，也需要对新技术的内部整合联动关系有充分的考虑，注意技术之间的融合，例如人工智能是以大数据为基础，而大数据依赖云计算提供庞大的算力。当前监管日趋严格，对学习者行为和关联数据的采集和分析，将面临更严格的隐私保护等监管要求。因此，使用大数据的同时还需要融合隐私保护技术。在人才培养数字化转型过程中，还要注重"技术"与"教育"的融合。简言之，我们不仅要迅速学习和掌握新技术，还需要将新技术融会贯通，形成组合优势，并且在业务变革上找准结合点，基于实际业务场景合理使用新技术。

第二节　制定金融行业人才培养数字化转型战略

发展是第一要务，人才是第一资源，金融是人才密集型产业，开发和利用好人力资源，迎接新金融带来的挑战和困难，是新时代下教育行业新金融人才培养的重要课题。积极研究和实施数字化转型，不仅对金融企业的业务变革意义重大，而且对金融教育工作的未来发展同样举足轻重。

一、制定人才培养数字化转型战略的必要性

数字化转型通过利用数字技术升级产业价值链，提高客户体验、满足客户个性化需求，最终为客户创造更多价值。其目的不仅仅是简单地提高效率和节约成本，提升企业的短期效率和利润，更是让企业在发展基因中注入开放、融合和可持续发展的元素，为适应新的环境变化和竞争所采取的寻求生存和发展的战略变革。数字化转型是信息技术革命衍生的、新的生产力形式，其本质是一家企业全面的数字化的过程，整个组织内部和外部所有的环节都实现数据化运营的打通和数据分析的循环，并以反馈出的真实结果作为决策的依据，这才是企业实现数字化真正的意义所在。技术应用只是数字化转型的一小部分，它必须为企业战略服务。

战略的执行需要人有相应的技能，这个环节涉及人才的招聘、培养、激励和保留等。数字化转型涉及的问题是人才的数量和质量是否匹配战略需求？未来如何更好地培养数字化人才？现有的激励措施是否能有效促进数字化转型战略的实施？为实现对企业数字化转型的有效支撑，确保企业数字化转型所需的软实力，人才培养工作更要率先实现数字化转型，并且必须要具有同样的战略性高度。制定人才培养数字化转型战略是人才培养数字化转型的核心前提和所有转型活动的

顶层设计，远不是上一套系统那么直接和简单，需要进行从内到外、从思维到行为的解构重建，就像打造一座宏伟的建筑，数字化思维是指导人才培养数字化转型的底层基础；数字化技术则作为钢筋水泥浇筑在包括企业学习服务体系、业务模式、产品体验、组织架构等一系列的元素中。

要推动人才培养的数字化转型，需要对外看"用户价值图"，对内看"业务演进图"，对未来看"架构生长图"，具有这样的全局性思维，才可能成功。

"用户价值图"：数字化转型是由客户驱动的企业战略性重构，通过利用数字技术升级产业价值链，为用户解决问题，为用户带去价值，这是数字时代企业的立命之本。人才培养数字化转型不能局限于为某一部门培养能完成某项具体工作的员工，务必要跳出部门单一的维度，不被技术、业务等具体问题束缚，综合各个方面来看问题，重新定义人才，才能真正为企业的用户提供有价值的服务。

"业务演进图"：金融企业必须从战略实现出发，在业务运作模式上进行通盘考虑，重构新的商业模式、业务流程。人才培养要利用数字化带来的能力，构建能够促进新业务流程顺利实施的新模式。

"架构生长图"：数字化转型是一个持续看向未来的过程，是一个动态的过程，企业需要有一个动态调整的架构生长图描绘未来业务愿景、指引前行的方向。人才培养要随时跟进，甚至是提前预见这个动态的过程，满足相应的人才能力需求。

二、人才培养数字化转型战略制定与执行

（一）BLM模型理论

数字化时代也在颠覆传统的战略制定范式，传统的基于调查和分析的战略规划方法论已经渐渐过时，这在数字化时代尤为明显。IBM公司提出的业务领先模型BLM（Business Leadership Model）完美地衔接了战略规划和落地，解决了传统战略咨询中规划和执行脱节的问题。在人才培养数字化转型战略制定过程中，BLM模型依然适用。BLM认为企业战略的制定和执行包含如图13-1所示的八个相互独立、相互影响的方面，它不仅强调对市场和业务的分析，还特别强调领导者的领导力、价值观和企业文化，这些恰恰是战略能够落地的关键要素。

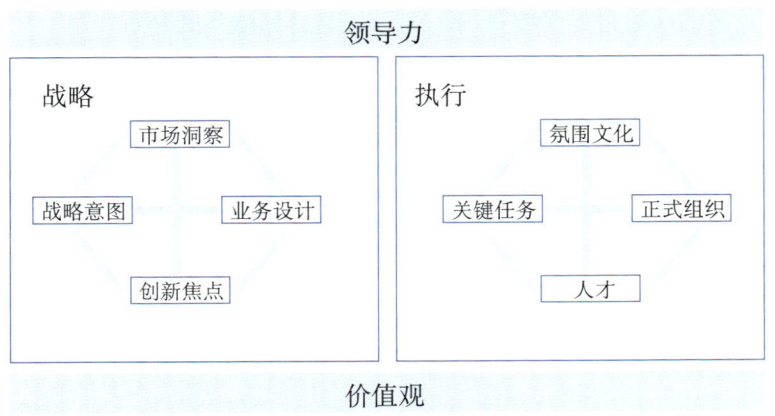

图13-1 业务领先模型（BLM模型）

BLM模型在使用过程中可遵循如图13-2所示的步骤进行①。

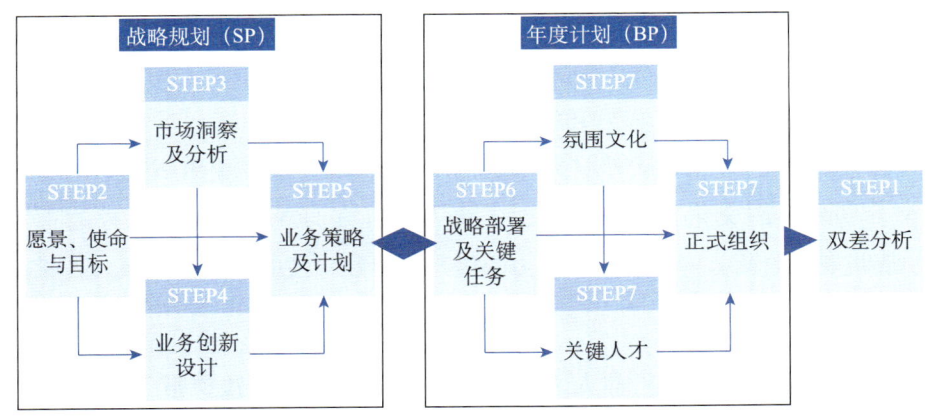

图13-2 BLM模型应用步骤

双差分析与战略目标设计（STEP 1—STEP 2）：在一家企业的战略制定与执行之间往往出现落差，其主要来自两个差距。一是业绩差距，即现有经营结果和期望值之间的差距；二是机会差距，即现有经营结果和新的业务设计所能带来的经营结果之差。BLM是以"差距"为始，又以弥补"差距"为终的方法，这是业务战略规划的主线，而差距的产生，来自企业高层对未来的目标期望，毋庸

---

① 引自http://blog.sina.com.cn/hwfanhui华为樊辉的博客。

置疑，业务线的战略目标主要来自公司级战略目标体系的分解。

市场洞察（STEP 3）：弥补业绩差距可以通过加强战略执行来实现，而要弥补机会差距，则需要新的业务设计。而新的业务设计，则需要以市场机会和客户需求为输入。市场洞察就是在探寻达成未来战略目标的机会。

业务创新设计（STEP 4）：机会差距的弥补，需要业务设计的创新，包括开发新产品、推行新的商业模式、采取新的竞争策略等。业务设计可以设计出能抓住市场机会达成战略目标的业务模式，以及应当采取的产品组合策略。

业务策略及业务计划（STEP 5）：好的业务设计需要制订周密的业务计划才能落地实施，规划团队应当针对每一个细分市场制订详细的业务计划，并输出每个细分市场的产品开发计划，然后将所有细分市场的业务计划及产品开发计划整合成产品线的业务计划和产品路标规划，同时输出产品线对人力资源和关键技术的需求。

战略部署和关键任务（STEP 6）：业务设计和业务计划需要通过年度战略部署（BP）层层落地，战略部署方案的设计需要遵从责（关键任务）权（资源预算）利（KPI及奖金）对等的原则。战略不能落地或执行效果差的主要原因也就是在这里没有权衡好责、权、利的关系。

组织能力支撑（STEP 7）：关键任务和KPI的达成需要组织能力的支撑，BLM分别从氛围文化、正式组织、关键人才等方面提供了组织支撑的思考方向，战略规划团队有责任对组织能力的提升提出建设性的要求或方案，并推动相关部门去落实。

（二）BLM在金融行业人才培养数字化转型中的实践探索

金融行业人才培养数字化转型可以借鉴BLM模型思路，进行相应的探索。

双差分析与战略目标设计：企业的数字化转型是一个长期且循序渐进的过程，在拥抱数字化转型的过程中，必定会创造大量对员工技术水平要求很高的全新岗位和角色。而这些岗位和角色都会是个人技能和技术赋能叠加的复合型岗位，这要求企业加大在培养和发展员工方面的投资。企业只有拥有数字化人才才能形成数字化文化，才能以一定基数和规模的人才推动数字化的应用。因此，数字化人才队伍的建设对数字化转型的企业来说至关重要。企业必须制订相应的数字化员工学习和培训战略，确保员工能够适应各类不同角色。

人才培养的数字化转型从来不是独立的转型，而是服务于业务的数字化转型,帮助企业解决数字化转型期的两大困境:认知困境——如何理解数字化转型;实践困境——如何实践数字化转型。这需要同时具备两种视角:一种是由内而外的视角;另一种是由外而内的视角。所谓由内而外的视角就是"专业视角",就是从专业角度去看待问题,这需要有很深的培训专业功底,包括熟悉各种培训模型、工具和课程。所谓由外而内的视角就是"客户视角",就是要理解并满足业务管理者的需求,知道什么时候采用什么模型、工具和课程去解决业务上的问题,这才是真正的智慧。

市场洞察:金融业数字化转型的业务能力主要集中在解决数据孤岛问题,形成企业数据资产、优化业务模式、渠道升级、精细化运营、客户洞察和营销等方面,以优化成本结构、实现降本增效、提升风控水平。实现上述转变需要一大批具备不同层次、不同类型能力的人才,培养跨领域数字化人才,打造与场景相匹配的数字化人才梯队是数字化转型过程中关键的一环,是企业能否制胜新数字化时代的核心所在。企业需要配合数字化转型,建立有效的甄选、发展人才机制,大胆培养和提拔适应未来发展的人才,重视利用数字技术并鼓励创新来赋能员工,提高员工"数字修养",建设数字化人才梯队。中欧商业在线将数字化能力拆解为五大必备能力:捕捉增长机遇、打造智慧商业、实现卓越运营、促进网络协同和自我成长赋能。

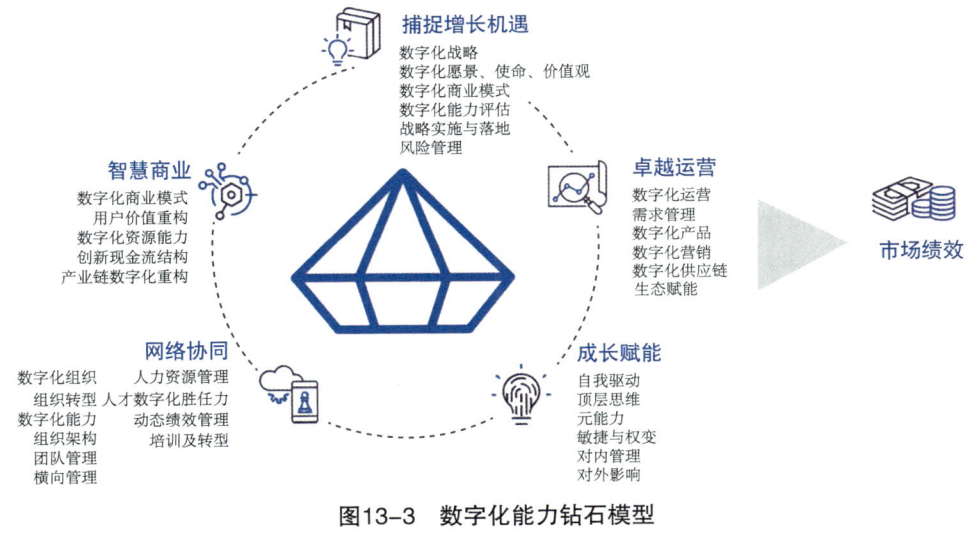

图13-3 数字化能力钻石模型

(资料来源:中欧商业在线)

业务创新设计：

（1）建立学习型组织。在数字化的今天，人们很清楚地理解：知识的生产力日益成为经济与社会以及整体经济表现的决定性因素，企业的持续竞争优势始于组织内生的学习能力，激活组织变革的方法是激活组织的学习力，企业必须有能力不断获取知识、验证知识、创造和创新知识。推动企业转型与变革的根本动力是企业向未来学习的能力，这首先需要企业有面向未来的认知。学习型组织能够持续地进化，有效面对外部环境的变化，保持企业的竞争力，以积极的、有创造性的方法去面对未知。数字化时代，所有的企业都应该是具备成长性思维的学习型组织。

在《组织学习》一书中，作者克里斯·阿吉里斯提到："组织学习是为了促进长期效能和生存发展，而在回应环境变化的实践过程之中，对其根本信念、态度行为、结构安排所为的各个调整活动；这些调整活动借由正式和非正式的人际互动来实现。"企业的知识管理要能紧跟时代需求，让员工在不同角色间迅速切换时，能快速找到所需的信息。组织学习的过程包括知识获取、知识创造、知识分享、知识运用以及知识存储环节。

打造学习型组织需要积极征求各级员工的参与，让所有员工发挥他们的才智和想象力。通过组织学习，帮助组织成员实现共同目标、产生协同行为、拥有共同语境。

（2）应用数字化学习技术。企业除了需要知道学习何种知识之外，还需要不断反思学习的方式。各行各业在转型中的学习需求各不相同，并没有固定的成熟模式，企业需要持续洞察业界先进实践，从业务和组织场景出发，从业务价值链出发来寻找学习赋能之道，不断探索适合自己企业的能力提升路径。

企业学习的数字化转型，一方面是培养员工的数字化能力和思维，另一方面是通过数字化方式进行培训。传统的以传授理论、技能和案例为主的线下培训市场正在急剧萎缩。这主要有两个原因：一是替代效应，随着互联网技术的发展，大家更喜欢用在线或移动学习的方式来学习知识，这样更加方便和经济。二是效果不佳，如果不能结合企业的目标和问题，只是告诉他们一些理论、方法和案例，很难产生真正的效果。"知道"和"做到"之间有一个巨大的鸿沟。

企业需要基于业务发展和赋能战略业务的学习体系，用数字化方式培养数字化人才。数字化人才的学习将是平台化、定制化、体系化、共享化的企业学习数字化解决方案。即通过数字化学习技术赋能智能学习，兼顾规模化和个性化，致力于为员工提供适合数字化时代的个性化学习体验，全方位地应用数字技术，让学习手段更加灵活便捷，满足各层级员工的差异化学习需求，实现企业内部灵活的知识流动，建设企业内部学习生态，实现学习全流程的量化统计评估，达到学习和产出的最大化，帮助企业打造面向未来的员工团队，将每一个员工打造为数字化员工，在数字化浪潮中转型为具有竞争力的数字化组织，以确保企业能够制胜未来。

业务策略及业务计划：在这个数字化时代，技术进步的步伐越来越快，把所有人都推向终身学习模式。因此，学习意愿、学习意志力和学习能力比暂时领先和目前的经验水平更重要。有了适当的学习文化和知识，员工可能会成为企业的差异化优势，并在未来加速形成竞争优势。数字化转型培训是培训部门的生存题，而不是选择题。当企业启动了数字化转型的步伐，用培训支撑企业转型，是每一个培训工作者的责任，更是体现培训价值的最好机遇。企业内部培训部门应该是组织学习的代名词，应该是实现组织学习的带领者，承担组织能力的锻造者、组织绩效的推动者、组织未来的整合者三个角色。

衡量管理是否有效的标准是能否提升绩效，同样的道理，衡量学习是否有效的标准也是能否产生行为改变和结果。企业学习发展部门需要从组织学习的视角规划和设计学习内容，不仅关注个人学习成长，更要关注组织学习，以组织学习为发展方向，帮助组织形成共同语境，致力于组织文化、组织学习力以及组织绩效的改善。真正的改变是全方位的，从"知道"到"做到"是一个漫长的过程，并需要经过长时间的知识储备、实践和思考。数字化学习需要闭环思维，做到从学习到行为到绩效的可评估闭环，将学习项目关联到可诊断的业务需求和可衡量的业务结果。赋能业务数字化转型的学习，只有形成闭环，与业务实践紧密咬合，才能实现业务成果的真实获取，而这一闭环的完成，也是管理者自身从理念到行为"知行合一"的闭环的完成。

培养数字化能力的核心理念是，促进各层级员工明晰对数字化的理解，促进其认知的改变，建立数字化时代的商业思维，娴熟掌握相关的数字技术，强化主动学习、适应时代的动力，把握数字化时代技术创新的商业机遇，在工作中促进行为转变。企业培养数字化人才需要看重五大必备能力：捕捉增长机遇、打造智慧商业、实现卓越运营、促进网络协同和自我成长赋能。理想的数字化人才应为既有数字化素养,且拥有丰富行业和价值链其他领域管理技能的跨界人才。

传统的基于人才发展的培训体系,无法支持企业数字化转型的需要,企业学习需要创新重构。数字化能力的培养在于应用,企业应当基于各层级员工不同的数字化能力模型,制定持续开展的系统化综合性培训课程,开发定制化的培训方案,通过案例教学、工作坊连接工作场景和职业生涯发展,让员工体验到数字化为工作带来的变革,在学习中有高参与度自主权和责任感,促进员工主动思考如何用数字化改变工作。

战略部署和关键任务:

(1)战略部署。企业需根据自身的数字化转型需求和发展战略,根据价值创造、有效利用数字化技术、帮助企业理解数字化进而提高决策水平、帮助企业更好地解决人效问题、培育数字化文化这五大决策维度,和战略承接、体系设计、知识管理、数字化运营、数字技术创新应用、价值创造这六大成熟度维度,持续评估和改良企业的数字化学习体系。

不谋全局者,不足以谋一域。数字化带来的变革,对企业高管领导力提出全新的挑战。数字化转型是一项"一把手工程",需要整个高管团队统一认知才能成功。数字化领导者需要理解数字化能为业务带来什么,理解数字化为业务模式转型所带来的价值,并改变内部运营方式,领导组织实现数字化转型。企业需要聚焦如何提高中高级管理人员对数字化转型的认知度,设计数字化人才能力模型与发展策略;如何调整培育相应的数字化组织,匹配人才机制、领导力与组织文化;如何招聘、培养和保留数字化人才,支撑和落实数字化转型,从而更好地把握数字化技术赋能和数据的价值转化。

在技术的战略角色层面,传统管理人员只关注基础的技术本身,而数字化高管应能发挥在数字化趋势和转型的洞察力,拓宽企业在竞争环境中的视野。面向未来是领导者的新定位。领导者必须具备面向未来的能力,具备前瞻性和紧迫感,具备勇于引领变革和应对挑战的勇气,成为引领组织面向未来的卓越领导者。第一,让组织高效运营,在一个不断变化的环境中组织高效运营变得非常重要。第二,指明方向,鼓舞人心,重振希望,这能让人们充满信心地应对遇到的挑战,克服困难,确信未来。第三,应对不确定性带来的危机,带领团队摆脱危机。

(2)关键任务。完整的数据体系不仅需要掌握数据战略的高层人才,也需要熟练技术、应用、算法的中层和基层人才。高层人才要求能够理解数字化转型方案，深谙技术原理和业务逻辑，可以有效推动数字化转型工作的细节，实现数据赋能业务。中层人才需要解决将数据转变为数字化产品并赋能业务的问题，在这个过程中，需要中层人才推动每个业务场景下的转型任务，使技术部门与业务部门完美配合。基层人才需要形成一支多兵种配合作战的队伍，不同性格、工作习惯、职业技能、专长方面的人可以根据项目需要协同工作，实现更高的工作效率。企业的人才配置不合理，就无法高效赋能前端业务。

除了学习动机和努力程度之外，真正的进步只能来自有意识的学习。有意识的学习经验需要几个关键要素：一个好教练、一个关于针对哪里改进的想法、一个旨在改进它的实践，以及一个有效的反馈循环。组织需要为每个角色及其知识领域设计一个能力模型，该模型描述了达到精通所需的过程或学习路径。在不同的成熟度阶段，还应该为每个学习领域确定教练与导师，为从事学习活动的人提供帮助。应该组织课程、培训、研讨会和其他活动来实现这些学习路径上的学习目标，而不是根据预算和绩效奖励随机分配给员工培训福利。

基于业务发展的学习体系建设是未来的趋势，即学习体系的构建起点是企业的战略与业务问题，学习与工作一体化，通过梳理企业业务价值链，绘制赋能业务的全景图，学习内容和学习资源与工作业务高度链接。数字化时代的学习，强调的是业务场景，是业务场景决定学习内容。那么，如何紧跟业务场景，赋能业务场景呢？答案是所有的课程与内容开发，都应当紧跟当下业务实战场景，锁定痛点难题，直接赋能与指导业务的创新实践。

具体路径是，企业需要首先根据数字化转型的具体目标和需要数字化赋能的业务场景，对员工实施个性化、局部化的技能提升，扩展员工的能力范围；其次，着眼于赋能人才的长期成长，建立动态、快速的效果反馈检测机制；最后，将局部化的技能提升与系统化的制度改革、文化建设进行充分整合，构建数字化组织。

组织能力支撑：谷歌公司重新定义了团队和工作内涵，未来组织的关键职能就是让一群人在一起快速地感知客户需求，愉快地充满创造力地开发产品、提供服务。数字时代的企业，需要从根本上重塑运营和管理模式，让组织变得更加敏捷和柔性，具备创新、开放、授权、共享等相应的氛围和文化，这样有利于吸引和培养数字人才。

工业时代的企业实践显示，在高绩效组织中，管控的确对提高绩效发挥了积极的作用。组织管控，要求每个组织成员安于自己的角色、发挥自己的职责功能，把组织流程、组织体系建立起来并加以固化，这些稳定性的安排可以帮助组织获得绩效，管控也因此成为组织管理的关键要素。但是需要注意的是，这一切都有一个明确的前提条件，即在一个相对稳定的环境下。

数字化时代外部环境不再稳定，不确定性成为常态。为了获得与维护智力资本，组织需要拥有知识型员工，并将知识系统传递给组织成员，最后将知识转化为结构资本。组织中的个体能力发展以及与组织发展的匹配程度是组织获得高绩效的基础。数字化时代的一个重要特征就是个体价值崛起，个体与组织都需要不断适应彼此的发展并尽可能协同一致，这就要求企业管理者必须关注个体发展与组织发展的平衡问题，这必将带来组织管理范式的改变。

在数字化时代，要更好地将强大的个体与组织组合在一起，我们需要做两件事情：一是激活个体；二是激活组织。激活个体就是充分尊重每个人的个人利益和追求，让其在创造组织价值的同时，也能创造属于自己的价值。优秀的人才正在寻找能够提供卓越的职业发展机会的公司，他们希望工作技能能够与时俱进。将最新的技术与最优秀的人才相结合，是企业长期保持成功的秘诀。如果企业想雇用和留住最优秀的人才，就需要展现出面向未来的计划，并且将新兴技术集成到工作场景和产品中。

激活组织就是让组织能吸引优秀人才，形成人才梯队，达成组织目标。效率源于协同，不是分工；激励必须是为了激励价值创造，而不是为了考核绩效；更重要的是必须有新的文化来融合，让有创造力的人留在这个平台。如何实现员工升迁与发展、事业平台与个体价值之间的融合，如何平衡动态组织环境与员工之间的契约关系，如何解决固化的角色设计与柔性化管理特征及边界融合之间的问题，如何产出评价机制以及新的激励机制设计，更重要的是如何让员工和组织都具有创造力并能面向未来，这些都是需要面对的问题。

第三节　企业数字化学习从业人员自我赋能

数字时代金融教育新生态的构建，还有一个层面必须考虑，那就是金融行业培养从业人才自身的赋能,本节我们将对这一问题的思考分享给大家。

ATD人才发展能力模型一直以来都是培训从业者的重要参考能力模型,从发布至今历经了几轮完善与修订,在2013版胜任力模型的基础上,ATD新版人才发展能力模型研究于2020年初全球发布:提出个人提升能力、专业发展能力和组织影响能力三方面交互发展的能力模型(见图13-4)。

图13-4　新版ATD能力模型总图

其中,个人领域的基本导向是人才发展能力日益个性化;专业领域的基本导向是人才发展专业人士的行动蓝图;组织领域的基本导向是为组织能力提供动力。

在这些能力项中,对"技术的使用(Technology Application)"进行了具体的界定与描述:随着人才发展专业人士职责的不断扩大,学习环境同样如此。学习不再仅仅发生在传统的教室里,目前有大量工具可供我们用于交付的资源。随着这一现实越来越复杂,人才发展专业人士需要培养更高的技术敏锐度。

从另一个侧面"组织""专业""个人"三个维度的划分,是有很多需要我们思考之处的,尤其是"组织"维度的加入,引导每一位培训人必须从组织的角度思考，否则我们极有可能打造自认为完美但是却没有实际效用的学习产品，《第五项修炼》书籍中的很多观点是值得我们深入思考的。

首先，数字化学习是学习型组织建设的重要组成部分，学习型组织建设不仅是学习发展的范畴，站在专业领域之上、跳出专业领域之外，学习发展部门首先要做出变革与转变。学习型组织的落地不仅仅是人才培养，而是组织、个人的思维模式、行为方式的改变，打造更敏捷、适应性更强、协作性更好的组织生态。学习型组织的建设是组织管理与建设的范畴，不仅仅是学习发展的范畴，学习发展部门的专业价值在于全公司统一共识的基础上，在相关部门的支持下，探索学习型组织落地的方法、模式，并进行不懈努力与推广，需要充分发挥学习发展领域的专业积累，又需要跳出学习发展领域之外，用更加系统、更加宽广的视野，从组织持续、长效发展的视角，重新思考培训与人才培养工作开展的思路、模式与方法。

其次，重新审视新形势下的新学习。组织需要对员工和学习有全新的理解。学习必须和工作同步发生，成为工作的副产品，而不是简单在开展工作之前获取知识，"721"原则中的很多精髓是当今在线教育行业还没有深入思考的问题，而如果仅仅将主要精力放在其中的10%，而没有和其他90%更为重要的学习场景发生关联，那么数字化学习的效果必将大打折扣，"外围战"的局面将继续存在。因此，组织学习必须基于绩效要求，紧扣业务目标；重视学习过程，我们需要学习如何开展学习；定义"学什么，怎么学"的能力，与为具体问题找出答案的能力一样重要；在组织里到处都有增长知识、提升技能、调整心态的机会；学习是每个人工作的一部分。从这个视角来看，我们就不难理解，为什么作为纯组织推动行为的数字化学习运营不会取得特别理想的效果，数字化学习未来更多的应用场景必将是融入工作场景中，以更加润物细无声的方式赋能业务、驱动转型，而这必将是企业数字化学习行业人员所必须思考与面临的问题。

作为金融行业人才培养的规划与设计者，不得不承认，有的时候和其他领域一样，容易"灯下黑"，为所服务的对象完成人才培养体系的规划、设计与实施，但是却没有充分考虑自身的发展与提升。可以说，ATD的这版最新人才发展能力模型提供了有效的指引。

进一步来说，可以用"静态""动态"和"常态"来形容培训管理者所面临的情境，才能为组织效能提升、人才发展与培养真正发挥价值：

（1）静态：是指人才培养体系中的基础性、常规性部分，比如员工基础素养、应知应会的部分，相对来说变化频率较低；

（2）动态：关注人才培养体系中的实效性、及时性部分，比如战略规划落地、重点业务推动与发展等方面，相对来说变化频率较高，需要高效、敏捷地进行响应与支持；

（3）常态：人才培养体系中的持续化、数字化部分，而培训管理者就是这里所说的"常态"的掌舵者，平台思维、数字化学习真正发挥价值的部分也正在于此。

时代面前，变革面前，挑战面前，必须拥抱数字时代，不断刷新自我，以数字化学习为切入点，技术赋能金融行业人才培养，从在线教育从业人员的自我赋能开始！

第十四章　他山之石

题首语："博观而约取，厚积而薄发"——【宋】苏轼。

如同其他事务一样，在人类社会进步的历史中，总有一批思维敏捷、勇于尝试的先行者，他们或成功、或失败，但他们探索出的道路往往给其他人带来难能可贵的经验与教训。数字化转型浪潮中，也有不少企业为行业贡献了宝贵的经验，以下我们选择其中金融业相关典型案例供读者参考。

◎ 案例1：中国银行

数智时代　启赋未来
——中国银行数字化人才培养实践

中国银行以"建设全球一流现代银行集团"为战略目标，面对蓬勃发展的科技变革新趋势和复杂多变的外部环境，全面推进数字化转型，高度重视并大力推进数字化人才培养。中国银行的数字化人才培养不仅仅局限于对科技部门人员的能力提升，而是实现覆盖全业务线、贯通员工职业发展全周期的数字化能力塑造。

一、数字化转型"金字塔"培养体系

传统模式的银行业务与信息科技建设之间往往存在不协调、不匹配的情况，业务与科技之间的"竖井"成为银行业推进数字化转型工作中面临的重要瓶颈。为了实现突破、完成转型，不仅需要关注信息科技体系自身专业能力的培养，更要从企业级的视角看待问题，通过开展系统、全面的培训提升业务条线运用数字化的能力，为业务插上科技的翅膀。一方面，要对科技体系本身的专精特尖人才继续加大培养力度，结合信息科技领域人才分工细

化、专业性强的特点实施定制化培训项目，确保信息科技体系对业务发展提供有力支撑；另一方面，要将数字化思维、理念和方法论传导至业务条线，在加强具有科技背景的优秀业务人才培训、培养的基础上，重点开展数字化领导人才、科技和业务复合型岗位人才的培训，促进业务与科技的融合发展，为数字化转型的成功提供有力保障。基于此，中国银行聚焦数字化转型对信息科技和数字化人才的培养需要，整合内外部优质培训资源，建立数字化人才培养的"金字塔"体系。

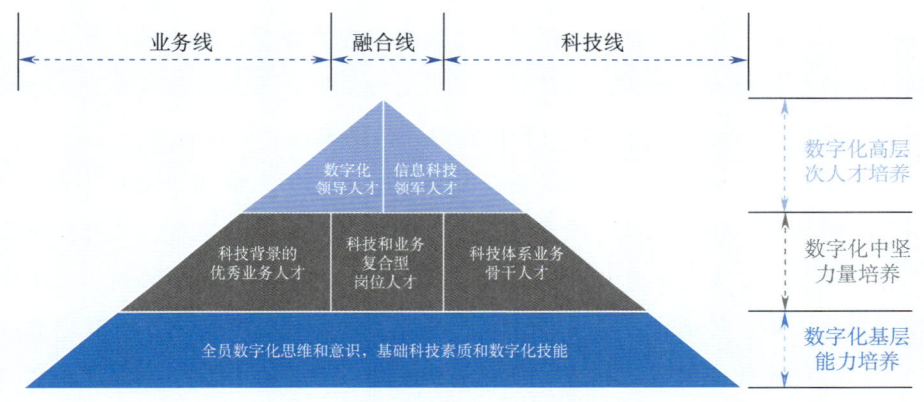

图14-1 数字化转型"金字塔"培养体系

数字化转型"金字塔"培养体系全面覆盖了业务条线、科技条线对数字化人才的培养需求，并立足企业数字化转型工作需要，重点关注了业务与科技融合相关人才培养。该培养体系分三个层次对信息科技和数字化人才进行培养：

一是加强"金字塔"顶部的数字化领导人才和信息科技领军人才培训。建立信息科技领军人才培养目标对象库，实施精准培训和持续跟踪培训，帮助相关人才提升信息科技顶层设计水平与专业领导力。面向以中高层管理人员为主的数字化领导人才，持续开展数字化技术与领导力培训，提升数字化思维、创新领导力、敏捷工作法和Z世代员工管理水平；针对有科技背景的业务条线管理层成员开展专题培训，为其发挥业务与科技桥梁的重要作用创造条件。同时，建立"科技顾问"制度，培训、培养一批熟悉科技领域前沿知识，具备较高综合素养的行内科技顾问，为各业务条线的领导决策和管理提供科技领域的专业指导和咨询，助力所在单位业务发展、客户营销、经营管理等工作提供数字化转型支持。

二是加强"金字塔"中坚的优秀专业人才培训。着力培养专职科技人才队伍，针对底层技术研究、云计算、大数据、人工智能、区块链、物联网、网络安全及信息安全等技术领域，持续提升专职科技人才的核心技术能力，不断加强前沿技术应用、项目开发管理等能力培训。加快科技和业务深度融合的新型岗位人才培训，针对金融数据挖掘、架构设计、产品开发、风险建模、客户体验管理等领域，加强科技与业务的交叉复合培训，着力培养复合型数字化人才。同时，持续加强对产品经理、客户经理、风险经理等业务序列人才的科技能力、数字化思维、互联网思维培训，为各级各类专业人才提升数字风控、场景获客、互联网营销能力，提供有效的培训支持。

三是加强"金字塔"基座的全员数字化能力培训。持续面向全员举办数字化专题培训，强化基础科技素质，学习借鉴数字化最佳实践，追踪数字化发展新趋势，激发创新意识，提升数字化能力。综合运用面授培训、在线学习、科技大赛、行动学习等多种方式，帮助员工增强数字化意识、获取数字化知识、提升数字化创新能力。重点加强在线学习平台与数字化微课内容建设，提供强有力的在线学习功能支撑，为员工提供随时、随地、随心的学习渠道，保障数字化基础培训全面覆盖全体员工。

二、数字化人才"五位一体"能力素质模型

基于数字化转型"金字塔"体系的建设理念，瞄准业务与技术融合发展的目标，培养兼具专业业务能力与金融科技敏感度的"转型领跑人"，带动业务、技术和组织在数字化转型与金融科技大爆炸时代的协同并进。基于此明确了在技术、研究、咨询、管理、变革五个方面的人才画像。

图14-2 数字化人才"五位一体"人才画像

技术专家：钻研各类先进系统架构设计、开发、测试、运维等先进生产力工具，并与业务部门一道进行开发；

专精学者：精准拿捏前沿创新趋势、科技动态并熟知中国银行业务流程及需求；

咨询顾问：实现业务与技术融合发展，根据市场动态支持战略决策；

管理人才：协调并整合内外部科技与业务资源，实现高效匹配与敏捷反应；

变革专家：引领全行创新思维模式转变，营造敏捷企业文化。

结合现有人才结构和未来发展要求，对相关人才画像进行解构，形成能力素质五大模块，18个子项的具体能力框架，使各层次能力作为可量化指标，支撑协调人才发展各要素，加速业务与科技融合和数字化转型建设。

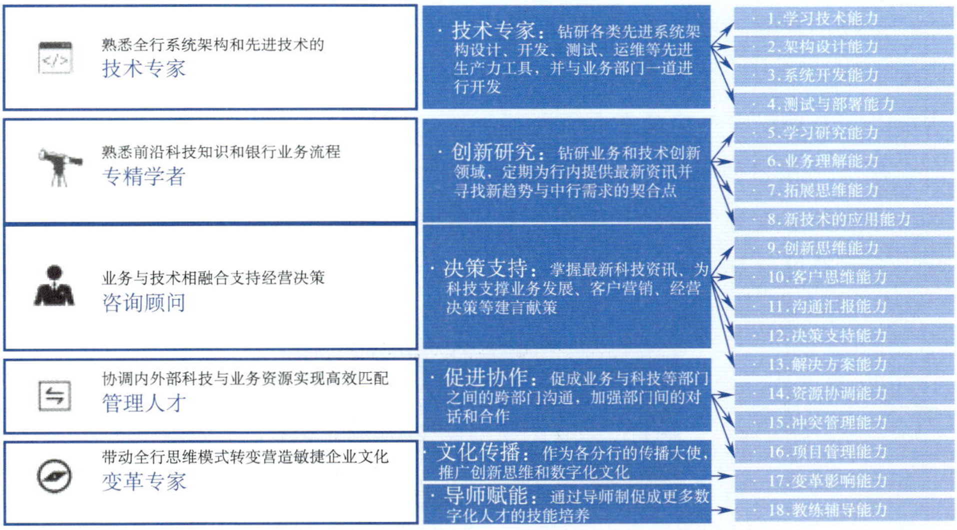

图14-3 数字化人才"五位一体"能力解构

供稿：中国银行

◎ 案例2：阳光保险

阳光学堂　四步运营打造企业教育学习生态平台

建设企业在线学习平台，要分时期分阶段，锁定具体目标高效运营。

阳光保险集团于2017年上线了在线学习平台——阳光学堂，并在两年多里实现了生态化运营，为公司战略和业务发展提供了有力支持。这样的成绩，与前期对平台运营四阶段的分析与规划（见TIP1）、步步为营地打造有着密不可分的关系。

TIP1：在线学习平台四阶段

根据在线学习平台的上线时间，阳光学堂将平台运营划分为四个阶段（见图14-4和表14-1）：上线前半年到上线半年内为初建期，解决意愿问题；上线半年到一年半为培育期，上线一年半到两年半为增长期，这两个阶段着重培养能力；落地期是上线两年半到三年半，重在建设学习氛围。在此基础上，三年到四年实现平台的自运营。

每个时期内的运营工作都围绕着"愿意吗？有能力吗？有环境吗？"这三个问题来设计实施，目标就是尽可能多地占据用户在工作或生活中的电脑、手机应用场景，提高平台的活跃度。

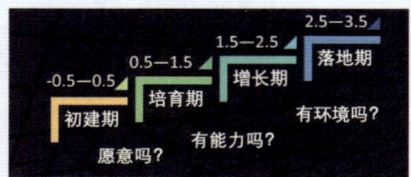

图14-4　三个问题

表14-1　在线学习平台四阶段

	愿意吗？	有能力吗？	有环境吗？
初建期	阳光学堂通过学时制度解决员工的学习意愿问题	通过海报宣传、培训管理员集中培训，提高平台应用能力	通过上线内外部专业课程及促学活动，建设在线学习应用的环境

续表

	愿意吗?	有能力吗?	有环境吗?
培育期	阳光学堂通过责任承包制解决课程生产意愿问题,通过课程质量、专业内容数量的保证,解决员工学习意愿问题	通过课程制作软件、多种录课室的建设,解决课程生产能力问题	通过业务直播间的建设及"最后一公里"的铺垫,为员工的在线学习建立便捷的环境,也因此占据了更多的用户应用场景
增长期	阳光学堂通过市场化机制和成长激励机制提高在线课程开发师的意愿度	通过开发认证课程和组织实施创新在线学习项目培养在线培训人才的能力	通过发布管理规范,创造在线培训人才的工作氛围;通过智能岗位学习地图及线上专业学院,搭建了员工体系化提升专业能力的场景
落地期	阳光学堂通过多种赛事运营,激励更多年轻员工学习和知识贡献的意愿	通过数字化运营分析,提高业务条线发现和解决问题的能力,以及多种维度核算培训价值的能力	通过数字化运营"三一工程",细化指标体系,引入数据埋点,建设数据看板,创造平台化的环境;通过学习氛围排行等榜单项目,搭建竞争型学习生态环境

初建期:制度先行,课程跟进

初建期,阳光学堂在集团总部试运行。正式上线前的半年是筹备阶段,上线后半年内最重要的工作,是促动员工去了解、应用平台。

运营规则"两会"定

在正式上线之前,阳光学堂召开了"两会"——项目启动会和运营共创会。

项目启动会 立项通过后,阳光大学堂联合人力资源部召集各业务条线的人力资源负责人、培训条线负责人、IT团队以及第三方平台项目负责人,召开了项目启动会。阐述项目背景、目标,公示项目小组架构和成员、关键日程表,举办签约仪式。通过仪式感满满的启动会,阳光大学堂将平台正式启动建设的消息广而告之,便于后期各项工作的资源整合,也给团队立下Flag,提振士气。

运营共创会 项目小组在做具体的工作规划之前,通过运营共创会开拓思路。项目小组挖掘内部员工和外部专家对平台运营工作的建议,收集了各种好方法。比如,上线前要发布"学时制度",从组织层面对员工的学习提出要求,并在集团本部试运行;项目小组在各部门张贴平台上线宣传和登录指引海报,帮助各业务条线负责人组织相关员工下载、登录APP,并上报本条线的平台管理员;各业务条线可贡献已有的视频课程资源;发起线上知识竞答;内容开发与微课大赛相结合……根据这些讨论内容,项目小组汇总梳理出运营的重要动作,并在阳光学堂上线的前半年分阶段落实。

课程储备方法巧

员工登录平台,最重要的是学习知识,因此,在线学习平台首先要有丰富的分门别类的课程。在阳光学堂上线之前,除了收集各业务条线原有的一些课程,阳光大学堂还专门组织了在线课程开发萃取培训班。为期三天的培训班,面向各业务条线定向招生,以提升业务条线员工开发课程的能力为目标,同时要求每位学员开发一门业务课程并完成录制才能获得毕业证书。通过这种方式,阳光学堂在一个半月里完成了近500门在线课程的储备。此外,阳光学堂与行业协会签署战略合作协议,引入了300多门保险专业优质课程。

培育期:内容承包,渠道拓展

进入培育期的平台要保障每位员工都有必学课程;同时,不断丰富课程形式,提升学习体验,为员工提供更多的应用场景(见图14-5)。

图14-5 运营落地实践——培育期

课程开发靠"承包制"

为了满足平台上线的内容要求,阳光学堂在初建期通过组织课程开发培训班上线了一批专业课程。考虑到课程需随着业务发展不断更新迭代,阳光学堂的课程开发采用了"责任承包制",即文化课、管理课、专业课、通用课等内容分别由相应部门或条线员工承包开发,平台运营者负责制定课程开发和上传规范,以此保证平台课程持续更新。

赛事也是平台推动内容开发的重要方法。如阳光大学堂已连续举办四届的品牌项目"微课大赛",从2016年的内容无限制、单人参赛、利用外部多个平台拼凑运营,到2019年的聚焦情景剧微课、团队作战、阳光学堂全流程运营,内容要求不断提升,促使平台上涌现出一批形式多样且内容接地气的优质课程(见图14-6)。

只有持续上新的课程是不够的,课程形式还要不断突破。通过采购课程制作软件,建设虚拟录课室、演播厅、业务直播间,分类不同场景和客户,阳光学堂至今已形成八种课程形式,如长图文、录屏课、情景剧、H5互动课程等。此外,阳光学堂还与喜马拉雅等外部课程平台对接,推动课程持续更新,进一步提升用户体验。

图14-6 微课大赛

打通"最后一公里"

"酒香也怕巷子深",有了好的课程,还需要给员工铺好"最后一公里",也就是进行渠道拓展。渠道拓展主要分为以下两类。

一类是定向推送岗位必修课。阳光大学堂组织安排各条线的业务领导筛选课程,并根据岗位应知应会设置阶段性课程学习任务。例如,人力资源条线从初级至特级有五个职称级别,覆盖近百个岗位,阳光大学堂针对专业知识和技能两方面给员工推送专属必修课程,让员工可以高效获取岗位应学课程。

另一类是与业务APP对接。例如,产险全能保是产险销售人员从展业到成交的全流程服务平台,但一直缺少培训功能,不能为销售人员提供及时有效的培训。在与产险销售管理部达成需求共识的基础上,阳光大学堂成立项目小组,抽调资源,上线了阳光学堂的H5版本,与业务APP完成对接,让几万名销售人员可以在业务APP上免登录学习。这大大降低了业务员工的学习门槛。

增长期:培养在线培训人才 匹配个性学习资源

经过培育期,平台的活跃度大幅度提升。平台前两个阶段的运营工作主要依靠阳光大学堂和业务条线总部,进入增长期就需要发掘、培养更多的在线培训人才,同时加大满足此类员工的个性化学习需求(见图14-7)。

图14-7　运营落地实践——增长期

聚焦四类人才培养

在人才培养方面，阳光大学堂基于内容和运营的需求，聚焦平台管理员、在线课程开发师、直播运营师、短视频开发师四类在线培训人才，开展了一系列培养项目。

平台管理员 虽然在初建期就有针对平台管理员的培训，但这个角色在业务条线基本都是兼职，变动频繁，长期存在培训需求。基于这种情况，阳光大学堂建立了平台管理员的"申请—定级—培训—激励"四阶段培养路径，根据管理员在平台上所开展学习项目的类型和数量确定其级别，对不同级别的管理员配置相应的在线学习任务，以满足其岗位胜任要求。

针对管理员的在线培养课程主要有三类——初级管理员，聚焦平台各模块的操作技能掌握；高级管理员，聚焦在线课程开发和在线学习项目设计；资深管理员，聚焦自身所处业务条线的在线培训体系搭建。管理员完成学习任务并晋升到更高一级时，会获得相应的荣誉和物质激励。比如，达到初级管理员标准，可获赠直播设备；成为高级管理员，可获得学堂音频课程模块的VIP会员权限；资深管理员将获邀到阳光大学堂现场参观学习和交流。此外，阳光大学堂上线了平台管理员问答库和微信群，随时随地为管理员提供问题解答和项目支持。

在线课程开发师 为促进在线课程开发师的培养，阳光大学堂在集团内部建立了知识产权市场。买方是对在线课程开发有需求的各业务条线对接人，卖方是"创客联盟"（见TIP）。业务条线的一份PPT或Word文档，通过"创客"就变成了动画微课，这有效提升了平台的课程质量。阳光大学堂作为平台方，负责开发"创客"认证课程、撰写管理规范，并根据开发课程的数量、质量及业务方评价为其定薪定级。

TIP 创客联盟

阳光大学堂召集了一批对在线课程制作软件有浓厚兴趣的内部员工，安排自费参加为期两周的在线赋能培训项目。经过培训筛选认证的"创客"可以持证上岗，为各业务条线提供有偿的课程开发服务。"创客"在阳光大学堂的组织下成为"创客联盟"。

直播运营师　随着业务直播培训量的大幅增长,直播授课质量也需不断提升。因此,阳光大学堂对直播培训的基本操作、业务直播间的管理都做了规范要求。

为了直播的体系化运营,阳光学堂建立了统一的直播品牌——阳光联播(见图14-8)。阳光联播将各业务条线的直播品牌聚合起来,并加以筛选,每月在公司OA系统里公示子品牌的直播排期,并总结发布优秀直播项目。通过阳光联播,阳光大学堂在增加业务直播项目的曝光度、激励业务条线培训对接人的同时,也不断扶植和孵化新的业务直播品牌。

图14-8　阳光联播

短视频开发师　基于抖音、快手等平台的兴起,阳光大学堂抓住短视频营销的契机,联合产险销管部门举办了为期4周的短视频实战项目——"抖音101天团特训营"。

项目采用"30-4-4-3"混合学习模式,即30门线上学习课程,从如何讲好故事、影视制作基础,到抖音短视频内容开发、短视频剪辑技巧,开展短视频制作全流程理论培训;4次外部大咖直播培训,讲解抖音短视频的实践案例;4次任务打卡,匹配4周的学习安排作业和分享点评;3次线上辅导共创,以头脑风暴的方式广泛收集学员意见,并由导师在线上及时答疑解惑。项目招募了1000人,通过作业筛选最终选择了114人进入"天团",产出了一批保险产品的营销短视频。

打造学习资源个性化匹配项目

随着知识付费平台的兴起，知识资源爆炸式增长，用户如何选择与自己相关的内容成了难题。在企业移动学习平台上，员工同样存在这样的痛点——阳光学堂有4000多门课程，其中与自身岗位与职业发展相关的课程有哪些，对员工来说是个难题。所以，学习资源的个性匹配就显得尤为重要。

在增长期，阳光学堂依次推出智能岗位学习地图、线上专业学院、新员工游戏化学习项目、个人学习账单，对应员工的岗位、专业级别，促进平台课程体系化，同时也不断为员工营造个性化的学习应用体验（见图14-9）。

智能岗位学习地图　阳光学堂依据员工的岗位角色及成长意愿，匹配阳光文化、领导力、通用能力、专业能力四大类课程及测评服务。员工在平台首页可以一键进入自己的专属成长计划，随时查看应学习课程和学习进度，让自己在成长过程中有"获得感"。

线上专业学院　阳光大学堂目前已开设四个线上专业学院——产险EA商学院、产险理赔学院、寿险运营学院、寿险营销学院。学院根据岗位任职要求、工作任务等维度，为专业条线员工提供体系化课程学习，在专业知识和技能两方面实现从"小白"到"精英"的快速培养；同时对专业条线员工的学习情况、业务过程数据、学习结果等进行定期跟踪分析。

新员工游戏化学习项目　针对0～6个月新员工培训，阳光学堂定向开发了训战结合、寓教于乐的游戏化学习项目。比如，将整个新员工培训过程设计成海岛探险闯关赛，设置6个海岛，每个月可通关1次。员工进入海岛后，将开启本海岛的学习任务，完成课程学习、培训考试、作业提交等学习环节，则闯关成功并获得金币奖励；累计全部通关后，可通过金币兑换获取结业勋章。

个人学习账单　阳光学堂为每位员工提供实时的学习账单，即学习档案。账单不仅包括员工在课程学习、考试、培训班、智能岗位学习地图等方面的行为数据情况，还展示了自己在全系统的排名；根据学习情况，账单会给出贴切又有趣的评语；此外，在最后一页会根据员工在平台的总积分匹配不同级别的荣誉称号，激励员工再接再厉，学习的同时不断获得更高的荣誉。

图14-9　学习资源个性化匹配项目

落地期：数字化运营，打造学习生态

阳光学堂已上线两年半，接下来一年将进入落地期。在前三个阶段的努力下，员工和各级管理者基本都了解和应用过阳光学堂，使得平台产生了大量的学习行为数据。落地期最重要的工作就是数字化运营，打造学习生态。阳光学堂已开始这种尝试（见图14-10）。

图14-10　数字化运营实践

"三一工程"推动培训数字化运营

既然是数字化运营，就要发挥数据的价值，让数据说话。接下来，阳光学堂将开展培训数字化"三一工程"，即在平台数字化功能建设的基础上，建立培训数字化指标体系，融入培训数字化项目设计，进而挖掘并实现培训数字化商业价值。

第一步，通过"三步四法"快速建立培训数字化指标体系，以OSM模型明确培训平台业务目标，以AARRR和UJM模型制定行动策略，最后以MECE模型细分层级指标，以平台日活率为北极星指标将用户学习行为通过登录、激活、应用、互动和推广五大环节分解成为百余个细分指标，覆盖全流程用户行为数据。

第二步，将数据指标融入项目设计和运营中，通过收集和整理的用户指标数据，融入课程、直播、学习任务、考试等六类日常培训学习活动的考核应用；同时也帮助业务管理提供培训数字化运营报告，作为业务培训工作的评价标准；建设培训管理看板，实现从培训计划、实施、评价、投入产出等全流程数据的追踪，支持培训费用的管控；建立团队及员工的培训学习画像，为公司HR系统员工画像提供员工学习、分享、复习和实践等数据输入。

第三步，实现绩效和业绩提升的有力支撑，针对职能类员工，在半年度、年度绩效考核评价后，平台基于员工考核结果弱项指标自动推送相关联的课程，提升其岗位胜任能力；针对销售类员工，基于产险电销坐席培训触达、量化、沉淀、效果分析难等痛点，配置"锦囊集市"数字化平台功能产品，将绩优销售经验萃取提炼，市场化学习交易平台建设，数字化运营三位一体，通过培训知识沉淀提升课程开发效率，通过经验技巧学习和培训管理促动坐席人均产能提升。

双轨发力　打造企业教育学习生态

阳光学堂要实现生态落地，需从员工学习生态和内容开发生态两方面入手。

员工学习生态　通过数字化运营，平台对员工的学习可以实现自动追踪、归档。系统通过对员工的绩效分析，结合经营管理者的意见、个人学习记录，智能推荐新的学习指令，由此实现员工的学习生态闭环。

内容开发生态　平台在功能上支持各业务机构建立专属学习园地，让业务条线的员工可以在移动端自主上传内容；此外，支持内容的NPS评价（用户推荐评分），并将评价结果自动推送给内容开发者或课程讲师，以促进内容的更新迭代，实现内容开发的生态闭环。

建立企业移动学习平台后，要分时期、分阶段运营。不断完善培训制度规范、提高在线课程质量、培养在线培训人才，开展用户、内容、渠道和活动等多维运营实践，逐步完成在线培训体系建设，打造企业教育学习生态平台，助力员工和各级管理者的岗位能力提升，沉淀知识资产，成为公司长远发展的基石！

供稿：阳光保险集团

◎ 案例3：中国建设银行数据分析师认证培训项目

为提升全行数字化经营能力，培育数据分析人才，建设银行总行数据管理部、建行研修中心联合香港大学经管学院主办数据分析师认证培训项目，并由建行研修中心香港研修院承办。项目相关情况如下：

一、项目概况

数字经济时代，商业银行的经营环境、服务对象、技术手段等均已沧桑巨变，建设银行的数字化经营工作也正在逐步深入。数字化转型既需要理念上的更新，也需要技术上的准备和队伍上的储备。数字化大楼要建得高，数字化基础就要挖得深、筑得宽。

在此背景下，数字化经营成为各家企业的必答题，而优秀的数据分析人才愈发稀缺，且目前境内尚未形成公认度高、权威性强的数据分析人才标准。建行联手香港大学举办的首期数据分析师认证培训项目，采用"线上+线下"融合学习方式，旨在为市场探索全球化的数据分析人才认证标准，帮助学员提高数据分析工具运用水平，提升应用数据创造价值、解决问题和科学决策等能力，为建行培养一支"懂数据+懂技术+懂业务"，具备全球视野+本土应用能力的数据先锋人才，同时也是建行研修中心携手境外高校对国际化资格认证培训的一次探索。

本期项目重点围绕建行专家型数据人才培养需要，共选拔107名从事数据分析相关工作的青年业务骨干，作为先锋数据人才重点培养。项目2020年10月开营，历时14个月，于2021年12月结营。

二、项目课程

本期项目课程主要依托香港大学商业分析硕士学位项目核心课程体系，围绕建行人才培养需求定制开发，并针对商业银行数字化的行业特点，引入了业界前沿的学习资源。项目共有15门课程，170个学时，分为基础学习阶段和进阶学习阶段。

基础学习阶段以线上学习为主，包括三个模块：第一模块注重夯实基础开拓视野，包括数据分析预备课等3门课程；第二模块聚焦数据分析核心能力，包括商业统计、商业分析建模等6门课程，商业分析建模为期半年，与第二模块和第三模块授课同步进行，各小组将在导师指导下共同完成实战建模课题；第三模块着眼数据分析的前沿应用，包括市场营销分析等3门课程，学员可任选其中两门学习。同时，项目还会邀请多位全球顶尖公司及龙头企业的相关专家讲座授课，分享业界前沿洞见。进阶学习阶段包括《地理空间及商业分析》和《社交媒体分析》两门课程，同时安排了小组建模课题汇报答辩。

三、教学特色

项目充分运用数字化学习技术，创新教学方式，丰富学习体验，打造了"教—学—测—评—练"五维教学闭环。"教"是港大教授和业界导师采用线上直播和现场集中的方式授课和辅导，并开展研讨交流；"学"是学员灵活采用线上自学、线下共学和分组研讨的方式学习巩固；"测"是通过随堂测验、课后小测等方式帮助学员查缺补漏，把握重点难点；"评"是指通过线上统考、作业考评等方式测评学员学习效果，同时也采用课堂互动、课后调研等手段收集学员反馈和评价，及时优化调整，提升教学质效；"练"则突出训战结合，学以致用，学员通过完成商业分析建模课题研究、小组作业和个人作业，将所学的数据分析思维、理念和方法运用到实践中。

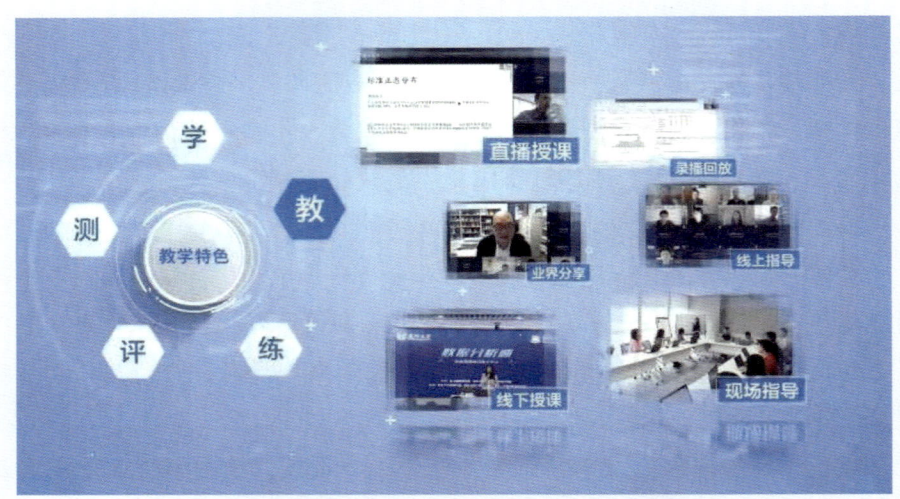

图14-11 中国建设银行——香港大学数据分析师认证培训项目

四、项目成果

本期项目充分利用数字教育新技术,既给予学员充分自主学习的时间,又在做好疫情常态化防控工作的前提下,安排短期集中学习,保证了学习效果和质量。项目开展以来,共举办直播74场,两次线下集中学习,学员累计学习时长20570小时,人均学习时长192小时,课程平均满意度为99.7%。通过学习,一方面,本项目帮助基础薄弱的学员补齐了基础知识短板、掌握了数据分析工具,熟悉了建模完整流程;另一方面,基础较好的学员通过学习,深入理解数据分析原理,精进建模分析能力,了解业界前沿方法和应用。学习过程中鼓励学员将实际工作中的业务难点与痛点带入学习场景,注重学以致用,推动问题解决,切实提升了项目学习的实践意义与应用价值。

综合考量学习时长、考试与作业完成情况等因素,据统计,共有96名学员达到结业标准,获得由港大和建行联合颁发的结业证书,结业率89.7%。在此基础上,86名学员通过所有课程考评,获得由香港评审局认证的专业证书,通过率80.4%。根据项目安排,获得专业认证的学员可优先参加建行数字化重点项目,优先进入数据专业人才库,优先选派到数字化经营重要岗位工作,优先聘任建行数据分析师专业技术岗位。

五、资质认证

2021年2月4日，香港评审局正式审核通过，将数据分析师专业证书在香港地区资历架构中列为第六级，与高等教育中的硕士学位同等级，并登记在香港地区资历名册。这既填补了香港地区数据分析专业证书的空白，也迈出了建行研修中心探索境外专业资质认证的第一步，在业内引发了热烈反响，受到境内外媒体的广泛关注。相关通讯已在新华网、《金融时报》、凤凰网、《香港经济日报》、《香港星岛日报》和港大公众号等媒体刊发。

供稿：中国建设银行

◎ 案例4：华泰证券R^2项目

华泰证券股份有限公司（以下简称华泰证券）是一家领先的科技驱动型综合证券集团。自1991年成立以来，华泰证券积极把握中国资本市场改革开放的历史机遇，在业内率先以金融科技助力转型，用全业务链服务体系为个人和机构客户提供专业、多元的证券金融服务，综合实力和品牌影响力位居国内证券业第一方阵，步入国际化发展的全新阶段。

项目介绍

一、R^2项目背景

资本市场改革加速，预测未来难度加大，严监管与促发展统筹兼顾，金融生态交织互联，在金融行业的RUPT（Rapid，Unpredicttable，Paradoxical，Tangled）时代下，证券公司需要立足战略核心，打造金融人才发展新模式，重塑学习发展生态。基于公司双轮驱动、赋能于人战略，华泰证券从人才发展的全职涯全序列到HTalent™，打造具备国际投行人员培养能力和客户增值能力的人才发展体系Total Solution，形成华泰员工与客户持续成长的全面生态（见图14-12）。

转型之道 人才续航
——构建数字时代金融教育新生态

图14-12 华泰证券HTalent人才发展体系

二、战略与业务承接

2020年新冠肺炎疫情来袭，基于响应公司战略、落地企业文化、支持业务发展、培养关键人才的需求，华泰证券迅速破除疫情壁垒，在最短时间内发起一场全民参与、线上线下相结合的R^2学习活动，Recharge your energy，Renew your strength，全面响应战略、落地文化、支持业务、培养关键人才（见图14-13）。

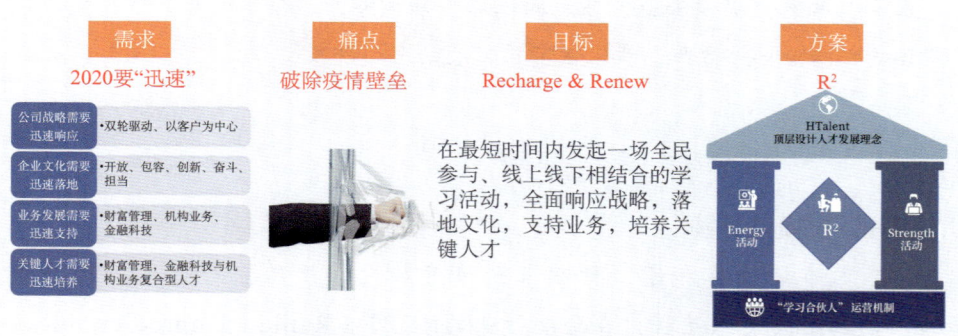

图14-13 R^2学习活动背景：破除疫情壁垒，全面支持战略与业务

三、学习设计

R^2系列学习活动以HTalent人才发展理念为指导，以"学习合伙人"运营机制为保障，组织"职涯Energy、财富Energy、战略Energy、数智化Energy、HTalk Strength、合伙人Strength、答人Strength"七大活动（见图14-14）。

第三篇
术篇：金融行业人才培养的新探索、新实践

图14-14　学习设计——以HTalent人才发展理念为指导开展七大活动

1. 满足员工职涯发展的动态需求

华泰HTalent人才发展体系持续关注员工职涯成长，在员工职涯的每个阶段都匹配了相应的发展项目；同时也聚焦于员工当下难题的快速解决，满足员工能力发展的动态需求，建立了全职涯的动态发展赋能体系（见图14-15）。

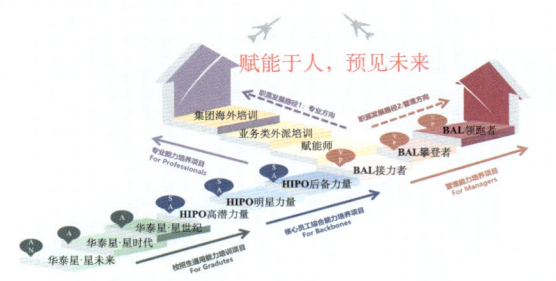
Career-Based Talent Development
全职涯：基于职涯发展的培养

Issue-Based Talent Development
动态赋能：基于当下难题的解决

图14-15　满足员工职涯发展的动态需求——全职涯培养，动态赋能

R^2学习活动期间，组织实施新任营业部负责人和金融科技HIPO职涯发展项目；线上推出"中欧商业在线三分钟商学院、绩效管理中的有效沟通和反馈、逆境领导力"三大专题，覆盖个人能力、团队管理、组织发展，助力各职涯阶段员工成长；组织"防疫复工、哈佛远程办公、女神节、办公室服务小贴士"四个专题响应疫情、女神节时事热点，满足员工敏捷学习的动态需求（见图14-16）。

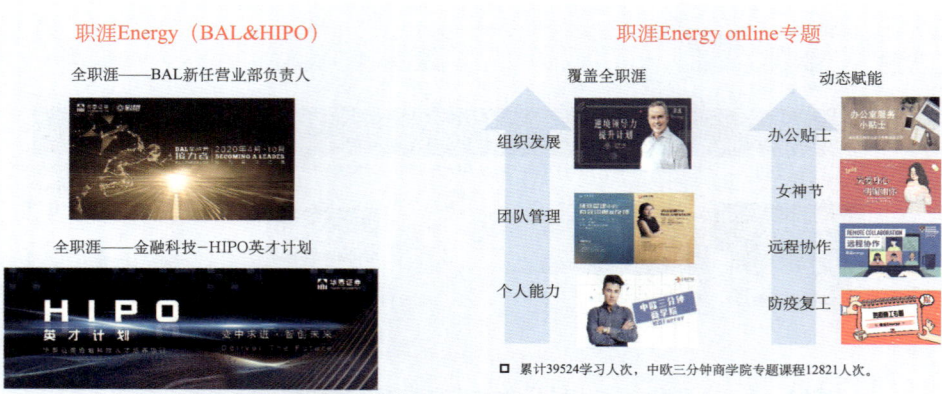

图14-16 职涯Energy项目及职涯Energy online专题

2. 基于员工画像的定制化设计

华泰HTalent人才发展体系全方位精准员工岗位画像，以员工需求为中心，针对性匹配培训内容，定制化培训项目设计，满足员工个性化发展需求（见图14-17）。

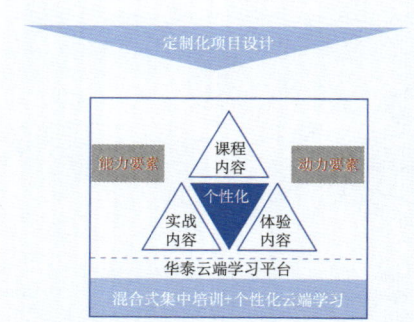

图14-17 基于员工画像的定制化设计——以人为本，定制项目

R^2学习活动期间，财富Energy结合投资顾问胜任力要求推出投资顾问云端训练营，设置学习地图，规定时间内学习考试通关获得认证，有效提升投顾能力；职涯Energy金融科技——HIPO项目，聚焦金融科技复合型人才培养，通过金融科技跨界交流与赋能，寻求跨领域复杂问题的解决突破，运用培训与实战相结合的人才培养方式，培育创新文化，推动公司数字化转型，是公司人才培养转型升级的重要探索（见图14-18）。

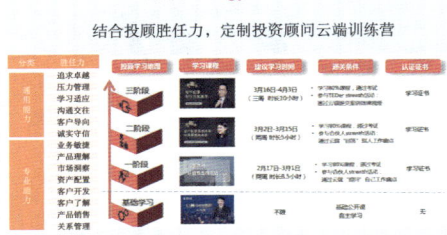
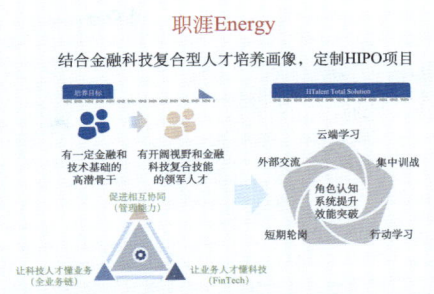

图14-18　财富Energy项目与职涯Energy项目的定制化

R^2学习活动期间，HTalk Strength针对青年员工追求敏捷高效学习、追求活动体验、乐于自我展现特征，推出以"做变中求进，勇于担当的青年意见领袖"为主题的云演讲大赛，通过演讲、视频制作培训赋予能力，通过统一VI、饥饿营销、线上投票精心运营赋予能量，内容涵盖金融、科技、职涯和战疫故事，鼓励员工为Big Idea发声，融入企业战略和文化（见图14-19）。

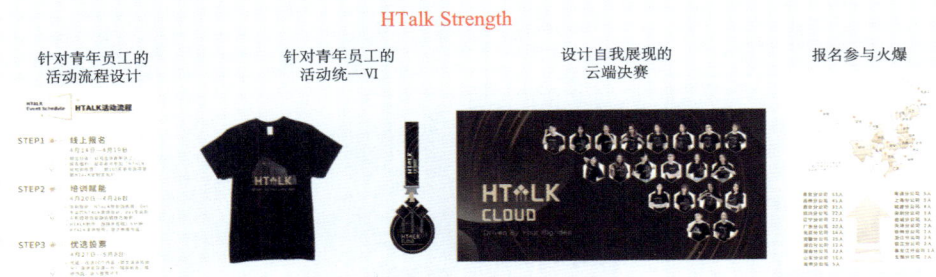

图14-19　针对青年员工的HTalk云演讲大赛

3. 遇见&预见的未来成长理念

华泰HTalent人才发展体系不仅满足员工和公司目前所需，从空间上预见员工未来能力发展需要，预见公司未来业务发展需要；从时间上预判未来，超前一步；站在未来看现在的赋能模式，是华泰员工成长的核心理念（见图14-20）。

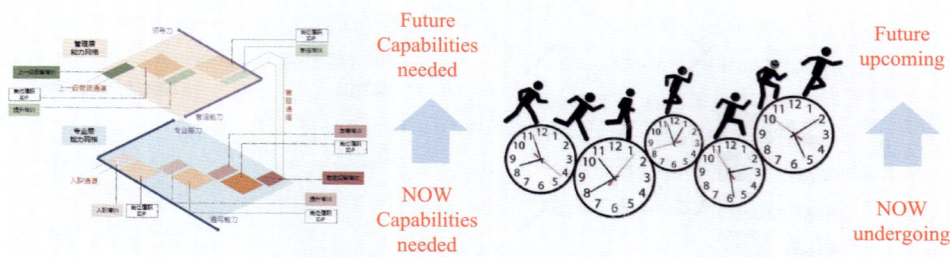

图14-20 遇见&预见的未来成长理念——预见空间，预见时间

空间的预见：R^2学习活动期间，职涯Energy新任营业部负责人项目，预见上任半年内不同阶段遇到的挑战，给予针对性培养手段；战略Energy活动，洞察当前业务发展需要，立足未来业务发展前瞻，持续推出全业务链课程；数智化Energy捕捉到数字化加速向数智化演进趋势，从"业务在线化、运营数据化、决策智能化"三个维度推出系列课程，帮助员工成为数智化人才（见图14-21）。

图14-21 预见业务发展需要

时间的预见：预见云端学习的趋势，华泰证券2018年、2019年连续两年策划实施High学节线上学习嘉年华活动，为2020年疫情来临之时，能在1周内迅速策划并实施R^2活动打下良好基础；R^2学习活动期间，时时预见未来，活动方案超前一步策划，面对不确定性随时调整，保证培训效率最大输出和培训效果最佳落地（见图14-22）。

第三篇
术篇：金融行业人才培养的新探索、新实践

图14-22　预见云端学习发展趋势

4.线上线下有机结合的学习平台

华泰HTalent人才发展体系秉承科技驱动和效能导向，经过10年迭代创新，公司培育出集手机APP端、网页端、微信端三位一体的华泰云端学习平台，其应用功能从传统课程管理迭代更新成满足培训各阶段需求的综合性平台工具，贯穿华泰人职涯的每一个学习阶段。在云端学习平台基础上，O2O设计各种培训活动，激活运营，训战结合，提升培训效率，扩大培训影响力（见图14-23）。

图14-23　线上线下有机结合的学习平台——激活运营，训战结合

R^2学习活动期间，职涯Energy——BAL新任营业部负责人项目，线上多种形式开展学习，线下行动学习提升领导力，以线上所学解决实际问题，以线下行动学习践行线上所学，三阶段培养线上线下有机结合。线上学习通过直播、Online交流、学习地图、"我是行动π"微信分享多种形式开展，"泰证指数"积分制度激活动力（见图14-24）。

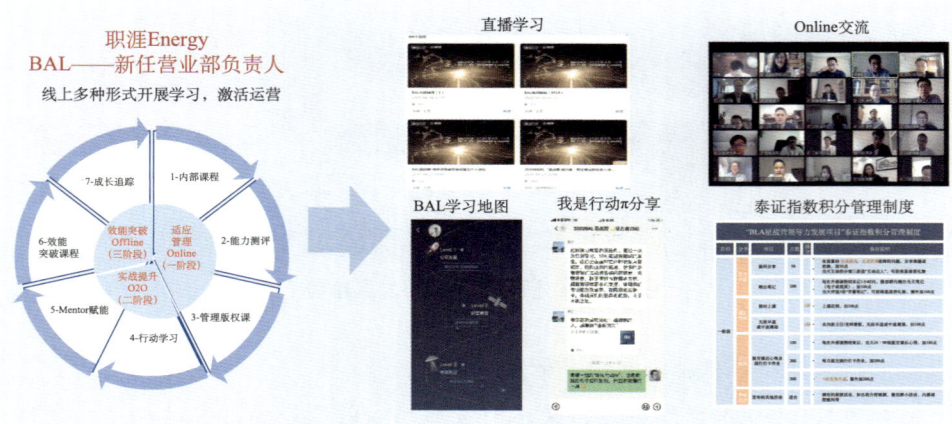

图14-24　线上多种形式开展学习

线下聚焦于公司战略转型面临的挑战开展行动学习，每月复盘，辅以每月管理践行打卡等，训战结合，以战促训，通过实践有效提升领导力，开创性解决业务难题或者探索研究一套解决方案和计划（见图14-25）。

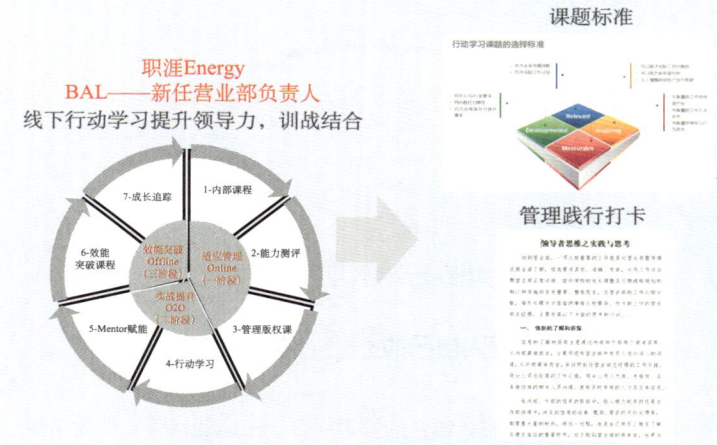

图14-25　线下行动学习提升领导力

5. 聚焦金融行业的发展智库

华泰HTalent人才发展体系致力于依托AI、大数据、云技术等尖端科技，以生态协同的内容服务模式提供海量优质内容，内外部系统互联互通构建员工、客户全景画像，对内赋能员工提供HTalent综合人才解决方案，对外增值客户输出HTreasury金融智库（见图14-26）。

图14-26 聚焦金融行业的发展智库——赋能员工，增值客户

R^2学习活动期间，合伙人Strength活动聚焦公司实际问题，搭建"知乎"平台，邀请全体员工提出自己的业务难题，邀请全体员工、定向邀请专家回答这些业务难题；答人Strength邀请全体员工出题，全员答题PK，知识点涉及"企业文化、战略发展、业务产品、管理制度、合规风控"六大主题，打破组织边界，协同共享知识；投资顾问业务微课大赛，邀请全公司投资顾问做微课，聚焦真实业务难题，快速沉淀组织经验（见图14-27）。

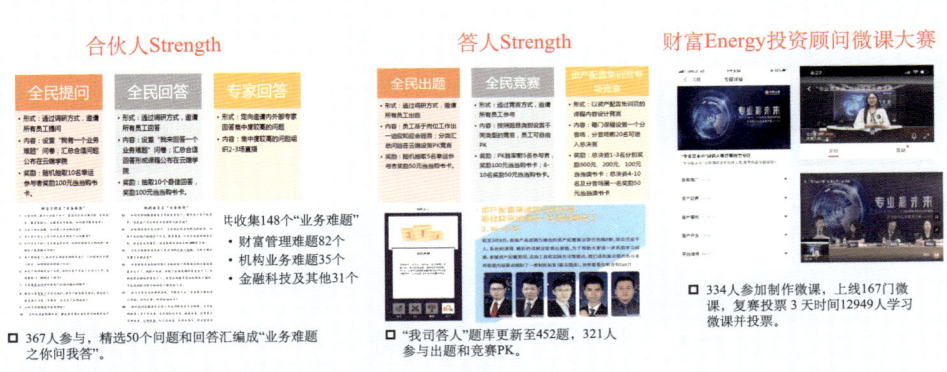

图14-27 学习活动赋能员工

R^2学习活动期间，云端学习平台部分优质课程上线涨乐财富通、行知平台，以投教课堂、直播方式对客户输出，赋能客户（见图14-28）。

图14-28 优质内容对外输出

四、运营管控

R^2项目能在短时间内密集地推出多个爆款学习活动,一是华泰证券2018年、2019年连续运营High学节活动沉淀了丰富的运营经验,二是充分发挥"学习合伙人"运营机制,即基于"众识、众担、众享、众创"内涵,以华泰云端学习平台为载体,充分发挥教学方、学习方、组织方、关联方多重角色作用,构建多角色下的多场景、多模式、多资源的"学习合伙人"模式,创造学习合伙人的生态链接,互为促动,充分应用云端学习平台数字化技术功能,充分联动业务部门、分支机构、员工的力量,实现学习能量几何级输出(见图14-29)。

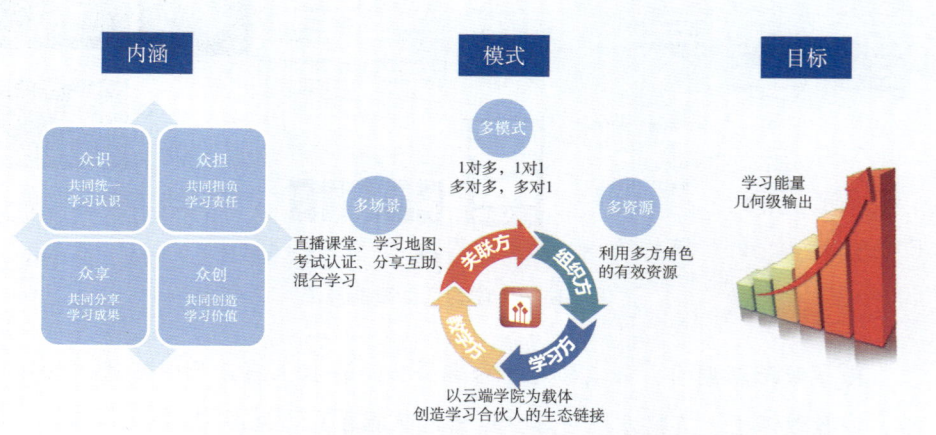

图14-29 运营管控——学习合伙人机制

五、效果评估

2020年2月10日至5月22日R^2项目期间，华泰员工累计完成164911学时，人均22学时；云端课程累计855617学习人次，日均学习8148人次；累计上线500门课程；共组织202场直播，累计58485人观看；以上数据均较2019年同期有数倍增幅（见图14-30）。

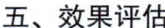

图14-30　R^2学习活动效果

2021年，华泰加速利用数字化手段培养人才，同构线上线下双向并举的Htalent整体解决方案，打造国内领先的赋能员工、赋能业务、赋能生态的学习平台，建立了集"数字化学习内容、数字化学习用户、数字化学习活动"三位一体的数字化学习发展体系。

学习内容方面，建立了线上线下同构的HTalent数字化学习体系，每个线下项目都布局对应的线上项目，成功实施了数字化的华泰星、BAL项目；为员工提供定制化、智能化的学习解决方案，智能定课功能全面上线，梳理"岗位、能力、课程"数据，为集团600多个不同岗位，10000多名员工推荐不同课程内容；学习用户方面，设计社群学习、积分奖品奖励等学习机制，提升员工黏性和活跃度，云端学习平台DAU达到1073人；从OGC模式向PUGC模式转变，赋能员工制作专业课程，打造华泰云端学习平台UP主，新增内部课程1240门，上线"FinTech DNA、高净值客户服务赋能、区域机构RM成长课堂"等36个系列专题课程，与上海高级金融学院合作引进FinTech DNA必修课，为公司所有员工注入金融科技DNA。学习活动方面，实现常态化运营，每月推出HTalent视界学习主题月，策划了"世界读书日High

Book、云端学习平台体验官、High Run"等多个学习主题活动；High学节线上嘉年华更是推出"职场力Ready、金融科技Ready、财富管理Ready、国际化Ready、High Thanks、High Survey、High Competition、High livestream"八大学习主题活动，营造全员学习氛围，打造学习型组织。

总结：项目亮点

1. 体系化推出七大学习活动，全面支持战略和业务

华泰证券深入理解金融行业、金融组织发展、金融人才发展特征，基于公司双轮驱动、赋能于人战略，创新发展华泰证券HTalent人才发展体系，打造具备国际投行人员培养能力和客户增值能力的人才发展体系Total Solution。正是在HTalent人才发展体系核心理念的指导下，才能在2020年新冠肺炎疫情来袭之际，转危为机，在最短时间内发起一场全民参与、线上线下相结合的体系化的学习活动，快速全面地响应公司战略、落地企业文化、支持业务发展、培养关键人才。

2. 成功运用"学习合伙人"机制

R^2在时间紧张、人员有限的情况下，短时间内密集地推出多个爆款学习活动，迅速响应战略和业务需求，离不开"学习合伙人"机制的成功应用。基于"众识、众担、众享、众创"内涵，以华泰云端学习平台为载体，充分发挥教学方、学习方、组织方、关联方多重角色作用，构建多角色下的多场景、多模式、多资源的"学习合伙人"模式，创造学习合伙人的生态链接，互为促动，充分应用云端学习平台数字化技术功能，充分联动业务部门、分支机构、员工的力量，实现学习能量几何级输出。

3. "预见"的赋能模式

站在未来看现在的"预见"赋能模式是R^2成功实施的重要因素。一方面，正是预见云端学习的趋势，华泰证券2018年、2019年连续两年策划实施High学节线上学习嘉年华活动，为策划并实施R^2活动打下良好基础；另一方面，R^2期间，时时预见未来，活动方案超前一步策划，面对不确定性随时调整，保证培训效率最大输出和培训效果最佳落地。

供稿：华泰证券股份有限公司

后记（跋）

收到刚刚完成的这部著作，感觉非常欣喜和敬佩。参与编著的几位老师都具有教育专业学习背景，同时也在金融行业工作多年，既掌握了扎实的教育技术理论，又拥有开展金融职业培训的实践经验，共同撰写的这本书，的确有着理论联系实际，研究引领发展的明显特征。另外，包括工、农、中、建、光大、平安等金融机构也有十余位业内专家参与编写，贡献良多。结合我本人对这本著作的阅读收获，我想谈谈关于数字技术赋能金融人才发展的一些看法，作为本书的一点补充。

今日，数字技术发展突飞猛进，数字经济蓬勃发展，深刻改变着人类生产生活方式，对各国经济社会发展、全球治理体系、人类文明进程影响深远。特别是近20年来，飞速发展的移动通信技术与智能技术，在信息的生成与表达、处理与传播方面空前繁荣，对社会生活交流、社会产业结构与经济发展带来了巨大变化，也在很大程度上重塑着人的认知与思维方式，甚至人类文明。

数字技术驱动的创新成为全球发展的重要推力，也给教育带来深刻的影响。前沿技术与相关理论研究正在学术界如火如荼地开展，相关技术企业和社会力量也在与教育实体进行合作探究和实践试点，而中国互联网与通信技术的蓬勃发展，呈现出后发先至的态势，使得我国教育技术从远远落后于世界发达国家到与之并驾齐驱，甚至在部分领域名列前茅。

当然，数字技术在教育领域的创新发展绝非一蹴而就，传统教育技术也是伴随着科学技术的日益进步而逐渐完善起来的。世界如此，中国亦然。

我国教育技术经过了大约70年的发展，其间也历经了曲折坎坷，可喜的是目前受到了前所未有的关注。原国家教育部部长陈至立概括提出："教育技术的发展将对我国教育观念和教育过程的改革产生深刻的影响，是教育教学改革的制高点。"我国教育技术专家学者经过长期研究与实践，提出结合我国国情开展现代教育技术工作的指导思想和具体措施。

教育技术在我国几十年的发展可以概括为三个阶段。

一、视听教育阶段（20世纪30年代到90年代前期）

这一阶段的特征是从基本的视听技术，如幻灯、投影、录音、电影等开始进入教育行业到电教技术的逐步普及，在本阶段后期，电教系统工程建设与现代教材体系建设工作逐渐推开，专业院校开始开设计算机和电教专业课程。

二、在线教育阶段（20世纪80年代到21世纪前10年）

这一阶段从视听教育快速向在线教育发展，基本特征是在线网络教育的兴起。在此期间，我国重点开展了在线教育基础的"三建"工作（建网、建库、建队伍）、在线教学模式的探索，以及在线教育技术与课程教学整合。

三、数字化教育阶段（2010年至今）

我国在推进教育信息化建设方面给予了大量的投入，早在"十五"期间，我国就成立了以教育部部长周济为组长的"教育信息化领导小组"，主要负责组织协调全国教育信息化发展与管理方面的重大问题。

真正标志着我国进入数字化教育阶段的是教育部于2012年3月13日印发的《教育信息化十年发展规划（2011—2020年）》。该规划提出实施"中国数字教育2020"行动计划，建设教育云资源平台，建设20000门优质网络课程及其资源。

2018年首届"数字中国建设峰会"召开，习近平总书记发表贺词，对数字化推动经济社会发展、促进国家治理体系和治理能力现代化的重要作用进行了充分肯定。数字化教育迎来进一步发展契机。

这一阶段的特点是数字技术与教育的高度融合，计算机技术、多媒体技术、网络技术、数字音像技术、卫星广播技术、虚拟现实技术、人工智能技术等广泛应用，重塑教学体验和流程。

目前，我国数字化教育正在保持着迅猛的发展态势，中国在教育技术投资领域的地位也正日渐稳固。据统计，2019年我国已建成全球最大规模光纤和移动通信网络，中国的教育风险投资已占到全球总额的56%。根据中国互联网络信息中心发布的第48次《中国互联网络发展状况统计报告》，截至2021年6月，我国有10.11亿人可以通过网络进行数字化学习来满足技能转换的需要，超过2亿人可以利用数字化平台提供的微课弥补传统课堂教学的不足，而部分企事业单位采用先进技术的线上线下融合模式进一步优化了教育和培训的效果。

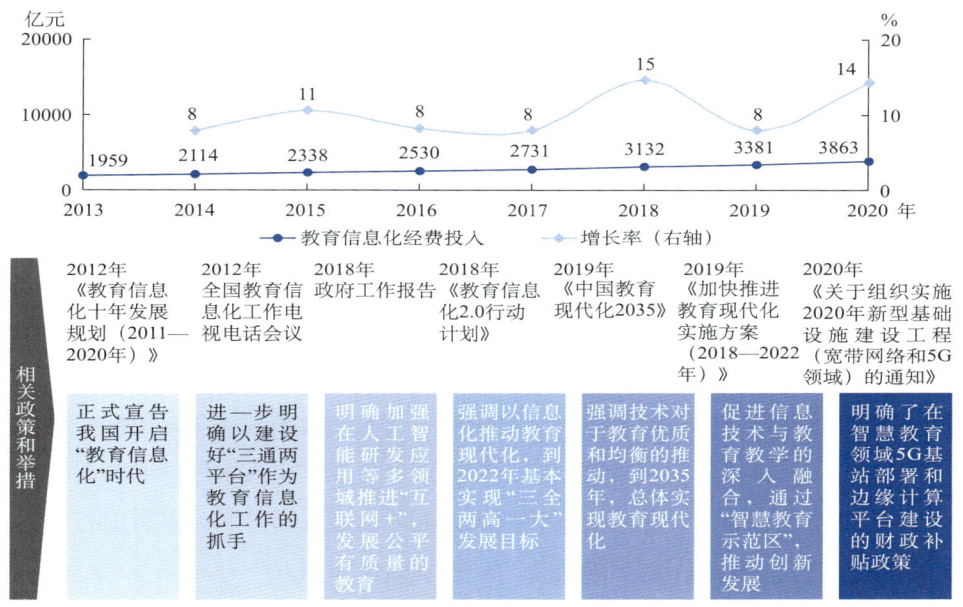

中国教育信息化政策历程及经费投入水平

（资料来源：教育部网站、德勤研究报告）

回顾社会文明的进程，历史上的重大社会变迁往往都是由科技革命推动的。在数字技术重塑业界生态的过程中，胜出者往往是创造了新的生态关系的探索者。数字技术已然成为当下教育变革方案中的一个关键要素，基于数字技术的解决方案能够使教育机构、教学关系、知识服务以前所未有的方式延展可能性，并提供更完备的教育方案以获得更好的教育结果。

对于一个主权国家而言，经济是肌体，金融是血脉。金融实力也是体现一个国家综合国力和世界地位的重要指标。我国拥有各类金融法人机构约6300家，金融从业者逾800万人，作为应用新科技最积极的行业之一，金融业向来重视专业人才的教育培养工作。面对数字时代带来的巨大变革，金融行业纷纷建立健全人才发展战略并全面启动相应的教育培训工作，积极应用数字技术不断提高人才"选育用留"四个环节工作的质效也成为一种潮流。总体来看，目前金融机构这方面工作展现的特点是目标鲜明、形式丰富、投入巨大，然而同时"单兵作战"特征明显，缺乏与同业以及跨行业的合作共享。

中国教育技术协会金融专业委员会（以下简称金融专委会）是中国教育技术协会的专业委员会之一，是由银行、保险、证券以及其他金融单位人力资源、教育培训部门自愿结成的全国性社会团体。金融专委会的工作按照时间可以分为三个阶段：第一阶段1992年至1998年由中国人民银行教育司管理；第二阶段1999年至2016年由中国人民银行北京培训学院管理；第三阶段从2017年开始至今在上级协会监督指导下实施自治管理。从工作重点上看，三个阶段的特点分别是电化教育、在线教育和数字教育。可见金融专委会的工作既顺应国家宏观政策和我国教育技术发展趋势，也一直坚持积极探索新技术在教育中的应用。自成立以来，金融专委会始终把"凝聚会员单位，推动共建共享"作为协会的发展定位，无论是开展《金融教育信息化白皮书》编撰，还是组织"金融业数字化人才培养探索"论坛，或者是开发《区块链技术与金融应用》《数字金融》《学党章忆党史》等通用电子学习课件，都是积极将数字教育的理念与形式引入金融行业的人才培养过程中，既帮助行业会员单位更高效地实施人才发展战略，同时也帮助有志于投身金融事业的人士提前了解金融科技的一些基础性知识。

"学术性"是金融专委会的重要办会原则之一，也是协会专业引领的主要体现。2017年是金融专委会成立25周年，专委会编纂发布了《2017中国金融行业教育信息化白皮书》，通过来自会员单位数十个真实案例阐述了教育信息化给金融教育带来的巨大影响。在展望篇，作者提出了"技术变革正快速改变学习方式，随着大数据、深度学习算法等技术的不断突破，数字化走向智能化、个性化"，并预判"学习环境将发生革命性改变，人工智能、虚拟现实、大数据、移动互联等技术设施结合文本、图像、音视频等教学资源以及各种支持各类在线教育活动和辅助学习的平台工具将组成新的数字化环境"，5年前的这些预测如今已大都成为现实，数字化浪潮推动智慧教育帮助教育学习迈入一个新的发展阶段。

2021年，时间来到30周年的时点，金融专委会凝聚30年来的深厚积累，依靠会员单位专家的丰富经验，精心编写了这本专著，系统地介绍了数字教育的基

后记（跋）

本概念、技术特征、应用场景、实践案例以及对金融人才发展的驱动力，相信能够比较完整地诠释数字时代教育技术的演进给金融行业带来的深刻影响，也能够基于深入研究对未来金融行业开展数字化教育培训提出引导性的前瞻性建议。这是对于金融专委会30年发展的献礼，也是为全社会更好地推进数字化教育事业的贡献。

正如本书开篇所说，我们生活在一个机遇与挑战并存的时代。当前"数字中国"建设方兴未艾，数字经济呈现蓬勃的发展势头，并与实体经济深度融合，展示了巨大的发展潜能。数字科技正在成为带动新兴产业发展壮大、推动传统产业转型升级、实现包容性增长和可持续发展的重要驱动力。数字人才的教育培养正在如火如荼地开展。近年来，传统金融行业也已全面进入转型变革阶段，突发的疫情更加快了这一发展过程。人才培养是金融行业技术应用和业务提升的最关键因素，积极拥抱数字时代，充分借力数字科技带来的优势，可以更快更好地确保我们实现人才发展战略，培育优秀适用人才，增强我国金融行业的整体实力，为提升我国金融的国际地位打下坚实的基础。

我想，以上所述就是编写并出版本书的意义所在。

中国教育技术协会金融专业委员会主任

肖峰

2021年12月20日于北京

本书编撰得到以下单位大力支持
在此特别鸣谢（排名不分先后）

中国金融培训中心	中国工商银行股份有限公司
中国农业银行股份有限公司	中国银行股份有限公司
中国建设银行股份有限公司	交通银行股份有限公司
国家开发银行	中国进出口银行
中国农业发展银行	中国邮政储蓄银行股份有限公司
招商银行股份有限公司	华夏银行股份有限公司
中国光大银行股份有限公司	中国民生银行股份有限公司
中信银行股份有限公司	平安银行股份有限公司
中国人民财产保险股份有限公司	中国人寿保险（集团）公司
中国太平洋保险（集团）股份有限公司	中国印钞造币集团有限公司
上海浦东发展银行股份有限公司	上海农村商业银行股份有限公司
南京银行股份有限公司	苏州银行股份有限公司
北京农村商业银行股份有限公司	成都农村商业银行股份有限公司
渤海银行股份有限公司	浙商银行股份有限公司
恒丰银行股份有限公司	阳光保险集团股份有限公司
齐鲁银行股份有限公司	青岛银行股份有限公司
哈尔滨银行股份有限公司	宁波银行股份有限公司
重庆银行股份有限公司	重庆农村商业银行股份有限公司
富滇银行股份有限公司	西藏银行股份有限公司
天津亚联金融研修院	华泰证券股份有限公司